Canon EOS 600D

pour

LES NULS

Canon EOS 600D pour LES NULS

Julie Adair King

FIRST
Interactive

Canon EOS 600D Pour les Nuls

Titre de l'édition originale : **Canon EOS 600D for Dummies** © Wiley 2011
Pour les Nuls est une marque déposée de Wiley Publishing, Inc
For Dummies est une marque déposée de Wiley Publishing, Inc

Collection dirigée par Jean-Pierre Cano
Édition : Pierre Chauvot
Traduction : Bernard Jolivalt
Maquette : Marie Housseau

Edition française publiée en accord avec Wiley Publishing, Inc.
© Éditions First un département d'Édi8, 2011
Éditions First
12 avenue d'Italie
75013 Paris
Tél. : 01 44 16 09 00
Fax : 01 44 16 09 01
e-mail : firstinfo@efirst.com
ISBN : 978-2-7540-3143-1
Dépôt légal : 3e trimestre 2011
Imprimé en France

Sommaire

Introduction

En 2003, avec le Canon EOS 300D, son premier reflex à un prix accessible (environ 1 300 euros), Canon avait révolutionné le petit monde des amateurs. Pour la première fois, ils pouvaient bénéficier des avantages du reflex sans plomber leur compte en banque. À ce prix, l'appareil délivrait des performances exceptionnelles et une excellente qualité d'image, raflant au passage quantité de prix dans la presse spécialisée. Pas étonnant qu'il soit vite devenu un succès commercial !

Cette tradition d'excellence se retrouve dans le Canon EOS 600D, appelé EOS Rebel T3i/600D en Amérique du Nord et EOS Kiss Digital X5 au Japon. Comme ses prédécesseurs, ce petit bijou offre des fonctions encore plus avancées au photographe exigeant, ainsi qu'un ensemble d'outils destinés à aider le débutant à réussir ses photos. Avec, en prime, la possibilité (introduite avec le précédent modèle, le 500D) de tourner de brèves séquences en haute définition.

Le Canon EOS 600D est à ce point riche en fonctionnalités que vous vous demandez sans doute comment les exploiter toutes, notamment si vous débutez dans la photographie numérique, avec ou sans reflex. Peut-être même ne savez-vous pas exactement ce que signifie le mot reflex ni son rôle dans la prise de vue, sans même parler de termes techniques comme résolution, diaphragme, balance des blancs, format de fichier, *etc.* Et comme beaucoup de gens, vous vous êtes peut-être senti dépassé par les réglages de votre appareil photo au point de ne pas vous risquer à un autre mode que l'automatisme total. Ce qui est dommage, car ce serait comme acheter une Porsche et ne jamais la conduire à plus de 80 km/h.

C'est là qu'intervient le présent *Canon EOS 600D Poche pour les Nuls* : tout au long de ce livre, vous découvrirez non seulement à quoi servent tous les boutons et réglages, mais aussi comment les utiliser au mieux. Contrairement à beaucoup d'ouvrages sur la photographie, celui-ci n'exige aucune connaissance préalable en photographie ou en imagerie numérique. Dans le style propre aux *Nuls*, tout est expliqué en langage clair, facile à comprendre, avec plein d'illustrations.

En bref, vous tenez entre vos mains la version sur papier d'un véritable cours de photographie taillé sur mesure pour votre Canon. Que vous soyez attiré par la photo de famille, de nature ou de voyage, ou que vous ayez à prendre des photos dans le cadre de vos activités professionnelles, vous trouverez toutes les informations nécessaires pour obtenir les photos que vous désirez.

Un petit aperçu de ce qui vous attend

Ce livre est organisé en quatre parties consacrées chacune à un aspect différent de l'utilisation de votre appareil photo. Bien que les chapitres se succèdent du niveau « photographe débutant » jusqu'au niveau « photographe chevronné », nous avait fait en sorte que chacun d'eux se suffise à lui-même, afin que vous puissiez vous informer dans n'importe quel ordre sur les sujets qui vous intéressent.

Les sections ci-dessous décrivent brièvement chaque partie. Si vous recherchez une réponse sur un point précis, l'index vous indiquera où la trouver.

Première partie : De superbes photos tout de suite

La première partie contient quatre chapitres qui vous initieront au maniement du Canon EOS 550D :

- Le Chapitre 1, « Le tour du propriétaire », propose de découvrir les commandes extérieures de votre appareil photo. Vous apprendrez à naviguer dans les menus pour accéder aux options internes, et vous découvrirez les réglages de base et la personnalisation.
- Le Chapitre 2, « Prendre automatiquement de belles photos », montre comment obtenir les meilleurs résultats en mode Tout auto, mais aussi Portrait, Sport ou Paysage. Vous y trouverez aussi le mode Créatif auto, qui autorise un contrôle facile, un peu plus créatif, sur les photos que vous prenez.
- Le Chapitre 3, « Contrôler la qualité de l'image », présente l'un des réglages cruciaux, en automatique aussi bien qu'en manuel : Qualité, qui affecte la résolution (nombre de pixels), le format de fichier, la taille du fichier et la qualité de l'image.
- Le Chapitre 4, « Visionner, viser par l'écran et filmer » vous apprend à gérer les photos, à supprimer celles qui ne vous intéressent pas et à protéger vos clichés favoris de l'effacement accidentel. Ce chapitre explique aussi la visée par l'écran et décrit les fonctions vidéo.

Deuxième partie : Les réglages créatifs

Les chapitres de cette partie vous aideront à libérer la puissance créative de votre appareil photo en passant au mode semi-automatique ou manuel.

- Le Chapitre 5, « Exposition et lumière », couvre les notions importantes liées à l'exposition, en commençant par les trois réglages de base : le diaphragme, la vitesse et la sensibilité ISO. Ce chapitre aborde aussi les modes avancés P, Tv, Av, M et A-DEP, décrit les différents types de mesure et de compensation de l'exposition, et fournit des conseils pour mieux utiliser le flash incorporé.

- Le Chapitre 6, « Mise au point et couleur », vous aide à contrôler ces aspects de vos prises de vue. Vous trouverez ici des informations concernant la mise au point automatique, de même que des détails à propos du contrôle de la couleur comme la balance des blancs et les options Style d'image.

Troisième partie : Les formats de fichiers

Cette partie de l'ouvrage aborde un sujet souvent confus pour beaucoup de gens : le transfert des photos de l'appareil vers l'ordinateur et sur d'autres supports.

- Le Chapitre 7, « Transfert, classement et archivage », vous guide tout au long du processus de transfert des photos de la carte mémoire jusque sur le disque dur de l'ordinateur ou sur une autre unité de stockage. Il vous explique également comment consulter et organiser vos fichiers photo.

Pic et pic et pictogrammes

Si ce livre n'est pas votre premier *pour les Nuls*, les pictogrammes en marge vous sont sans doute familiers. Sinon, voici leur signification :

Signale une information qui vous fera gagner du temps, des efforts ou de l'argent, ou dévoile une astuce utile.

Méfiez-vous, soyez sur vos gardes. Ce pictogramme prévient d'un risque qui vous ferait vous mordre l'index gauche si vous n'en teniez pas compte (l'index droit, on le ménage car c'est lui qui déclenche).

Signale une information qui mérite d'être gravée au burin dans vos neurones, ou rappelle une information que vous auriez tendance à oublier.

Soulignons quelques détails qui pourront vous être utiles lors de la lecture de ce livre :

- **Autres pictogrammes en marge** : ce sont des reproductions de certains boutons, touches ou informations apparaissant dans le viseur. Ils vous permettront de mieux les mémoriser.
- **Les menus des logiciels** : dans les parties où il est question des logiciels, une série de termes reliés par des flèches indiquent la succession des options d'un menu. Par exemple, si vous lisez Fichier > Imprimer, cliquez sur Fichier, dans la barre de menus, puis, dans le menu qui s'est déployé, choisissez l'option Imprimer.
- **Le microprogramme de l'appareil photo :** il s'agit du logiciel interne (*firmware* en anglais) qui contrôle bon nombre des opérations de prise de vue et d'enregistrement. La version utilisée pour cet ouvrage est la 1.0.0, qui était celle en cours à la date de la traduction.

  De temps en temps, Canon propose une mise à jour du microprogramme. C'est pourquoi il est recommandé de visiter périodiquement le site Web de Canon (`www.canon.fr`) pour vérifier si une mise à jour ne vient pas d'être éditée. Lisez bien sa description, au moment du téléchargement, afin de pouvoir adapter les instructions de ce livre, si nécessaire.

À propos des logiciels

L'archivage et la retouche des photos ne peuvent s'effectuer qu'avec des logiciels spécifiques. Dans les parties où il est question de transferts de fichiers, d'organisation, d'impression et de partage par courrier électronique, nous avons sélectionné le logiciel Canon EOS Utilities ainsi que Canon ZoomBrowser EX (sous Windows) et ImageBrowser (sous Mac OS X). Ils sont tous livrés avec l'appareil photo.

Les outils utilisés dans ce livre fonctionnent à peu près de la même manière dans d'autres logiciels. Vous devriez donc pouvoir adapter facilement les manipulations. Pour les détails, nous vous recommandons bien sûr de lire le manuel du logiciel.

De la pratique, de la patience et du plaisir

Pour clore ce préambule, précisons que si la photo numérique vous paraît trop compliquée ou trop technique, vous êtes à présent en bonne compagnie. Tout le monde trouve cela un peu complexe au début. C'est pourquoi vous devez prendre votre temps et n'expérimenter qu'un ou deux réglages à la fois. Chaque fois que vous sortez faire des photos, efforcez-vous d'essayer une ou deux fonctionnalités nouvelles et, si possible, dans un esprit ludique.

Contrairement à ce que vous pourriez penser, vous verrez que vous ne serez pas long à tout comprendre. Avec du temps, de la patience et de la pratique, vous maîtriserez votre appareil comme un pro, et les réglages pour obtenir l'image que vous désirez deviendront pour vous une seconde nature.

Sans plus attendre, nous vous invitons à prendre votre appareil et à vous plonger dans ce livre. Votre Canon 600D est le parfait partenaire de vos pérégrinations photographiques. Nous sommes ravis de vous servir de guide au travers de cet ouvrage.

Première partie

De superbes photos tout de suite

Dans cette partie…

Se familiariser avec toutes les commandes du Canon 600D ne s'effectue pas en une soirée, ni même en une semaine et peut-être pas même en un mois. Mais cela ne signifie pas que vous ne pourrez pas prendre immédiatement de belles photos. Les modes automatiques permettent en effet d'obtenir de superbes images sans trop d'efforts. Il suffit de bien composer et cadrer la scène, et l'appareil devrait s'occuper de presque tout le reste.

Cette partie vous explique comment exploiter les modes automatiques de votre appareil photo, et vous éclaire aussi sur quelques notions élémentaires comme le réglage du viseur à votre vue et l'usage des menus, boutons, touches et molettes. Des chapitres expliquent comment obtenir la meilleure qualité d'image, que vous photographiiez en mode automatique ou en mode manuel, comment visionner les photos que vous venez de prendre et comment tirer avantage du mode Visée par l'écran et des fonctions d'enregistrement vidéo.

1

Le tour du propriétaire

Dans ce chapitre :

- Monter et utiliser l'objectif.
- Régler le viseur à votre vue
- Utiliser la carte mémoire de l'appareil photo.
- Vous familiariser avec les commandes externes.
- Sélectionner des options dans le menu.
- Utiliser les menus et l'affichage Réglages de prises de vue et Écran de contrôle rapide.
- Personnaliser les opérations de base de l'appareil photo.

Pour la plupart des utilisateurs, acquérir un appareil digne de ce nom signifie passer du modèle compact – et certains sont remarquables – au reflex. Certes, les appareils photo numériques reflex présentent des possibilités de prises de vue innombrables, mais celles-ci s'accompagnent d'une flopée de boutons nouveaux, sans parler des molettes et des menus d'affichage aux ramifications sans fin. En plus, peut-être pour la première fois de votre vie, vous allez devoir changer l'objectif de l'appareil. Rien que cela, c'est un grand pas.

Peut-être éprouvez-vous vous aussi cette insécurité face à votre 600D, si c'est votre premier reflex, bien que certains boutons puissent vous paraître familiers si vous avez déjà utilisé un compact numérique. Si le Canon est à la fois votre premier appareil photo numérique et votre premier reflex, vous risquez d'être quelque peu décontenancé.

Orienter l'écran

L'une des sympathiques fonctionnalités du Canon 600D est son moniteur articulé. Quand vous déballez l'appareil photo pour la première fois, l'écran est plaqué contre le boîtier, comme à gauche dans la Figure 1.1. Cette position le protège des rayures et des éclaboussures (il est recommandé de le remettre dans cette position chaque fois que vous finissez de photographier). Quand vous prenez des photos, vous pouvez verrouiller l'écran dans sa position classique à l'arrière du boîtier, comme à droite à la Figure 1.1. Ou encore, pour des cadrages sous des angles insolites ou pour la vidéo, l'écran peut être orienté dans le sens que vous désirez, ainsi que le montre la Figure 1.2.

Figure 1.1 : L'écran protégé (à gauche) et en position classique (à droite).

Vous serez tenté sans doute immédiatement tenté de tripatouiller cet écran orientable. Voici quelques conseils utiles :

Figure 1.2 : L'écran pivotant est commode pour certaines prises de vues acrobatiques et pour la vidéo.

- **Ne forcez jamais l'écran.** Bien qu'il soit solidement construit, manipulez-le avec délicatesse. L'écran ne pivote qu'autour de certains axes. Ne forcez surtout pas si vous sentez une résistance, car vous l'endommageriez.
- **Attention à la fermeture.** Quand vous plaquez l'écran dans son logement, qu'il soit orienté contre le boîtier ou vers l'utilisateur, vous devez veiller à ce que rien ne se trouve dans le logement. Nettoyez ce dernier avec une soufflette ou un chiffon doux afin d'éliminer tout élément qui pourrait endommager le moniteur.
- **Nettoyez-le, mais pas n'importe comment.** Un écran se couvre assez rapidement de taches de doigts. Pour nettoyer sa surface, n'utilisez que des solutions ou des lingettes prévues à cet effet (on en trouve dans les boutiques photo). N'utilisez *jamais* des mouchoirs en papier ou des essuie-tout dont les fibres pourraient rayer l'écran. Et surtout, ne nettoyez jamais avec de l'air comprimé. Il peut être glacé à la sortie de la bombe et pourrait craqueler l'écran.

- **La visée par l'écran présente quelques inconvénients.** Vous activez cette fonction en touchant le bouton à droite du viseur, représenté dans la marge.

  L'écran consomme énormément de courant électrique, et la mise au point automatique est plus lente avec la visée par l'écran qu'avec le viseur reflex. C'est pourquoi il est préférable de ne photographier qu'avec le viseur et de réserver la visée par l'écran à la vidéo. Notez qu'en orientant l'écran vers l'avant, vous pourrez réaliser commodément un autoportrait.

Manipuler l'objectif

L'une des grandes différences entre un appareil photo compact et un reflex est l'*objectif*. Celui d'un reflex peut être remplacé par un autre selon les nécessités de la prise de vue. Vous pourrez par exemple passer de la photo rapprochée, en très gros plan, à la photo au téléobjectif. De plus, l'objectif d'un appareil photo reflex est équipé d'une bague de mise au point qui permet de régler la distance manuellement au lieu de vous fier uniquement à la mise au point automatique ou *autofocus*. Et cette différence représente de nombreuses opportunités nouvelles en matière de prises de vues.

Pour exploiter toutes ces fonctionnalités, vous devez bien sûr les connaître. Les trois sections qui suivent expliquent comment fixer, ôter et utiliser cet élément important qu'est l'objectif de votre appareil photo.

Monter l'objectif

Votre appareil photo accepte deux catégories d'objectifs Canon : ceux de type EF-S (*Electro Focus Shortback,* mise au point électrique à focale arrière réduite, dont la lentille est proche du capteur) et les anciens objectifs EF (*Electro Focus*).

Quel que soit l'objectif, procédez comme suit pour le fixer au boîtier :

1. **Ôtez le bouchon de boîtier, en façade de l'appareil photo. Tournez dans le sens inverse des aiguilles d'une montre (antihoraire), comme si vous dévissiez le bouchon d'une bouteille.**

2. **Ôtez le bouchon arrière de l'objectif (toujours en tournant dans le sens antihoraire).**

3. **Localisez le repère de montage approprié, sur le boîtier.**

   Le repère de montage du boîtier est une marque face à laquelle vous devez placer le repère de montage situé sur l'objectif. Votre appareil photo en possède deux : un rouge et un blanc, comme le montre la Figure 1.3.

Figure 1.3 : Le repère à utiliser dépend du type d'objectif.

Objectif Canon EF-S : placez le repère de montage de l'objectif en regard du repère blanc du boîtier.

Objectif Canon EF : placez le repère de montage de l'objectif en regard du repère rouge.

Si l'objectif est d'une autre marque que Canon, consultez son manuel pour savoir quel repère utiliser pour le monter.

4. **Alignez le repère de montage de l'objectif avec celui, approprié, situé sur le boîtier.**

   Un repère de montage se trouve sur l'objectif. La Figure 1.4 montre celui placé sur l'objectif livré en standard avec le Canon 600D : le zoom EF-S 18-55 mm IS (*Image Stabilizer*, stabilisateur d'image). Si vous avez acheté un autre objectif, le repère peut être rouge ou d'une autre couleur. Là encore, reportez-vous à son manuel.

Figure 1.4 : Placez le repère de l'objectif en face du repère du boîtier.

5. **Les repères bien en face l'un de l'autre, appuyez l'objectif contre la platine porte-objectif du boîtier.**

   Maintenez l'objectif par sa partie arrière, comme représenté sur la Figure 1.4.

6. **Tournez l'objectif dans le sens horaire jusqu'à ce qu'un déclic retentisse, indiquant que l'objectif est en place.**

En d'autres termes, tournez l'objectif en direction du bouton de déverrouillage de l'objectif, comme indiqué par la flèche rouge Figure 1.4.

N'ôtez un objectif que dans un environnement très propre afin de réduire le risque de dépôt de poussière ou de projection de contaminants à l'intérieur du boîtier ou de l'objectif. Changer d'objectif sur une plage de sable un jour de grand vent est formellement déconseillé. Pour plus de sécurité, pointez l'appareil légèrement vers le bas lors de la manœuvre, comme l'illustre la Figure 1.4. Vous éviterez ainsi que des corpuscules en suspension dans l'air soient attirés à l'intérieur de l'appareil et s'y déposent par gravité.

Ôter l'objectif

Procédez comme suit pour ôter l'objectif du boîtier :

1. **Localisez le bouton de déverrouillage de l'objectif, en façade du boîtier, comme indiqué à la Figure 1.4.**

2. **Maintenez bien l'objectif par sa partie arrière.**

   Autrement dit, tenez-le par sa partie fixe, à l'arrière du fût.

3. **Enfoncez le bouton de déverrouillage de l'objectif puis tournez l'objectif dans le sens antihoraire.**

   Le repère blanc monte. Dès que vous sentez que l'objectif s'est désolidarisé du boîtier, tirez-le afin de l'en éloigner.

4. **Placez le bouchon de protection à l'arrière de l'objectif.**

   Si vous ne montez pas un autre objectif, placez aussi le bouchon de protection sur le boîtier. Ces différentes étapes aideront à préserver votre objectif et votre appareil de toute poussière.

Utiliser un objectif IS (stabilisé)

Le zoom 18-55 mm vendu avec le Canon 600D est équipé d'un stabilisateur d'image. Cette fonctionnalité est signalée par les initiales IS dans le nom de l'objectif.

La stabilisation d'image s'efforce de compenser les faibles mouvements de l'appareil photo, fréquents lorsqu'il est tenu à main levée et utilisé à une vitesse d'obturation lente, ou avec une focale longue, ou avec les deux à la fois. Ces mouvements au cours de l'exposition peuvent provoquer un flou de bougé. Bien que la stabilisation d'image ne fasse pas des miracles, elle permet cependant d'obtenir des photos plus nettes dans bien des situations.

Lorsque l'appareil photo est fixé sur un trépied, la stabilisation d'image peut avoir un effet néfaste, car elle tente de compenser un mouvement qui, en fait, n'existe pas. C'est pourquoi les objectifs IS sont dotés d'un bouton Stabilizer On/Off, placé sur le côté du fût, comme le montre la Figure 1.5. Vous économiserez la batterie en désactivant la stabilisation d'image (position Off) lorsque vous prenez des photos, l'appareil fixé sur un trépied.

Sur un objectif d'une autre marque que Canon, la fonction de stabilisation de l'image peut s'appeler autrement (compensation des vibrations, antibougé…). Il peut arriver que le fabricant demande de conserver la stabilisation ou de sélectionner un mode spécial lorsque vous utilisez un trépied. Vérifiez cela dans le manuel de l'objectif.

Notez que le stabilisateur n'est pas conçu pour éliminer le flou de mouvement d'un sujet qui se déplace au cours de l'exposition, et cela, quel que soit l'objectif utilisé. Ce problème est lié à la vitesse d'obturation, un sujet traité au Chapitre 5. Le Chapitre 6 contient d'autres conseils pour obtenir des photos nettes. Il explique aussi ce qu'est la longueur focale et ses effets sur vos photos.

Figure 1.5 : Le stabilisateur d'image réduit le risque de bougé.

Mise au point automatique et manuelle

À l'instar de tout appareil photo moderne, numérique ou argentique, le 600D est capable de faire la mise au point automatiquement, comme vous le découvrirez par ailleurs. Mais avec certains sujets, la mise au point peut s'avérer lente, voire impossible. C'est pourquoi il est aussi possible de régler manuellement la mise au point.

Procédez comme suit pour faire la mise au point manuellement :

1. **Localisez le sélecteur AF/MF, sur le côté de l'objectif.**

   AF signifie *Automatic Focusing*, mise au point automatique, et MF *Manual Focusing*, mise au point manuelle. La Figure 1.5 montre le sélecteur AF/MF de l'objectif livré en standard avec le Canon 600D. Il devrait se trouver au même endroit sur les autres objectifs Canon (reportez-vous à leur manuel).

2. **L'œil au viseur, actionnez la bague de mise au point jusqu'à ce que le sujet soit net.**

   La bague de mise au point se trouve à l'avant de l'objectif, comme le montre la Figure 1.5. Sur des objectifs d'une autre marque, elle peut se trouver ailleurs ; dans ce cas, consultez le manuel.

   Si vous enfoncez le déclencheur à mi-course pendant que vous effectuez la mise au point, l'appareil émet un bip et un ou plusieurs collimateurs d'autofocus s'allument en rouge dans le viseur.

   Si vous ne parvenez pas à faire la mise au point, vous êtes peut-être trop proche du sujet. La distance minimale de mise au point de l'objectif livré avec le Canon 600D est d'environ 25 cm. Vous devrez peut-être aussi régler le viseur à votre acuité visuelle. Nous y reviendrons à la prochaine section.

TRUC

Certains objectifs permettent d'utiliser la mise au point automatique pour établir une première focalisation, puis de procéder à une mise au point plus fine manuellement. Vérifiez cette fonctionnalité dans le mode d'emploi de l'objectif (celui du kit ne le permet pas).

Zoomer en avant et en arrière

Si vous avez acheté un zoom, le réglage de la focale s'effectue en actionnant une imposante bague. Sur l'objectif du kit, ce réglage se trouve à l'arrière de la bague de mise au point (voir Figure 1.5). Sur un objectif à focale variable, le zoom s'effectue en tournant la bague.

Les chiffres présents sur la bague de zoom sont ceux de la focale, une notion sur laquelle nous reviendrons. Soit dit en passant, notez que lorsque l'objectif est monté sur le boîtier, le chiffre en regard de l'indicateur de focale, visible sur la Figure 1.5, est celui de la longueur focale en cours. Dans la figure en question, elle est de 24 mm.

Régler le viseur à votre vue

Un tout petit bouton se trouve en haut à droite du viseur. Il s'agit du correcteur dioptrique, mentionné à la Figure 1.6. Il sert à adapter l'oculaire du viseur à votre acuité visuelle.

Si vous ne procédez pas à ce réglage, une image qui vous paraît floue dans le viseur peut en réalité être nette sur le capteur (et donc sur la photo) et inversement.

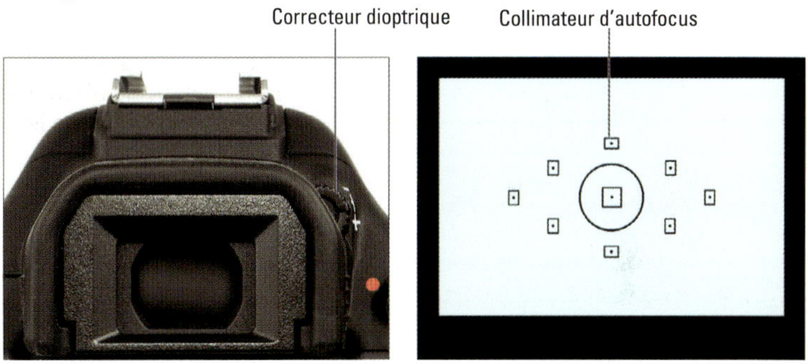

Figure 1.6 : Actionnez la molette du correcteur dioptrique pour régler le viseur à votre vue.

Voici comment procéder :

1. **Ôtez le bouchon qui couvre l'objectif.**
2. **Regardez dans le viseur en vous concentrant sur l'ensemble des collimateurs d'autofocus, à droite sur la Figure 1.6.**

Les *collimateurs d'autofocus* sont les neuf petits carrés pointés visibles dans le viseur (voir Figure 1.6). Le cercle central délimite la zone de mesure de la lumière.

3. **Tournez le bouton du correcteur dioptrique jusqu'à ce que les collimateurs d'autofocus soient bien nets.**

   Ne vous souciez pas de la netteté de l'image dans le viseur. Ne vous intéressez qu'aux collimateurs.

TRUC

Si votre acuité visuelle est à ce point déficiente qu'il vous soit impossible de régler la netteté des collimateurs à l'aide du correcteur dioptrique, vous devrez acquérir une lentille correctrice supplémentaire. Cet accessoire qui se fixe à l'oculaire corrige davantage la vue que le bouton. Le prix varie de 15 à 30 euros selon le nombre de dioptries.

Les cartes mémoire

Le Canon 600D utilise des cartes mémoire de type SD (*Secure Digital*), visibles aux Figures 1.7 et 1.8. Vous pouvez aussi utiliser des cartes mémoire de grande capacité, à condition qu'elles soient estampillées SDHC (*Secure Digital High Capacity*), voire SDXC (*Secure Digital eXtended Capacity*), nouveau standard promis à un bel avenir, puisqu'il devrait théoriquement stocker jusqu'à de 2 To de données. Ces cartes vous permettront d'enregistrer un plus grand nombre de photos.

TRUC

Pour filmer des séquences, Canon recommande d'utiliser des cartes mémoire SD de classe 10. Ce chiffre se rapporte à la vitesse d'écriture et de lecture des données. Plus elle est élevée, plus l'enregistrement et la lecture des fichiers vidéo sera fluide et sans saccade.

Quelques précautions s'imposent cependant pour assurer la sécurité de vos cartes mémoire et des photos qu'elles contiennent :

Figure 1.7 : Insérez la carte, étiquette orientée vers l'arrière.

N'OUBLIEZ PAS

- **Insérer la carte :** assurez-vous d'abord que l'appareil photo est éteint. Insérez ensuite la carte dans son logement, l'étiquette orientée vers l'arrière du boîtier, comme à la Figure 1.5. Poussez la carte jusqu'au déclic.
- **Formater la carte :** la première fois que vous utilisez une nouvelle carte mémoire, pensez à la *formater* à l'aide de la commande Formater du menu Configuration 1. Cette opération prépare la carte pour l'enregistrement des photos. Reportez-vous à la section « Menu Configuration 1 », un peu plus loin.
- **Ôter la carte mémoire :** jetez d'abord un coup d'œil au voyant d'accès mentionné à la Figure 1.7. Après vous être assuré qu'il est éteint, indiquant que l'enregistrement de la photo que vous venez

de prendre est terminé, éteignez l'appareil. Ouvrez le couvercle du logement de la carte mémoire, comme à la Figure 1.5. Appuyez légèrement sur la carte jusqu'à ce que vous entendiez un faible déclic, puis relâchez-la. La carte sort partiellement de son compartiment, permettant de la saisir et de l'extraire.

- **Manipuler la carte :** ne touchez pas les contacts dorés (voir la carte de gauche, sur la Figure 1.8). Rangez les cartes inutilisées dans leur étui de protection ou dans un porte-cartes mémoire. Ne les exposez ni à une forte chaleur ni au froid intense.
- **Verrouiller la carte :** le petit loquet, à gauche de la carte, permet de la verrouiller, empêchant toute suppression ou tout ajout de photos. Tirez-le vers le bas pour protéger le contenu de la carte, vers le haut pour la déverrouiller. Normalement, vous ne devriez pas chercher à verrouiller la carte quand vous l'utilisez pour stocker vos prises de vues, étant donné qu'il est impossible d'enregistrer la moindre image sur une carte verrouillée.

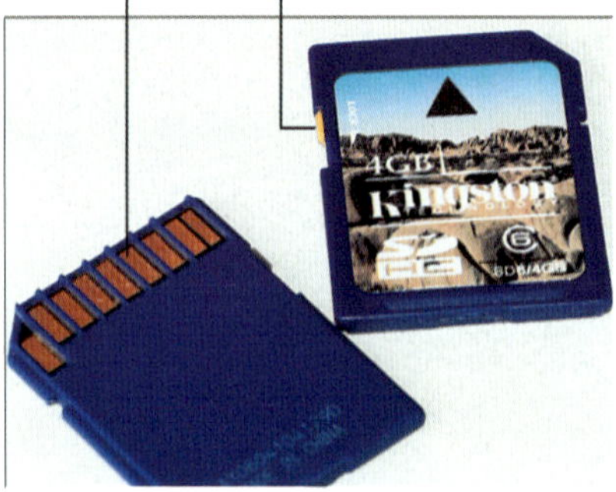

Figure 1.8 : Ne touchez pas les contacts dorés de la carte.

Les commandes extérieures du boîtier

De nombreux boutons, touches, molettes et commutateurs, dispersés sur le boîtier, servent à régler l'appareil photo, à visionner et éditer les photos et à exécuter diverses opérations.

Dans les chapitres à venir, toutes les fonctionnalités de l'appareil photo seront abordées en détail, avec les étapes permettant de les mettre en œuvre. Cette section se contente de faire le tour des commandes et de les présenter brièvement.

Les commandes sur le dessus du boîtier

Notre passage en revue des commandes commence par celles situées sur le dessus du capot, à droite (voir Figure 1.9) :

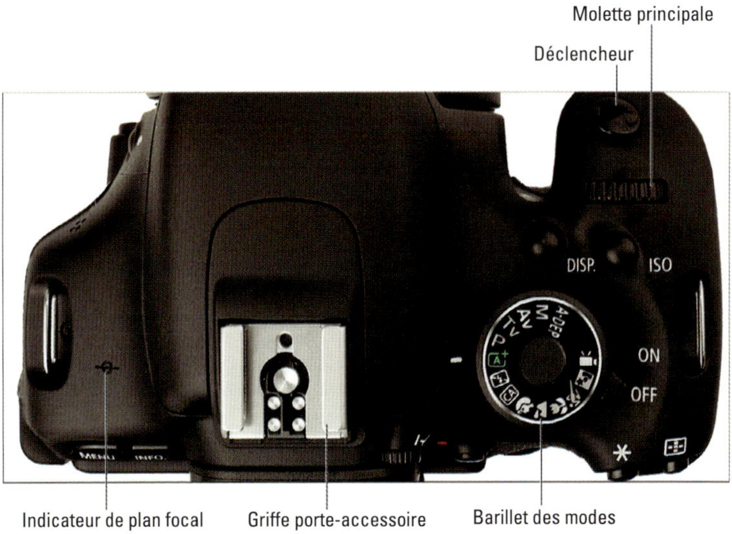

Figure 1.9 : Les petits pictogrammes de la molette représentent les modes de prise de vue automatiques.

- **Le commutateur On/Off :** il sert à allumer (On) et éteindre (Off) l'appareil photo.

  Par défaut, l'appareil photo s'arrête de lui-même après 30 secondes d'inactivité afin d'économiser la batterie. Pour réactiver l'appareil, enfoncez le déclencheur à mi-course ou appuyez sur le bouton Menu, DISP ou Lecture. Le délai d'extinction est réglable dans le menu Configuration 1, étudié plus loin dans ce chapitre.

- **Le barillet de sélection des modes :** tournez-le pour sélectionner un *mode d'exposition* qui imposera l'automatisme total, un mode semi-automatique ou l'exposition manuelle. Pour tourner une séquence, choisissez le mode Enregistrement vidéo. Les modes sont détaillés au Chapitre 2.

- **La molette principale :** noire et située à l'avant de la molette des modes, la molette joue un rôle crucial dans le réglage de l'appareil photo, comme nous le verrons d'ici peu.

- **La touche ISO :** utilisée conjointement avec la molette principale, elle sert à régler la sensibilité à la lumière. Quand vous enregistrez de la vidéo, appuyer sur ce bouton verrouille l'exposition à sa valeur actuelle.

- **Le bouton DISP** (abréviation de *Display*, affichage) : il sert à afficher ou non les paramètres de prise de vue.

- **Le déclencheur** : vous avez sans aucun doute compris à quoi sert ce bouton. Mais savez-vous qu'en enclenchant l'autofocus et la mesure automatique de la lumière, vous risquez de rater des photos si vous n'enfoncez pas le déclencheur en deux temps ? Enfoncez-le d'abord jusqu'à mi-course pour mémoriser la mise ou point et l'exposition, puis complètement pour prendre la photo. Vous seriez surpris d'apprendre combien de gens ratent leurs photos uniquement parce qu'ils appuient d'un seul coup sur le déclencheur, au lieu de laisser à

l'appareil le temps de faire la mise au point et d
déterminer l'exposition.

- **Griffe porte-accessoire :** elle sert principalement à recevoir un flash externe. Les contacts permettent l'échange d'informations entre l'appareil photo et le flash.
- **L'indicateur de plan focal :** situé au même niveau que la surface du capteur, il sert à mesurer la distance exacte entre l'appareil photo et le sujet. Cette indication est particulièrement utile pour les gros plans, la reprographie et d'autres travaux de précision.

Les commandes à l'arrière du boîtier

De nombreux boutons et commandes – quatorze pour être précis, sans compter le correcteur dioptrique décrit précédemment – se trouvent à l'arrière de l'appareil photo, comme le révèle la Figure 1.10.

TRUC

Ne vous laissez pas impressionner par tous ces boutons. Sur les appareils photo qui n'en ont que très peu, vous devez parcourir des menus pour accéder à des fonctions essentielles, ce qui est parfois fastidieux. Y accéder directement par des boutons est beaucoup plus commode, comme c'est le cas pour le 600D.

Vous découvrirez en marge, tout au long de ce livre, une représentation des boutons dont il est question dans le texte. Vous les identifierez ainsi plus facilement.

N'OUBLIEZ PAS

Certains boutons ont différents noms selon que vous êtes en train de prendre une photo, de la visionner, d'enregistrer une vidéo ou d'exécuter une autre fonction. Dans ce livre, le nom de ces boutons à usages multiples est le premier figurant dans la liste qui suit. Par exemple, le bouton Touche de sélection du collimateur autofocus/d'agrandissement sera toujours appelé Touche de sélection du collimateur autofocus. Là encore, l'icône en marge vous permettra de reconnaître le bouton dont il est question.

Figure 1.10 : Disposer de nombreux boutons facilite l'accès aux diverses fonctions de l'appareil photo.

Une autre subtilité : si le texte ou l'icône d'un bouton est bleu, la fonction en question concerne le visionnage, l'impression ou le transfert des photos. Si le texte ou l'icône est en blanc, elle concerne la prise de vue. Un bouton rouge concerne le mode Visée par l'écran ou la vidéo.

Cela dit, examinons les commandes du boîtier, en commençant en haut à droite et en allant vers la gauche :

- **Bouton de sélection du collimateur d'autofocus/ d'agrandissement :** pour certains modes de prise de vue avancés, ce bouton sert à sélectionner le collimateur, parmi les neuf visibles dans le viseur, sur lequel la mise au point sera effectuée. En mode Lecture des images et en mode Visée par l'écran, ce bouton sert à agrandir la photo affichée (d'où la petite loupe représentée près du bouton).

- **Bouton de mémorisation d'exposition/de mémorisation d'exposition au flash/d'index/de réduction :** les deux premières fonctions concernent la prise de vue. Vous utiliserez ce bouton pour mémoriser les réglages de l'exposition ou du flash. En mode Visée par l'écran et Vidéo, ce bouton enclenche juste la mise au point et l'exposition automatiques.

  Ce bouton donne aussi accès à deux fonctions de visionnage : l'affichage en mode Index, qui permet de voir plusieurs images en même temps, et la réduction de l'affichage des images visionnées une par une.

- **Bouton Visée par l'écran/Vidéo :** appuyez sur ce bouton pour activer la visée par l'écran et, en mode Enregistrement vidéo, pour commencer et arrêter le tournage (pour la vidéo, vous devez d'abord mettre la molette en mode Enregistrement vidéo). Ce bouton est aussi utilisé lors du transfert des photos vers un ordinateur ou pour l'impression directement à partir de l'appareil photo.

- **Bouton d'ouverture/de correction d'exposition :** lorsque vous travaillez en mode M (manuel), vous maintenez ce bouton enfoncé tandis que vous sélectionnez la valeur du diaphragme à l'aide de la molette principale. Dans les autres modes d'exposition avancés, ce bouton et la molette règlent la *correction de l'exposition*, une fonction permettant de modifier l'exposition telle qu'elle a été calculée par le posemètre incorporé de l'appareil photo.

- **Bouton Contrôle rapide (Q)/Impression directe :** appuyez sur ce bouton pour afficher l'écran Contrôle rapide, dont le contenu est fonction du mode d'exposition en cours. Le bouton Impression directe permet d'imprimer directement depuis l'appareil vers une imprimante compatible.

- **Bouton Set et joypad :** ces deux éléments sont mis en évidence à la Figure 1.8. Le commutateur multidirectionnel ou *joypad*, ainsi que le bouton Set, au centre, exécutent plusieurs fonctions, notamment la navigation dans les menus et la validation des choix. Vous utilisez le joypad pour parcourir les menus et appuyez sur le bouton Set pour sélectionner une option. Nous y reviendrons plus loin dans ce chapitre.

N'OUBLIEZ PAS

Dans ce livre, « appuyer sur la touche Gauche » signifie que vous devez appuyer sur la flèche pointée vers la gauche, sur le joypad.

Voici les fonctionnalités du joypad et du bouton Set :

  - *Après avoir affiché l'écran Réglages de prise de vue, appuyez sur le bouton Set pour accéder à l'Écran de contrôle rapide.* Ce dernier n'est qu'une des options de réglage d'une prise de vue. Nous y reviendrons plus à fond à la section à venir intitulée « Exploiter l'écran Contrôle rapide ».
  - *Appuyez sur la touche Droite pour choisir le mode de mise au point automatique.* Cette fonction contrôle le comportement de l'autofocus.
  - *Appuyez sur la touche Gauche pour changer de mode d'acquisition.* Il permet de passer du mode Vue par vue au mode En continu ou au mode Retardateur.
  - *Appuyez sur la touche Bas pour changer de style d'image.* Les styles d'image permettent d'ajuster la couleur, le contraste ou la netteté des photos.
  - *Appuyez sur la touche Haut pour régler la balance des blancs.* Cette commande garantit la fidélité des couleurs en évitant l'apparition d'une dominante de couleur.

Les fonctionnalités du bouton Set sont personnalisables, comme l'explique le mode d'emploi de l'appareil. Mais, dans ce livre, nous nous en tiendrons aux fonctions par défaut, car autrement nos instructions seraient inutilisables.

- **Le bouton Lecture :** appuyez dessus pour passer en mode Lecture d'images.

- **Le bouton Effacement :** reconnaissable à l'icône en forme de poubelle, un symbole universel, ce bouton permet de supprimer des photos de la carte mémoire. En mode Visée par l'écran, évoqué dans le même chapitre, ce bouton joue un rôle dans la mise au point.
- **Le bouton Menu :** appuyez dessus pour accéder aux menus de l'appareil photo. Reportez-vous à la prochaine section pour les détails sur la navigation.
- **Le bouton Info** : en mode Lecture des images et Visée par l'écran, ce bouton modifie le style d'affichage des photos. Mais si Réglages de prise de vue est actif, appuyer sur le bouton Info fait passer entre cet affichage et le mode Affichage des réglages.

Les boutons en façade, à gauche

Trois autres boutons se trouvent à l'avant du boîtier, à gauche (voir la Figure 1.11). L'un d'eux, qui sert à déverrouiller l'objectif, est indispensable pour changer d'objectif, comme expliqué précédemment. Les deux autres sont :

Figure 1.11 : Appuyez sur le bouton Flash pour libérer le flash incorporé.

- **Le bouton Flash :** appuyer sur ce bouton déploie ou rétracte le flash incorporé lorsque vous utilisez les modes de prise de vue avancés P, Tv, Av, M ou A-DEP.
- **Microphone :** quand vous filmez en vidéo, vous pouvez utiliser le microphone incorporé ou brancher un microphone externe. Si vous optez pour le microphone incorporé, veillez à ne pas masquer les petits trous.
- **Le bouton de déverrouillage de l'objectif :** appuyez dessus pour pouvoir désengager l'objectif de sa monture et l'ôter du boîtier. Reportez-vous au début de ce chapitre pour les détails sur cette opération.
- **Le bouton de contrôle de la profondeur de champ :** lorsque ce bouton est enfoncé, l'image dans le viseur donne une idée de la répartition de la netteté de part et d'autre du plan de mise au point, en fonction de la distance, de la focale et du diaphragme.

- **Lampe d'atténuation des yeux rouges/Voyant du retardateur** : quand le flash est en mode Atténuation des yeux rouges, cette petite lampe émet une brève rafale de pré-éclairs avant le déclenchement du flash. Les pupilles du sujet se contractent ainsi, réduisant le risque de réflexion de la lumière sur la rétine. Si vous utilisez le retardateur, cette même lampe clignote, permettant ainsi de décompter le temps avant le déclenchement. Par défaut, le retardement est de 10 secondes.
- **Capteur de télécommande :** il reçoit le signal d'un déclencheur à distance. Il est optionnel.

Prises, ports et connecteurs

Diverses prises (appelées aussi « ports ») et connecteurs sont cachés sous les deux petites trappes présentes sur le côté gauche du boîtier (voir Figure 1.12). Voici à quoi ils servent :

- **Prise de télécommande :** c'est une alternative à la télécommande sans fil permettant de brancher un déclencheur électrique filaire de type Remote Switch RS-60E3.

  Un déclencheur télécommandé est conseillé pour les poses longues, notamment la photo de nuit. Elle évite de toucher l'appareil photo pour déclencher, au risque de provoquer des vibrations qui rendraient la photo floue. Contrairement à la télécommande sans fil, qui exige que le boîtier de télécommande soit positionné de manière à ce que le signal puisse être reçu par le capteur situé à l'avant de l'appareil photo, un déclencheur filaire fonctionne où que vous soyez, y compris derrière l'appareil (c'est pourquoi le déclencheur filaire est celui que je préfère).
- **Prise du microphone :** si le microphone incorporé ne vous convient pas, branchez un microphone externe. Il doit être équipé d'un jack stéréo de 3,5 mm.

Figure 1.12 : Les trappes en caoutchouc dissimulent les prises permettant de connecter l'appareil photo à d'autres équipements.

- **Ports A/V et USB :** le premier sert à connecter l'appareil photo à un téléviseur HD (haute définition) grâce au câble livré avec l'appareil photo. Le second est réservé au câble USB, également livré, qui sert à transférer les images (en fait, un lecteur de cartes mémoire est une meilleure solution, comme nous l'expliquerons par ailleurs).
- **Connecteur HDMI :** il reçoit un câble HDMI ou HTC-100 optionnel (mâle et mini-C) permettant de visionner les photos et les vidéos sur un téléviseur ou un écran à haute définition. Le câble livré par Canon est onéreux : plus de 50 euros. Il est possible d'utiliser un câble d'une autre marque à condition qu'il soit de bonne qualité.

Sous le boîtier de l'appareil photo, vous trouverez un filetage (petit diamètre, 1/4 de pouce) pour la fixation sur un trépied ainsi que le logement de la batterie. Sur la droite de la semelle, un petit couvercle protège la prise d'une alimentation secteur optionnelle. Reportez-vous au manuel pour plus de détails sur cet accessoire.

Les réglages de l'appareil photo

Vous avez sans doute déduit de cette lecture que votre Canon 600D est truffé d'options. Il propose également diverses manières de gérer tous ces réglages en fonction des nécessités. Les prochaines sections ne sont qu'une brève introduction à l'affichage et à la modification des réglages. Dans les chapitres suivants, vous verrez comment y accéder et les exploiter. Notez aussi dès à présent que les informations fournies ici concernent l'usage classique de la photographie, l'œil au viseur. Les modes Visée par l'écran et Vidéo fonctionnent différemment.

Les menus de l'appareil photo

Bon nombre des fonctions de l'appareil photo sont accessibles au travers de menus, en appuyant sur le bouton fort opportunément nommé Menu. Ces menus sont au nombre de sept, brièvement décrits dans le Tableau 1.1.

N'OUBLIEZ PAS

L'assortiment exact de menus et d'options dépend du mode d'exposition. Certains d'entre eux n'apparaissent que si un mode d'exposition avancé (P, Tv, Av, M ou A-DEP) est sélectionné. Et bien sûr, les trois menus Vidéo n'apparaissent que si le mode Vidéo est sélectionné avec le barillet.

TRUC

Pour le cas où vous ne l'auriez pas remarqué, un code couleur identifie les icônes représentant les menus. Rouge pour les menus Prise de vue 1, 2 et 3, et Vidéo, jaune pour les menus Configuration 1, 2 et 3, bleu pour les menus Lecture et vert pour Mon menu (ce dernier, permettant de créer vos propres menus).

Tableau 1.1 : Les menus du Canon 600D.

Symbole	*Menu*	*Fonctions*
	Prise de vue 1	Qualité de l'image, mode flash Atténuateur des yeux rouges et autres réglages élémentaires.
	Prise de vue 2	Options de prise de vue avancées. Ce menu n'apparaît qu'avec les modes d'exposition avancés P, Tv, Av, M et A-DEP, et avec la visée par l'écran dans les autres modes d'exposition.
	Prise de vue 3	Options de prise de vue avancées pour la suppression des taches de poussière et l'ISO automatique.
	Prise de vue 4	Options de prise de vue pour la visée par l'écran.
	Lecture 1	Rotation, protection et effacement des photos, ainsi que des fonctions de filtres créatifs et de redimensionnement.
	Lecture 2	Autres fonctionnalités, comme l'affichage de l'histogramme, le saut d'images et la commande HDMI.
	Configuration 1	Formatage de la carte mémoire et options de personnalisation élémentaires, comme le système de numérotation des fichiers et l'arrêt automatique.
	Configuration 2	Fonctions de maintenance, comme le nettoyage du capteur.
	Configuration 3*	Fonctions de personnalisation, incorporation de copyright, réinitialisation aux réglages d'usine.
	Mon menu*	Configuration des menus définis par l'utilisateur.
	Vidéo 1**	Options d'exposition et de mise au point.
	Vidéo 2**	Taille du fichier d'enregistrement, enregistrement du son, instantané à partir d'une vidéo.

	Vidéo 3**	Autres options vidéo et colorimétriques.

* Menu n'apparaissant que si le mode P, Tv, Av, M ou A-DEP est sélectionné
** Menu n'apparaissant que si le mode Vidéo est sélectionné

Après avoir appuyé sur le bouton Menu, un écran semblable à celui de gauche (voir Figure 1.13) apparaît. Les icônes du Tableau 1.1, représentant chacune l'un des menus, se trouvent en haut.

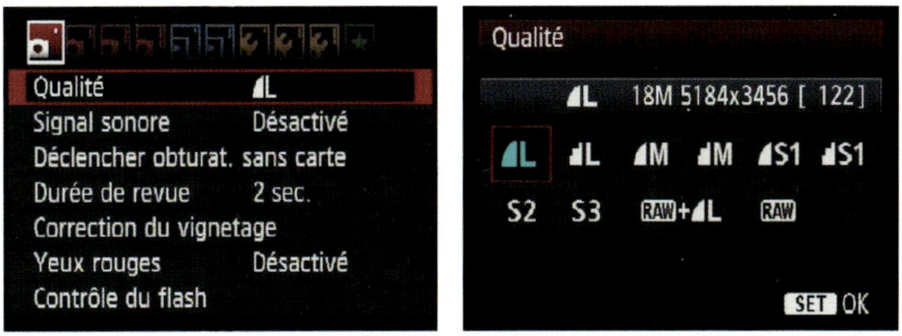

Figure 1.13 : Utilisez le joypad pour naviguer dans les menus. Appuyez sur Set pour accéder aux options d'un élément de menu.

L'icône en surbrillance indique le menu actuellement sélectionné, dont les options occupent le reste de l'écran. Dans la Figure 1.13, le menu Prise de vue 1 est actif.

Tous ces éléments de menu sont détaillés par ailleurs dans ce livre. En attendant de les aborder, familiarisez-vous avec la navigation dans les menus et la sélection des options. Voici quelques recommandations :

- **Pour sélectionner un autre menu :** appuyez sur une touche Droite ou Gauche ou tournez la molette principale pour passer d'un menu à un autre.
- **Pour sélectionner et régler une fonction dans le menu courant :** appuyez sur les touches Haut ou Bas du joypad pour sélectionner la fonctionnalité à régler. À gauche (Figure 1.13), l'option Qualité est sélectionnée. Appuyez ensuite sur le bouton Set. Les paramètres disponibles pour l'élément sélectionné

apparaissent ensuite soit à droite de l'élément, soit dans un écran séparé, comme le montre l'illustration de droite dans la figure. Dans les deux cas, appuyez sur les touches Haut ou Bas pour sélectionner le paramètre désiré et appuyez sur Set pour valider votre choix.

Ces informations aussi ne sont fournies qu'à titre général. Ne vous fatiguez pas à apprendre tous ces menus, car par la suite vous les rencontrerez en situation, ce qui facilite leur mémorisation.

Utiliser l'écran Réglages de prise de vue

Visible à la Figure 1.14, l'écran Réglages de prise de vue contient les informations les plus importantes pour prendre une photo : l'ouverture, la vitesse d'obturation, la sensibilité ISO, *etc.* Notez que ces paramètres ne sont valables que pour la photographie dans le mode le plus classique. En mode Visée par l'écran ou Vidéo, vous pouvez choisir de « surimpressionner » certains d'entre eux sur l'image affichée sur l'écran. Le réglage des paramètres et la personnalisation de l'affichage sont cependant différents (reportez-vous au Chapitre 4 pour les détails).

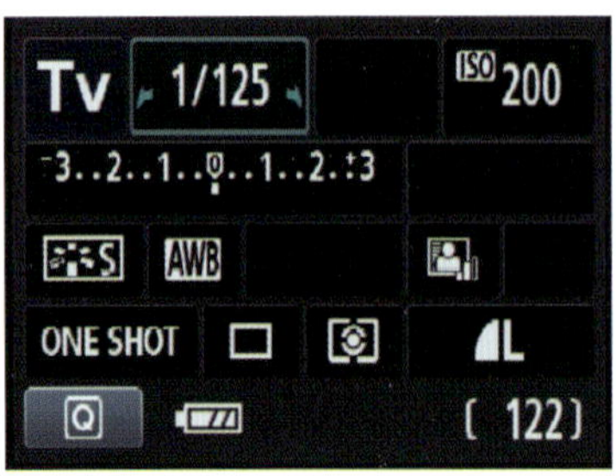

Figure 1.14 : L'affichage Réglages de la prise de vue est un véritable tableau de bord affichant tous les paramètres de la photo.

Le type d'informations affiché par les Réglages de prise de vue dépend du mode d'exposition sélectionné. La Figure 1.11 montre les réglages d'un mode avancé, Tv – priorité à la vitesse – en l'occurrence. Dans les modes entièrement automatiques ainsi que dans le mode Créatif auto, les réglages sont beaucoup moins nombreux car ils ne permettent de contrôler qu'un nombre plus réduit de paramètres. Dans tous les modes, deux indications sont systématiquement affichées, car elles sont d'une utilité incontestable : le nombre de photos qu'il est encore possible d'enregistrer dans la carte mémoire et l'état de la batterie. Si l'icône de batterie est presque vide, vous avez intérêt à préparer votre batterie de secours pour pouvoir continuer à mitrailler !

TRUC

Si la batterie est presque vide, vous pourrez fonctionner à l'économie en désactivant les fonctions les plus gourmandes en courant électrique : l'écran, le stabilisateur d'image et le flash. Évitez aussi de laisser longuement le déclencheur enfoncé à mi-course car les systèmes de mise au point et de mesure de l'exposition drainent également la batterie.

L'écran Réglages de prise de vue permet à la fois de consulter les réglages et de les modifier. Voilà ce qu'il faut savoir :

- **Affichage des Réglages de prise de vue :** ils apparaissent brièvement au moment de l'allumage de l'appareil photo. Après qu'ils se sont éteints (généralement au bout de 30 secondes), vous pouvez les rallumer en appuyant sur le bouton DISP ou en enfonçant le déclencheur à mi-course. Si un menu est affiché, vous pouvez n'utiliser que la technique du déclencheur, car appuyer sur DISP produit un effet différent.

  N'OUBLIEZ PAS

  Si vous avez éteint l'écran avec le bouton DISP, appuyez de nouveau dessus pour rétablir l'affichage. Enfoncer le déclencheur à mi-course est sans effet.

- **Régler l'appareil photo :** quand l'écran Réglages de prise de vue est allumé, certains paramètres peuvent être réglés en actionnant la molette principale, ou en actionnant la molette tout en maintenant un autre bouton enfoncé.

Par exemple, en mode Priorité à l'ouverture (Tv, sur le barillet), actionner la molette principale modifie la vitesse d'obturation. Si vous maintenez le bouton Correction de l'exposition enfoncé, l'échelle de correction de l'exposition est sélectionnée, comme le montre l'illustration de gauche de la Figure 1.15 ; dans ce cas, la molette principale règle la correction. Relâchez le bouton pour pouvoir photographier.

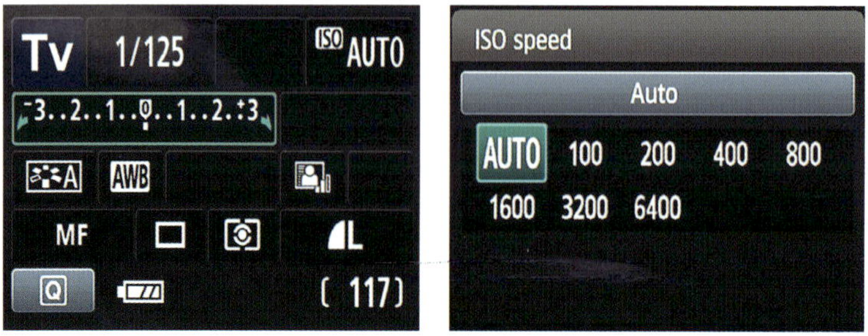

Figure 1.15 : Appuyer sur un bouton de commande sélectionne un réglage (à gauche) ou affiche les réglages disponibles (à droite).

Dans certains cas, quand vous appuyez sur un bouton de commande, l'appareil photo affiche un écran plein d'options au lieu des flèches incurvées. Par exemple, appuyer sur le bouton ISO, dans un mode d'exposition avancé, affiche l'écran que montre l'illustration de droite, à la Figure 1.15. Vous pouvez alors relâcher le bouton et sélectionner la valeur désirée, soit avec la molette principale, soit avec les touches du joypad. Appuyez sur Set pour valider votre choix et revenir à l'écran Réglages de prise de vue.

Exploiter l'écran Contrôle rapide

L'écran Contrôle rapide permet de changer certains réglages sans recourir aux boutons de commande (ISO, Correction de l'exposition, *etc.*) Il est utilisable dans n'importe quel mode d'exposition, mais les réglages accessibles dépendent du mode en vigueur. Pour essayer cette fonctionnalité, choisissez le mode Tv (priorité à la vitesse) puis procédez comme suit :

1. **Affichez l'écran Réglages de prise de vue.**

   Enfoncez le déclencheur à mi-course et relâchez-le ou appuyez sur le bouton DISP.

2. **Appuyez sur le bouton Contrôle rapide (Q).**

   L'écran bascule à présent en mode Contrôle rapide. L'une des options est sélectionnée et son nom apparaît en bas de l'écran comme le montre l'illustration de gauche de la Figure 1.16, où la compensation du flash est sélectionnée. Cette option particulière n'est affichée par le mode Contrôle rapide que si la fonction appropriée a préalablement été activée (reportez-vous au Chapitre 5 pour connaître tous les détails).

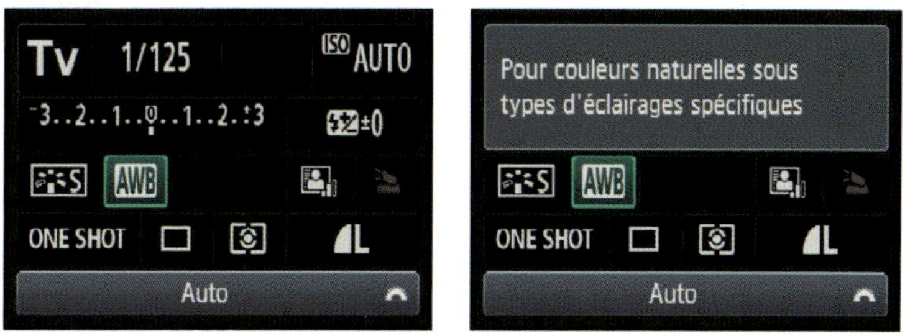

Figure 1.16 : Appuyer sur le bouton Contrôle rapide (Q) active le réglage sélectionné (à gauche) ou affiche les réglages disponibles (à droite).

3. **Appuyez sur des touches du joypad pour sélectionner le réglage à ajuster.**

   Quand vous choisissez un réglage, un petit texte vous explique de quoi il s'agit (à droite dans la Figure 1.16).

   Si le texte explicatif vous agace, vous pouvez désactiver son affichage avec l'option du Menu Configuration 2.

4. **Réglez le paramètre.**

En règle générale, vous recourrez à l'une de ces deux techniques :

- Tournez la molette principale pour parcourir les réglages proposés.
- Appuyez sur le bouton Set pour afficher un écran contenant tous les réglages possibles (Figure 1.17). Vous sélectionnerez ensuite la valeur voulue avec la molette ou le joypad. Appuyez ensuite de nouveau sur Set pour revenir à l'écran Contrôle rapide.

Figure 1.17 : À partir du menu Contrôle rapide, appuyez sur Set pour afficher tous les réglages de l'option sélectionnée.

Quelques commandes exigent une approche un peu différente, mais ne vous inquiétez pas, car les instructions vous seront fournies au moment opportun, dans ce livre.

5. **Pour quitter le mode Contrôle rapide, enfoncez le déclencheur à mi-course puis relâchez-le, ou appuyez de nouveau sur le bouton Contrôle rapide.**

Vous revenez ainsi dans le mode Réglages de prise de vue normal.

Lire les réglages dans le viseur

Quand l'appareil photo est allumé, des réglages de l'exposition et quelques autres informations sont visibles à la fois dans le viseur et sur l'écran, dans l'affichage des réglages de l'appareil photo. Regardez à travers le viseur reflex et enfoncez le déclencheur à mi-course pour afficher ces données.

Les données affichées dans le viseur varient selon l'action en cours et le mode d'exposition utilisé. Par exemple, si le mode sélectionné est P – programme d'exposition automatique, généralement appelé mode Programme –, le viseur (voir Figure 1.18) affiche le diaphragme, la vitesse d'obturation, la correction de l'exposition et la sensibilité ISO. D'autres informations sont affichées quand vous activez certaines fonctionnalités, comme le flash.

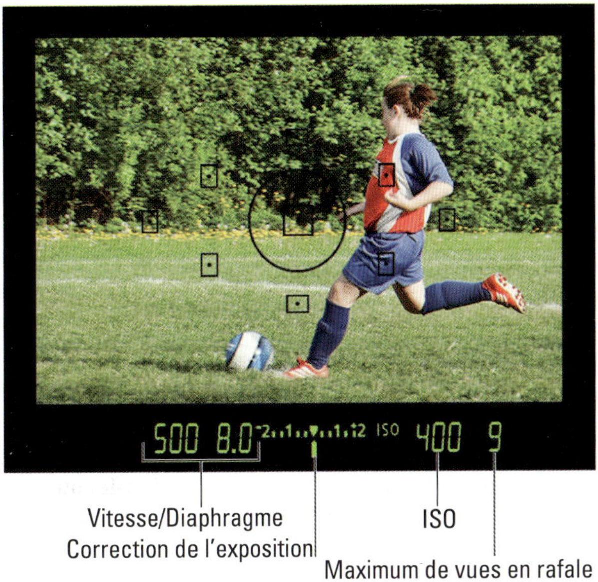

Figure 1.18 : Certains réglages sont affichés en bas du viseur reflex.

Une valeur, dans le viseur, prête à confusion. Il s'agit du chiffre complètement à droite (« 9 », dans la Figure 1.18) qui indique le nombre maximum de photos que l'on peut prendre en rafale, en maintenant le déclencheur enfoncé. Vous n'avez pas à vous en soucier, sauf s'il tombe à zéro. Dans ce cas, cela signifie que la mémoire tampon – où son stockées les photos en attente de traitement et d'écriture sur la carte mémoire – est saturée. Si cela arrive, patientez un moment, le temps que toutes les photos aient quitté la mémoire tampon.

Dans le viseur, plusieurs réglages peuvent être ajustés avec la seule molette principale ou conjointement avec un bouton de fonction, comme cela se fait avec l'écran Réglages de prise de vue. Par exemple, quand vous travaillez dans l'un des modes avancés P, Tv, Av, M ou A-DEP et que vous appuyez sur le bouton ISO, tous les réglages sauf le réglage courant ISO s'assombrissent. Vous pouvez alors tourner la molette principale pour changer la sensibilité. Enfoncer le bouton à mi-course réaffiche les réglages dans le viseur, de la manière habituelle.

Vérifier le réglage de l'appareil photo

En plus des réglages de prise de vue, le Canon 600D permet de vérifier un ensemble de paramètres visibles à la Figure 1.19. Ils sont exclusivement informatifs et ne peuvent pas être modifiés.

Figure 1.19 : Appuyez sur le bouton Info, lorsque l'affichage des réglages est visible, pour accéder à ces informations.

Pour afficher ces informations, affichez d'abord d'écran Affichage des réglages en enfonçant le déclencheur à mi-course et en le relâchant, et appuyez ensuite sur le bouton Info.

La Figure 1.19 montre les informations consultables, à condition cependant qu'un mode d'exposition avancé soit sélectionné :

- **Espace disponible :** indique l'espace libre sur la carte mémoire. Le nombre de photos que vous pourrez y placer dépend du paramètre Qualité que vous avez sélectionné.
- **Espace couleur :** indique si les photos sont prises dans un espace colorimétrique sRVB ou Adobe RVB.
- **Écart br. Bal :** correction et bracketing de la balance des blancs.
- **Visée par l'écran :** cette option permet d'utiliser l'écran au lieu du viseur reflex.
- **Auto-nettoyage du capteur et atténuation des yeux rouges :** ces deux fonctions sont sur la même ligne. Reportez-vous à la section « Menu Configuration 2 », plus loin dans ce chapitre, pour en savoir plus sur le mode de réduction des yeux rouges par le flash.
- **Extinction automatique de l'écran et rotation automatique :** ces deux options sont décrites à la section « Menu Configuration 1 », plus loin dans ce chapitre.
- **Signal sonore :** cette option réglable dans le menu Configuration 1 indique si l'appareil photo émet ou non un bip après certaines opérations.
- **Date et heure :** le réglage de ces deux paramètres est expliqué à la section « Menu Configuration 2 », plus loin dans ce chapitre.

N'OUBLIEZ PAS

Dans les modes d'exposition entièrement automatiques ou Créatif auto, les informations concernant l'espace colorimétrique, la correction et le bracketing de la balance des blancs et l'état de la visée par le viseur ne sont pas affichées car ces fonctionnalités ne sont pas utilisables dans ces modes.

Bien sûr, hormis l'espace libre restant sur la carte mémoire, tous ces paramètres peuvent être consultés dans le menu où ils sont définis. L'écran qui les affiche n'est qu'une commodité permettant de les consulter rapidement sans devoir pérégriner dans des menus.

Les options de réglage élémentaires

L'un des gros avantages du canon 600D est la possibilité de personnaliser ses performances selon votre manière de photographier. Les chapitres à venir expliquent les options relatives à la prise de vue, notamment celles affectant le comportement du flash et la mise au point automatique. Le restant de ce chapitre détaille les options concernant les réglages initiaux de l'appareil photo, et explique entre autres comment régler la date et l'heure, choisir le système de numérotation des fichiers et régler la luminosité de l'écran.

Menu Configuration 1

Au risque de paraître conformistes, nous vous suggérons de commencer la personnalisation de votre appareil photo par ce menu, que montre la Figure 1.20.

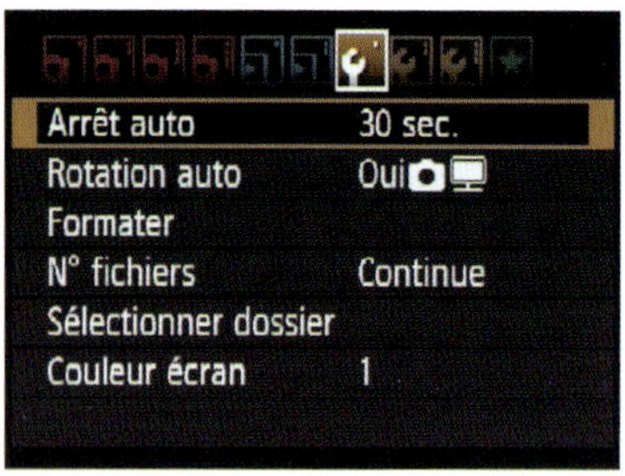

Figure 1.20 : Les options du menu Configuration 1 sont les plus élémentaires.

Voici un bref aperçu de chacun des éléments de ce menu :

- **Arrêt auto :** pour économiser la batterie, l'appareil photo se met automatiquement en veille après une certaine période d'inactivité, 30 secondes par défaut. Mais ce délai peut être porté à 1, 2, 4, 8 ou 15 minutes. L'arrêt automatique peut aussi être désactivé en choisissant l'option Désactivé.
- **Rotation auto :** quand cette option est active, le fichier d'image contient une donnée indiquant si le cadrage est en largeur ou en hauteur.

Lorsque l'image sera visionnée sur le moniteur de l'appareil photo ou dans un ordinateur, elle sera automatiquement pivotée, le cas échéant.

- **Formater :** la première fois que vous utilisez une nouvelle carte mémoire, il est recommandé de la *formater* afin d'effacer toutes les données qui pourraient s'y trouver et la préparer pour son usage par l'appareil photo.

  Si vous avez déjà utilisé cette carte dans un autre appareil, comme un lecteur de musique portable, assurez-vous d'avoir recopié les fichiers qui s'y trouvent dans votre ordinateur avant de formater la carte.

  Lorsque vous sélectionnez l'option Formater, vous avez le choix entre un formatage normal (les fichiers des photos ne sont plus accessibles mais néanmoins virtuellement présents) ou simple (les données des fichiers sont complètement effacées). Le formatage simple nettoie la carte de manière approfondie, mais son exécution est plus lente. En règle générale, le formatage normal est amplement suffisant.

- **N° fichiers :** cette option régit la numérotation des fichiers d'image.

  - *Continue :* c'est l'option par défaut, les fichiers sont numérotés séquentiellement de 0001 à 9999 et placés dans un même dossier. Le dossier initial est nommé 100Canon. Lorsque la photo 9999 est atteinte, l'appareil crée un nouveau dossier nommé 101Canon pour les 9999 prochaines photos. Cette numérotation est conservée même si vous changez de carte mémoire, ce qui évite de se retrouver avec plusieurs fichiers portant le même nom.

  - *Réinit. Auto :* la numérotation recommence à 0001 chaque fois que vous changez de carte mémoire. Cette option est déconseillée, pour la raison indiquée précédemment

- Quelle que soit l'option sélectionnée, méfiez-vous d'un piège : quand vous changez de carte mémoire et que la nouvelle carte contient déjà des photos, l'appareil photo peut adopter la numérotation à partir de la dernière d'entre elles, ce qui peut poser de gros problèmes. Pour les éviter, formatez la nouvelle carte, comme expliqué plus loin.
- *Réinit. Man. :* l'appareil recommence la numérotation à 0001, puis le mode précédent, Continue ou Réinit. auto, est automatiquement sélectionné.

- **Sélectionner dossier :** vous n'avez à vous préoccuper de cette option que si la carte mémoire contient plus d'un seul dossier de stockage de photos. Rappelons que l'appareil photo crée automatiquement le dossier, en commençant par un dossier nommé 100Canon et en créant un nouveau dossier chaque fois que le précédent est plein. Mais vous pouvez aussi créer vos propres dossiers.

  Si votre carte mémoire contient de multiples dossiers, utilisez la commande Sélectionner dossier *avant* de commencer à prendre des photos afin que l'appareil sache où les stocker.

- **Couleur écran :** si vous n'aimez pas la couleur d'arrière-plan de l'affichage des réglages de l'appareil photo, vous pourrez en choisir une autre parmi trois jeux de teintes. Pour cet ouvrage, le jeu de couleurs 1, celui par défaut, a été choisi.

- **Réglages Eye-Fi :** le boîtier du Canon 600D accepte les cartes mémoire Eye-Fi capable de transmettre les photos au travers d'un réseau sans fil. C'est une fonctionnalité sympa, mais ces cartes sont plus chères que des cartes normales et exigent une configuration qu'il n'est pas possible de détailler ici, faute de place. De plus, Canon ne garantit pas que tout fonctionnera parfaitement et vous renvoie au support technique d'Eye-Fi en cas d'incident. Si aucune carte Eye-Fi n'est installée dans l'appareil photo, l'option est masquée, comme sur la Figure 1.20. Pour en savoir plus, visitez le site http://fr.eye.fi/.

Menu Configuration 2

Le menu Configuration 2, que montre la Figure 1.21, contient d'autres options de personnalisation. Mais seules les options suivantes sont exploitables avec tous les modes d'exposition (automatique, portrait, paysage…).

Figure 1.21 : Le menu Configuration 2 contient des options de personnalisation des opérations de base.

- **Luminosité LCD :** cette option sert à rendre l'écran LCD plus clair ou plus foncé. Après l'avoir sélectionnée, comme à la Figure 1.21, appuyez sur le bouton Set pour afficher l'écran de la Figure 1.22. L'appareil photo affiche une image présente dans la carte mémoire (si elle est vide, un rectangle noir est affiché). Appuyez sur les touches Droite et Gauche pour régler la luminosité, puis de nouveau sur Set pour revenir au menu.

Figure 1.22 : La luminosité de l'écran LCD est réglable.

Sachez qu'en modifiant la luminosité de l'écran LCD, ce dernier risque de ne plus représenter fidèlement l'exposition de vos photos. Par exemple, si vous augmentez la luminosité, une photo sous-exposée peut sembler correcte. Il est recommandé de conserver la luminosité à sa valeur par défaut, repère parfaitement centré. Si vous faussez néanmoins la luminosité, une solution consiste à afficher l'*histogramme*, une aide à l'exposition décrite au Chapitre 4.

- **LCD M/A au déc :** cette option qui s'appelle en clair « marche/arrêt de l'écran LCD au déclenchement » permet de choisir le bouton sur lequel vous devez appuyer pour afficher ou ne pas afficher l'écran Réglages de prise de vue. Les choix sont les suivants :
  - *Via déclen :* les réglages de prise de vue apparaissent lorsque le bouton du déclencheur est enfoncé à mi-course. Ils disparaissent en répétant l'opération.
  - *Via déc/DISP :* les réglages de prise de vue disparaissent quand le déclencheur est enfoncé à mi-course. Appuyez sur le bouton Disp pour réafficher les réglages.
  - *Reste allumé :* les réglages de prise de vue ne disparaissent qu'en appuyant sur Disp. Appuyez de nouveau sur le même bouton pour les réafficher.
- **Date/Heure :** quand vous allumez l'appareil photo pour la première fois, cette option est aussitôt affichée. Vous êtes invité à saisir la date et l'heure courantes.

Le réglage de la date et de l'heure est extrêmement important, car ces informations sont enregistrées dans les photos, sous la forme de métadonnée. Un logiciel d'archivage ou de retouche saura ainsi quand et à quelle heure la photo a été prise, et permettra de les trier ou de les rechercher chronologiquement. Vous apprendrez au Chapitre 7 où trouver la date et l'heure lorsque vous parcourez vos photos.

- **Langue :** cette option permet de choisir l'une des nombreuses langues pour les menus. Cette option est commode lorsque vous prêtez l'appareil à un ami étranger, qui sera sans doute plus à l'aise avec une interface dans sa langue. Si jamais vous vous retrouvez avec une langue d'affichage à laquelle vous ne comprenez strictement rien et que vous ne parveniez plus à vous repérer dans les menus, recherchez la petite bulle à droite du réglage Langue : quelle que soit la langue d'affichage, elle vous aidera à identifier facilement cette option, et à rétablir les menus en français.
- **Système vidéo :** cette option concerne le visionnage des photos sur un écran de télévision. En Europe, choisissez le standard PAL. Le standard NTSC est en usage en Amérique du Nord et dans d'autres pays l'ayant adopté.
- **Nettoyage du capteur :** sélectionnez cette option et appuyez sur le bouton Set pour accéder aux options régissant le mécanisme de nettoyage du capteur :
  - *Nettoyage auto. :* par défaut, le mécanisme de nettoyage du capteur est déclenché chaque fois que l'appareil photo est allumé et chaque fois qu'il est éteint. Il élimine autant que faire se peut les poussières et les particules qui auraient pu se déposer sur le capteur. Cette option peut être désactivée, mais nous ne voyons vraiment pas pourquoi vous le feriez.
  - *Nettoyage immédiat :* sélectionnez cette option et appuyez sur Set pour opérer aussitôt un nettoyage du capteur.
  - *Nettoyage manuel :* cette troisième option, accessible seulement dans les modes avancés P, Tv, Av, M et A-DEP, prépare l'appareil photo pour un nettoyage manuel (miroir relevé, nettoyage avec des tiges imbibées de produit). Nous ne recommandons pas cette pratique car le capteur est un élément extrêmement délicat. Il est plus prudent de confier ce travail à un spécialiste.

- **Guide fonctions :** lorsque ce mode est activé et que vous sélectionnez un mode d'exposition à l'aide du barillet, ou que vous choisissez certaines autres options, une petite note explique la fonction que vous venez de choisir. Par exemple, la Figure 1.23 montre le texte affiché lorsque vous venez de sélectionner le mode Tv (priorité à la vitesse). Il disparaît sitôt que vous appuyez sur un bouton ou actionnez le barillet.

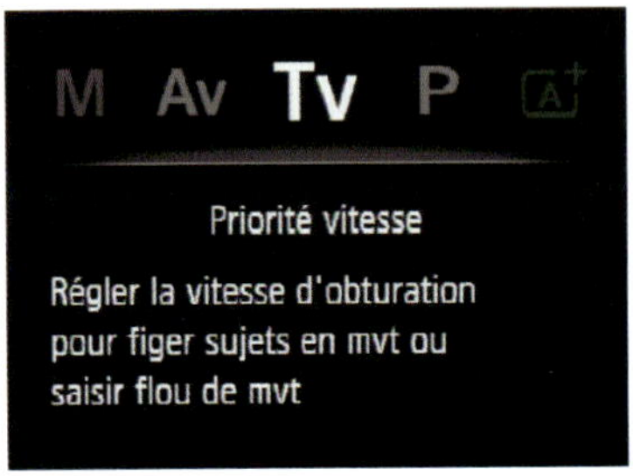

Figure 1.23 : Pour ne plus bénéficier de l'aide, désactivez l'option Guide fonctions.

Le Guide fonctions est commode au début, mais à la longue, le voir apparaître chaque fois que vous sélectionnez une option devient lassant. C'est pourquoi j'ai fini par le désactiver et, par commodité, je présume que vous en avez fait autant.

- **Réglages Visée par l'écran :** ce menu active la fonction Visée par l'écran, qui permet d'utiliser l'écran comme viseur et de personnaliser quelques comportements de l'appareil photo dans ce mode. Ces options sont décrites au Chapitre 4.

Menu Configuration 3

Ce menu, que montre la Figure 1.24, contient des options accessibles uniquement avec les modes d'exposition avancés P, Tv, Av, M et A-DEP. Chacun de ces modes est décrit au Chapitre 5.

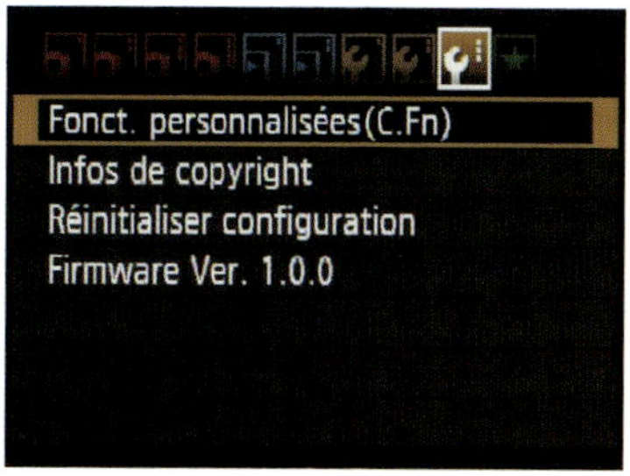

Figure 1.24 : Pour accéder au menu Configuration 3, vous devez avoir sélectionné un mode d'exposition avancé avec la molette des modes.

- **Fonct. personnalisées :** cette option donne accès aux 13 fonctions personnalisées du Canon 600D. Elles concernent soit les options d'exposition avancées, soit les photographes chevronnés. Reportez-vous à l'index pour trouver les pages où elles sont décrites en détail.
- **Infos de copyright** : cette option permet d'incorporer vos propres informations de copyright dans les métadonnées des images.
- **Réinitialiser configuration :** cette option restaure tous les paramètres par défaut des modes d'exposition avancés. Elle sert aussi à réinitialiser toutes les fonctions personnalisées. De plus, si vous avez utilisé le logiciel EOS Utility pour ajouter des informations de copyright à vos fichiers d'images, vous pourrez les effacer.
- **Firmware Ver. :** cet écran affiche la version du microprogramme interne de l'appareil photo. Celle de l'appareil utilisé pour la rédaction de ce livre et sa traduction était la version 1.0.0.

ATTENTION

Il est important de veiller à ce que le microprogramme soit toujours à jour. Vérifiez l'existence d'une version plus récente sur le site Web de Canon France (`www.canon.fr`). Suivez les instructions de téléchargement et d'installation fournies par le site.

Trois autres options de personnalisation

Le menu Prise de vue 1 que montre la Figure 1.25 propose deux autres options de configuration élémentaires.

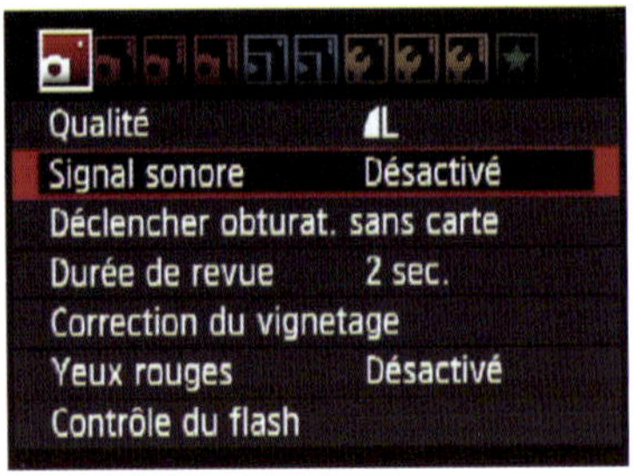

Figure 1.25 : Le menu Prise de vue 1 permet de réduire l'appareil photo au silence.

- **Signal sonore :** par défaut, l'appareil photo émet un bip après certaines opérations, par exemple lorsque la mise au point est faite, en mode autofocus. Si la discrétion est de mise – dans un musée, par exemple –, mettez cette option sur Désactivé.
- **Déclencher obturat. sans carte :** mettre cette option sur Désactivé empêche de déclencher lorsqu'aucune carte mémoire n'est présente dans l'appareil photo. Quand l'option est activée, vous pouvez prendre une photo puis la visionner pendant quelques secondes sur l'écran. La photo n'est cependant pas enregistrée ; elle n'est que temporaire.

  Vous vous demandez peut-être à quoi cette option peut bien servir. Elle est destinée aux vendeurs, qui peuvent ainsi faire une démonstration de l'appareil photo sans être obligés d'utiliser une carte mémoire. En règle générale, vous mettrez cette option sur Non.

Dernier niveau de personnalisation, le menu Mon menu sert à créer un menu personnalisé contenant jusqu'à six fonctions prélevées dans les autres menus. Il vous épargnera d'avoir à parcourir quantité de menus pour accéder aux options que vous utilisez le plus souvent. Cette fonction est malheureusement réservée aux modes d'exposition avancés (P, Tv, Av, M et A-DEP).

N'OUBLIEZ PAS

EOS ?

Le nom complet de l'appareil photo est Canon EOS 600D, et dans d'autres parties du monde, il est vendu sous le nom de Digital Rebel T3i (un « numérique rebelle », révolté ? Ça craint...) ou EOS Kiss Digital X5. Le Kiss Digital est-il supérieur au French Kiss ? Seuls les Japonais pourront répondre...

EOS sont les initiales de *Electro Optical System*, système électro-optique, la technologie développée par Canon pour sa gamme de reflex numériques. C'est aussi le nom de la déesse Eos, fille du titan Hypérion et de la titanide Théia, mais aussi sœur d'Hélios et de Séléné, respectivement dieu du Soleil et déesse de la Lune. Un pedigree véritablement canon...

2

Prendre automatiquement de belles photos

Dans ce chapitre :

- Prendre vos premières photos.
- Régler automatiquement la mise au point et l'exposition.
- Utiliser le flash avec les modes d'exposition automatiques.
- Obtenir de meilleurs résultats grâce aux modes de scènes automatiques.
- Passer du mode Vue par vue au mode En continu.
- Les modes Retardateur et Télécommande.

Le Canon 600D est un appareil à la fois simple à utiliser grâce à ses nombreux modes d'exposition automatiques, mais aussi perfectionné, en raison des nombreuses commandes destinées aux photographes chevronnés.

Si vous avez acheté ce livre, c'est certainement pour maîtriser les fonctions les plus avancées de l'appareil photo, que vous découvrirez dans les chapitres à venir. Celui-ci est cependant consacré aux aspects les plus élémentaires. Même si vous utilisez les modes les plus automatisés, la connaissance de quelques règles fondamentales vous aidera à obtenir de meilleurs résultats. Par exemple, le Canon 600D propose une variété de modes automatiques dont certains sont peut-être nouveaux pour vous. Comme chacun de ces modes affecte l'apparence finale de vos photos, ce chapitre explique comment les utiliser. Vous découvrirez aussi les techniques permettant d'exploiter au mieux la mise au point automatique ou autofocus, ainsi que les systèmes d'exposition automatiques, les options du flash et les modes d'acquisition qu'offrent les divers modes automatiques.

En automatique et sans le flash

Pour l'automatisme le plus total, réglez le barillet sur l'un de ces deux réglages :

- **Scène Intelligente auto :** ce mode, indiqué à la Figure 2.1, s'appelle ainsi parce que l'appareil photo analyse la scène et choisit les réglages qui lui paraissent les plus appropriés.
- **Flash annulé :** ce mode est exactement le même que Scène Intelligente auto, sauf que le flash est désactivé. Il sert à prendre des photos là où le flash est interdit (dans un musée, par exemple).

Dans les deux cas, procédez comme suit pour prendre une photo :

1. **L'œil au viseur, cadrez l'image en veillant que le sujet se trouve sous l'un des collimateurs d'autofocus.**

   Les *collimateurs d'autofocus* sont ces neuf petits carrés pointés, répartis dans le viseur que montre la Figure 2.2.

Figure 2.1 : Ces deux modes sont identiques, sauf que l'un désactive le flash.

2. **Enfoncez le déclencheur à mi-course et maintenez-le dans cette position.**

   La mise au point automatique et la mesure de l'exposition sont effectuées. Si l'éclairage ambiant est faible, le flash se déploie spontanément si l'appareil estime qu'une lumière d'appoint est nécessaire. Le flash peut même émettre un faisceau d'assistance autofocus, c'est-à-dire une succession rapide de faisceaux de lumière qui aident le mécanisme de mise au point à trouver la cible.

   Dans le même temps, le système de mesure de l'exposition – en fait, un posemètre – analyse l'éclairage et détermine un couple diaphragme/vitesse d'obturation, deux réglages cruciaux lors d'une prise de vue, qui apparaissent dans le viseur. Figure 2.2, la vitesse est de 1/200 et l'ouverture à f/5.6. La sensibilité ISO et le nombre maximal de photos d'une rafale sont aussi indiqués.

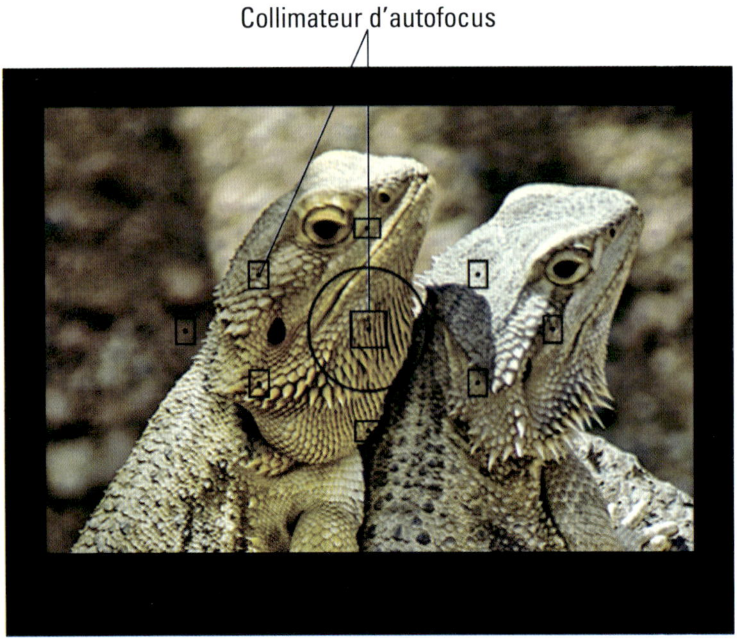

Figure 2.2 : Les collimateurs d'autofocus sont visibles dans le viseur.

N'OUBLIEZ PAS

La mise au point effectuée, l'appareil émet un signal sonore. De plus, l'indicateur de mise au point s'illumine dans le viseur, comme le montre la Figure 2.3, et le point à l'intérieur du collimateur d'autofocus qui a servi à la mise au point clignote. Il arrive que plusieurs collimateurs clignotent, indiquant que chacun des objets se trouvant dans la zone de mise au point est net. Le posemètre continue de mesurer la lumière en permanence, modifiant la vitesse et le diaphragme en fonction des variations de l'éclairage.

3. **Enfoncez complètement le déclencheur pour prendre la photo.**

ATTENTION

Lors du transfert de l'image vers la carte mémoire, le voyant d'accès tout en bas à droite du boîtier s'illumine. N'éteignez pas l'appareil photo et ne tentez pas d'ôter la carte mémoire tant qu'il est allumé, car vous risqueriez d'endommager à la fois l'appareil et la carte.

Figure 2.3 : C'est seulement quand le témoin est vert que la mise au point est faite.

L'enregistrement de la photo terminé, elle apparaît pendant deux secondes sur l'écran.

Deux remarques s'imposent à propos de ces opérations, notamment à l'Étape 2 :

- **La résolution des problèmes de mise au point :** en mode Scène Intelligente auto, la mise au point est effectuée sur l'objet le plus proche. Si l'appareil persiste à faire le point sur un objet inapproprié, la solution la plus simple consiste à enclencher la mise au point manuelle, comme expliqué au Chapitre 1. Ou alors vous pouvez opter pour un mode d'exposition avancé permettant de sélectionner un collimateur d'autofocus à votre guise. Le Chapitre 6 décrit ces options avec en prime quelques conseils pour obtenir une mise au point correcte.

N'OUBLIEZ PAS

- **La mise au point sur un sujet en mouvement :** si le témoin de mise au point ne s'illumine pas mais que vous entendez une succession de bips, cela signifie que l'appareil photo vous informe qu'il a détecté du mouvement dans la scène. Pour s'accommoder de ces mouvements, il embraye un mode de mise au point automatique nommé AI Servo (AI sont les initiales de *Artificial Intelligence*, intelligence artificielle). Dans ce mode, l'appareil photo fait le point en permanence pendant que le déclencheur est à moitié enfoncé, et, tant que le sujet reste sous le collimateur, la mise au point devrait être correcte.
- **La mémorisation de l'exposition :** par défaut, appuyer sur le déclencheur à mi-course ne mémorise que la mise au point, mais pas l'exposition. L'appareil continue de mesurer la lumière jusqu'au moment où le déclencheur est entièrement enfoncé. Pour verrouiller l'exposition, vous devez utiliser un mode d'exposition avancé et sélectionner le mode Mémorisation d'exposition. Vous pouvez aussi mettre la molette des modes sur M et enclencher ainsi le mode d'exposition manuel, vous réglerez ensuite la vitesse, le diaphragme et la sensibilité ISO.
- **Changer de mode d'acquisition :** pour la plupart des modes d'exposition automatiques, le Canon 600D sélectionne le mode Vue par vue, qui ne prend qu'une seule photo lorsque le déclencheur est enfoncé. Mais pour les modes Portrait et Sports, l'appareil sélectionne le mode rafale, qui prend des photos tant que le déclencheur est enfoncé. Le mode d'acquisition peut être changé pour le mode Retardateur ou Télécommande. Nous y reviendrons à la fin de ce chapitre.
- **Photographier en mode Visée par l'écran :** il n'est malheureusement pas possible d'utiliser ce mode, qui utilise l'écran pour composer la photo plutôt que le viseur reflex. Pour bénéficier de la Visée par l'écran, vous devez activer un mode d'exposition avancé P, Tv, Av, M ou A-DEP.

TRUC

D'autres aspects de la mise au point à considérer

Quand vous procédez à la mise au point, manuellement ou automatiquement, vous définissez uniquement le plan de netteté maximal. La zone de netteté acceptable au-delà et en deçà de ce plan, appelée « profondeur de champ », dépend entre autres de l'ouverture du diaphragme, qui est l'une des commandes régissant l'exposition. Certains des modes d'exposition entièrement automatiques sont conçus pour choisir un diaphragme produisant une profondeur de champ définie.

Par exemple, le mode Portrait repose sur un diaphragme qui réduit la profondeur de champ afin que l'arrière-plan soit légèrement flou, ce qui est préférable pour ce genre de photos. En revanche, le mode Paysage impose un diaphragme produisant une profondeur de champ étendue afin que la netteté soit correcte aussi bien pour les lointains que pour les plans plus rapprochés.

Une autre commande de l'exposition, la vitesse d'obturation – ou temps de pose –, joue un rôle décisif lors de la photographie de sujets en mouvement. Ils sont flous lorsque cette vitesse est trop lente, mais nets lorsqu'elle est élevée. Sur le Canon 600D, le Mode Sports sélectionne automatiquement une vitesse d'obturation élevée afin de figer l'action, le sujet étant ainsi bien net.

Une vitesse élevée évite aussi le flou de bougé lorsque l'appareil photo a tressauté au moment de la prise de vue. Plus la vitesse est élevée, plus le temps de pose est réduit, limitant ainsi le risque de bougé. Si vous utilisez l'objectif livré avec le Canon 600D, vous réduirez encore plus ce risque en activant la fonction de stabilisation de l'image. À une vitesse très lente, le trépied reste le garant le plus sûr contre le flou de bougé. N'oubliez pas, dans ce cas, de débrayer le stabilisateur d'imaLe mode Créatif auto, expliqué plus loin dans ce chapitre, permet d'intervenir quelque peu sur la lumination. Mais dans ce mode et dans tous les modes complètement automatiques, la plage de la correction de l'ouverture ou de la vitesse dépend des conditions d'éclairage. Par exemple, quand vous photographiez la nuit, l'appareil peut ne pas pouvoir sélectionner une vitesse d'obturation suffisamment rapide pour figer une action, même si le Mode Sports est actif.

Le flash et les modes automatiques

Le flash incorporé fonctionne selon trois modes d'opération élémentaires, représentés par les icônes en marge :

- **Flash automatique :** l'appareil photo décide lui-même de l'utilisation du flash, en fonction des conditions d'éclairage.
- **Activée :** le flash est déclenché quelles que soient les conditions d'éclairage. Ce mode est parfois appelé *flash forcé* car il est déclenché même si la lumière ambiante est abondante. Le flash déclenché en pleine lumière est appelé *flash de remplissage* car il est censé éclairer les ombres afin de les déboucher.
- **Désactivée :** le flash n'est pas en fonction.

Les options du flash dépendent du mode d'exposition automatique en cours :

- **Modes Scène Intelligente auto, Portrait, Gros-plan et Portrait nuit :** dans ces modes, le flash automatique est utilisé. L'option Réduction des yeux rouges est cependant utilisable.
- **Modes Sports, Paysage et Flash annulé :** le flash est désactivé dans ces modes.

  Pour le mode Flash annulé, cela va de soi, mais pourquoi est-il désactivé dans les autres modes ? Le Mode Sports sert à photographier des sujets en mouvement ; or, le temps de recyclage entre deux éclairs peut gêner la prise de vue. De plus, la vitesse de synchronisation maximale du flash n'est que de 1/200, ce qui ne garantit pas la netteté d'un sujet en mouvement. Enfin, les photos d'action ne sont généralement pas prises assez près pour que le sujet soit à portée du flash. C'est pour cette même raison que le flash est désactivé en mode Paysage.

- **Créatif auto :** ce mode – qui ressemble à bien des égards au mode Scène intelligente auto – autorise les trois réglages du flash, ainsi que l'atténuation des yeux rouges. Reportez-vous à la section « Un contrôle accru avec le mode Créatif auto », plus loin dans ce chapitre, pour savoir quel mode de flash il faut sélectionner.

- **P, Tv, Av, M et A-DEP :** dans ces modes, vous ne sélectionnez pas véritablement un mode de flash. Vous vous contentez d'appuyer sur le bouton Flash, sur le boîtier, pour déployer le flash lorsque vous avez besoin d'un éclairage d'appoint et vous laissez le flash fermé lorsque vous ne voulez pas l'utiliser. Vous bénéficiez aussi de quelques options avancées, comme la correction du flash qui permet de varier la puissance de l'éclair. Reportez-vous au Chapitre 5 pour tout savoir sur le flash et tous ses modes d'exposition.

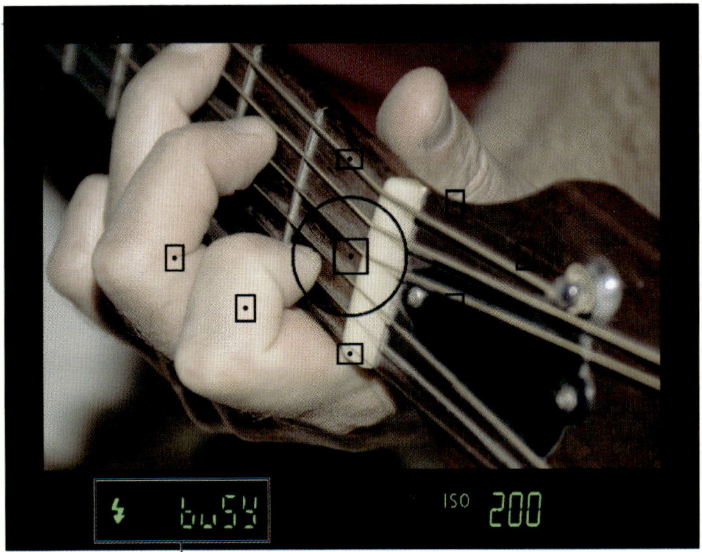

Figure 2.4 : Le signal Busy indique que le flash est en cours de recharge.

N'OUBLIEZ PAS

Dans le viseur, les symboles suivants indiquent l'état du flash :

- **Flash activé :** un petit éclair vert, visible dans la Figure 2.4, indique que le flash est prêt à fonctionner.
- **Recyclage du flash :** lorsque le mot *Busy* (« occupé », en anglais) apparaît à côté du symbole du flash, comme à la Figure 2.4, cela signifie que le flash est en cours de recyclage. Il lui faut un petit instant pour se recharger. Ensuite, le mot *Busy* disparaît.

Atténuer l'effet des yeux rouges

Tous les modes d'exposition autorisant le flash permettent d'activer une fonctionnalité appelée *atténuation des yeux rouges*. Lorsqu'elle est en service, des pré-éclairs sont émis par une petite lampe d'atténuation lorsque le déclencheur est enfoncé à mi-course. En réaction à cet afflux de lumière, les pupilles du sujet se ferment, réduisant le risque de réflexion de l'éclair du flash sur la rétine. L'éclair du flash est émis lorsque le déclencheur est complètement enfoncé.

Pour activer la fonction d'atténuation des yeux rouges, allez dans le menu Prise de vue 1, sélectionnez Yeux rouges, comme montré à la Figure 2.5 et appuyez sur Set pour accéder au sous-menu. Sélectionnez Activé et appuyez de nouveau sur Set. Pour désactiver l'atténuation des yeux rouges, procédez de même, mais choisissez cette fois Désactivé.

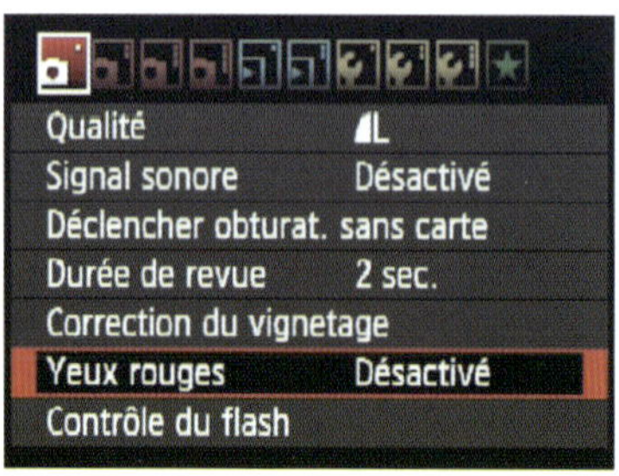

Figure 2.5 : La réduction des yeux rouges peut être activée dans le menu Prise de vue 1 et dans l'écran Réglages de prise de vue.

Le viseur et l'écran Réglages de prise de vue n'indiquent pas si l'atténuation des yeux rouges est activée ou non. Mais vous pouvez le vérifier en appuyant sur le bouton Info. La mention à droite de l'icône en forme d'œil, Désactivé ou Activé, indique ce qu'il en est (voir Figure 2.6).

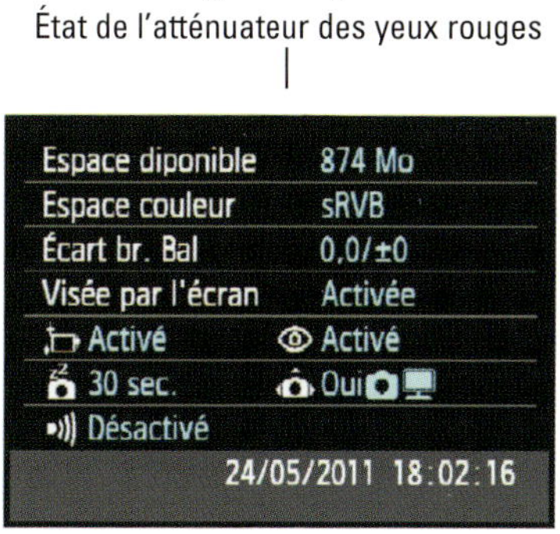

Figure 2.6 : Le fonctionnement ou non de l'atténuateur des yeux rouges peut être vérifié dans le menu Réglages de prise de vue.

Les réglages automatiques

Vous avez le choix entre sept modes d'exposition entièrement automatiques, montrés à la Figure 2.7. Les prochaines sections fournissent des détails sur chacune de ces options.

N'OUBLIEZ PAS

Quand vous étudierez ces modes – et aussi tous les autres modes d'exposition –, n'oubliez pas que vous avez toujours le choix de recourir à la mise au point manuelle ou automatique. Mais si vous optez pour cette dernière, sachez que l'appareil choisira le collimateur d'autofocus différemment selon le mode en vigueur.

Pour sélectionner un mode de scène, actionnez le barillet situé sur le dessus du boîtier. Après en avoir choisi un, l'écran affiche un panneau semblable à celui de la Figure 2.8.

Figure 2.7 : Vous pouvez choisir l'un des sept modes automatiques.

Figure 2.8 : Les options d'un mode Scène (Portrait).

Le mode Scène Intelligente auto

Dans ce mode, représenté sur le barillet par le rectangle A+ vert visible en marge, l'appareil photo sélectionne tous les réglages en se basant sur la scène projetée sur le capteur. Votre seule tâche consiste à faire la mise au point à l'aide de la technique en deux temps décrite au début de ce chapitre, ou en mettant l'objectif en mode manuel et en actionnant la bague de mise au point, comme expliqué au Chapitre 1.

Le mode Scène Intelligente auto est parfait pour des prises de vue à la volée, pour prendre des instantanés. Retenez cependant ces quelques limitations :

- **Le style d'image :** en mode Scène Intelligente auto, les photos sont enregistrées dans le style d'image standard. Ce dernier a été conçu pour produire des images détaillées et éclatantes. Vous trouverez plus d'informations sur les styles d'image au Chapitre 6.
- **Le mode d'acquisition :** l'appareil sélectionne automatiquement le mode Vue par vue. Une seule photo est donc prise chaque fois que vous appuyez sur le déclencheur. Reportez-vous à la dernière section de ce chapitre pour savoir comment sélectionner le mode d'acquisition Retardateur ou Télécommande.
- **Le flash :** le flash automatique est utilisé. Autrement dit, le flash est déclenché dès que la lumière ambiante est trop faible. Vous pouvez cependant activer l'atténuation des yeux rouges.
- **La mise au point automatique :** dans la plupart des cas, l'appareil photo fait le point sur l'objet le plus proche se trouvant sous l'un des collimateurs d'autofocus. Pour effectuer la mise au point sur une autre partie de l'image, le plus simple est d'opter pour la mise au point manuelle.

  N'OUBLIEZ PAS

  Si vous vous en tenez à la mise au point automatique, sachez que le comportement de l'appareil photo change selon qu'il estime que le sujet est statique ou mobile. Lorsque le sujet est immobile, il mémorise la mise au point lorsque le déclencheur est enfoncé à mi-course. Mais si l'appareil photo détecte un mouvement, il réajuste continuellement la mise au point tant que le déclencheur est maintenu enfoncé à mi-course. Vous devrez cadrer l'image de manière à ce que le sujet reste sous l'un des neuf collimateurs d'autofocus afin d'assurer la netteté.
- **La couleur :** elle n'est pas réglable. Si l'image présente une dominante, vous devez opter pour un

mode permettant de régler la balance des blancs, un sujet couvert au Chapitre 6.

- **L'exposition :** vous cédez à l'appareil photo le contrôle total de l'exposition. Vous comprendrez au Chapitre 5 ce que vous y perdez.
- **La qualité :** pour le réglage Qualité, qui détermine la résolution (nombre de pixels) et le format de fichier, vous êtes limité aux seuls réglages concernant le format de fichier JPEG. Ce point est développé au Chapitre 3.

TRUC

Le résultat varie considérablement selon que l'appareil estime que vous prenez un portrait, un paysage, une photo d'action, *etc.* En règle générale, l'automatisme total est un mode passe-partout peu à même d'exploiter toutes les possibilités de votre appareil photo. Si vous tenez à réaliser de splendides images, au lieu de n'avoir que de bonnes photos, il est conseillé de vous familiariser avec l'exposition, la mise au point et la couleur – tout cela est étudié dans la deuxième partie –, et d'abandonner le mode Scène Intelligente auto en faveur d'un autre, vous permettant de contrôler certains paramètres.

Les modes de scène (Zone dédiée à l'image)

En mode Scène Intelligente auto, l'appareil photo s'efforce de déterminer le type d'image que vous cherchez à obtenir en analysant l'image formée sur le capteur. Si vous ne tenez pas à laisser l'initiative à l'appareil, sélectionnez l'un des six modes conçus pour les types de photographie les plus populaires. Par exemple, la plupart des gens préfèrent qu'un portrait se détache sur un fond légèrement flou. En mode Portrait, l'appareil photo se règle pour produire ce type d'effet.

L'écran Contrôle rapide permet de régler les paramètres suivants :

- **La prise de vue selon l'atmosphère :** cette option permet de jouer sur les couleurs et la luminosité de la prochaine photo que vous prendrez. Nous y reviendrons plus loin dans ce chapitre.

- **Prise de vue selon l'éclairage ou la scène :** cette option qui agit principalement sur la couleur a été conçue pour éliminer une dominante de couleur susceptible d'apparaître lorsque vous prenez des photos sous certains types d'éclairage.
- **Le mode d'acquisition :** lorsque le mode de scène Gros-plan, Paysage ou Portrait de nuit est activé, le mode d'acquisition est Vue par vue. En revanche, les modes de scène Portrait et Sports autorisent le mode En rafale. Les cinq modes de scène acceptent le mode Retardateur.

Examinons les fonctionnalités propres à chacun des modes de scène.

Le mode Portrait

Le mode Portrait s'efforce de sélectionner une ouverture de diaphragme produisant une faible profondeur de champ qui fait ressortir le sujet sur un arrière-plan flou, comme l'illustre la Figure 2.9. Sachez cependant que, dans ce mode, c'est non seulement l'arrière-plan qui est flou, mais aussi les éléments situés entre le sujet et l'appareil photo. L'étendue de la profondeur de champ dépend de l'éclairage de la scène – qui a une incidence sur la gamme des valeurs de diaphragme utilisables –, de la distance entre le sujet et l'arrière-plan et entre le sujet et les plans rapprochés, et aussi d'autres facteurs étudiés au Chapitre 6.

En plus de favoriser une ouverture produisant une profondeur de champ réduite, le mode Portrait sélectionne ces réglages :

- **Acquisition** : contrairement à ce que vous pourriez penser, le mode d'acquisition est sur En continu ; l'appareil prend des photos tant que le déclencheur est maintenu enfoncé. Cette technique est appréciable pour un sujet incapable de prendre ou garder une pose, comme les bébés ou les animaux de compagnie.

Figure 2.9 : Le mode Portrait produit un fond agréablement flou.

Pour réaliser un autoportrait, optez pour le mode d'acquisition Retardateur ou Télécommande (reportez-vous à la fin de ce chapitre pour les détails).

- **Flash :** le flash automatique est utilisé. C'est donc l'appareil photo qui décide s'il faut déclencher un éclair ou non. Cela peut poser un problème en extérieur car si la lumière ambiante est abondante, l'appareil photo ne procure aucun accès au flash.

  Vous pouvez activer ou désactiver l'atténuation des yeux rouges, mais uniquement si l'appareil photo estime que le flash peut être utilisé.

- **Mise au point automatique :** le mode Portrait n'utilise que la mise au point Autofocus One-Shot, l'un des trois modes de mise au point automatique disponibles, détaillés au Chapitre 6. En mode Autofocus One-Shot, l'appareil mémorise la mise au point lorsque le déclencheur est enfoncé à mi-course, et en règle générale le point est fait sur l'objet le plus proche.

ATTENTION

Si le sujet quitte le collimateur d'autofocus, la mise au point n'est pas refaite, contrairement à ce qui se passe en mode Scène Intelligente auto ou en mode Flash annulé.

Le mode Paysage

Contrairement au mode Portrait qui vise à produire une profondeur de champ très étroite, le mode Paysage, conçu pour photographier de grands espaces, de vastes paysages urbains et autres sujets de grande ampleur, produit une profondeur de champ étendue. De ce fait, la netteté est bonne aussi bien dans les lointains que pour les éléments proches, comme le montre la Figure 2.10.

Comme le mode Portrait, le mode Paysage agit sur la profondeur de champ en modifiant les réglages de l'exposition, notamment le diaphragme. La profondeur de champ obtenue dépend des conditions d'éclairage. Sachez que la profondeur de champ peut aussi être étendue en zoomant plus large ou en vous éloignant du sujet.

Le mode Paysage impose les réglages suivants :

- **Acquisition :** l'appareil photo sélectionne l'option Vue par vue, qui ne prend qu'une seule photo lorsque le déclencheur est enfoncé. À l'instar des autres modes de scène, vous pouvez choisir le Retardateur ou la Télécommande, comme expliqué à la fin de ce chapitre.
- **Flash :** le flash incorporé est désactivé, ce qui ne prête pas à conséquence, car il est de peu d'utilité pour la photo de paysage, en raison de sa portée très limitée (5 mètres environ).
- **Mise au point automatique :** le mode d'autofocus est mis sur One-Shot. La mise au point est ainsi mémorisée lorsque le déclencheur est enfoncé à mi-course. Elle est généralement effectuée sur l'objet le plus proche.

Figure 2.10 : Le mode Paysage produit une vaste profondeur de champ. Les couleurs sont légèrement avivées.

Le mode Gros-plan

Le mode Gros-plan ne vous permet pas de photographier de plus près que normalement, comme l'autorisent certains appareils compacts ou bridge. Les capacités de photographie rapprochée de votre appareil photo dépendent en effet entièrement de l'objectif utilisé.

En choisissant le mode Gros-plan, vous demandez à l'appareil photo d'essayer de sélectionner une ouverture du diaphragme produisant une faible profondeur de champ. L'arrière-plan est ainsi rendu flou afin qu'il ne détourne pas l'attention du sujet principal. Ce mode a été utilisé pour photographier l'orchidée de la Figure 2.11. Mais, comme pour le mode Portrait, l'intensité du flou dépend de la distance entre le sujet et l'arrière-plan, des conditions d'éclairage et de la focale.

Figure 2.11 : Le mode Gros-plan produit une profondeur de champ étroite.

Les autres réglages sélectionnés par le mode Gros-plan sont les suivants :

- **Acquisition :** le mode d'acquisition est en Vue par vue. Vous pouvez cependant choisir l'option Retardateur ou Télécommande, si vous le désirez.
- **Flash :** le flash est en mode automatique. L'appareil décide si un appoint de lumière est nécessaire ou non. Le flash peut être mis en mode Atténuation des yeux rouges (menu Configuration 1).
- **Mise au point automatique :** le mode Autofocus One-Shot est activé. L'appareil photo effectue la mise au point lorsque le déclencheur est enfoncé à mi-course, généralement sur l'objet le plus proche se trouvant sous l'un des neuf collimateurs d'autofocus.

Reportez-vous au Chapitre 6 pour en savoir plus sur les modes Autofocus et autres détails concernant la mise au point.

Le mode Sports

Le mode Sports applique des réglages permettant de photographier des objets mouvants comme la fillette jouant au foot de la Figure 2.12. L'appareil sélectionne une vitesse élevée capable de figer le mouvement (la *vitesse d'obturation* est un réglage d'exposition étudié au Chapitre 5).

Voici les réglages pris en charge par le mode Sports :

- **Acquisition :** pour permettre de réagir rapidement, le mode d'acquisition est En continu. Les options Retardateur et Télécommande, décrites à la fin de ce chapitre, sont accessibles.
- **Flash :** le flash est désactivé, ce qui peut poser un problème quand la lumière est faible, mais c'est grâce à cela que la cadence de prises de vue peut être élevée. Autrement, le flash la ralentirait à cause de la durée de recyclage de son condensateur. La désactivation du flash autorise de plus une vitesse d'obturation élevée, qui n'est pas limitée au 1/200, la vitesse de synchronisation du flash.

Figure 2.12 : Utilisez le mode Sports pour immobiliser un sujet en mouvement rapide.

- **Mise au point automatique :** elle est mise sur AI Servo, un mode dans lequel l'appareil photo fait la mise au point lorsque le déclencheur est enfoncé à mi-course, puis s'efforce de la conserver lorsque le sujet se déplace.

Pour que cette fonctionnalité soit opérationnelle, vous devez veiller à ce que le sujet reste sous l'un des collimateurs d'autofocus. Il vous sera peut-être plus simple de passer en mode manuel et d'actionner la bague de mise au point pour suivre le sujet.

L'autre point important du mode Sports est que la capacité de l'appareil photo à sélectionner une vitesse d'obturation élevée dépend de la lumière ambiante et de la vélocité du sujet. Si la lumière est faible, un sujet qui bouge beaucoup subira un flou de mouvement même si le Mode Sports est utilisé.

Reportez-vous au Chapitre 5 pour tout savoir sur la vitesse.

Le mode Portrait de nuit

Le mode Portrait de nuit est destiné à améliorer les portraits réalisés de nuit ou en lumière faible. Il mêle à cette fin le flash et une vitesse d'obturation lente. Ce couple permet d'exploiter la lumière ambiante tout en bénéficiant de la lumière du flash. L'éclairage est ainsi plus détaillé tout en restituant l'environnement.

ATTENTION

Une vitesse lente impose généralement l'emploi d'un trépied. Tenu à la main, le risque de bougé serait conséquent. Le stabilisateur d'image peut améliorer la situation, mais pas pour la photo de nuit. De plus, le sujet doit être parfaitement immobile pendant l'exposition, ce qui n'est pas toujours facile.

Lorsque vous optez pour le mode Portrait nuit, les réglages suivants sont utilisés :

- **Acquisition** : le réglage par défaut est Vue par vue, mais les options Retardateur et Télécommande, décrites à la fin de ce chapitre, sont disponibles.
- **Flash :** le flash est activé lorsqu'un surcroît de lumière est nécessaire, ce qui est assurément le cas lors d'une photo de nuit. Le mode Atténuation des yeux rouges est utilisable. Reportez-vous à la section « Le flash et les modes automatiques », précédemment dans ce chapitre, pour les détails.
- **Mise au point automatique :** le mode Autofocus One-Shot est sélectionné. Il mémorise la mise au point lorsque le déclencheur est enfoncé à mi-course.

Modifier le rendu des modes de scène

Avec les modes Scène Intelligente auto et Flash annulé, ce que vous voyez sur l'écran arrière correspond à ce que vous obtiendrez. Vous ne pouvez pas modifier les réglages de l'appareil photo pour obtenir autre chose à la prochaine photo. En revanche, les modes de scène peuvent être configurés pour obtenir des couleurs, une netteté, un contraste ou une exposition légèrement différente grâce aux fonctions Prise de vue selon l'atmosphère et Prise de vue selon l'éclairage ou la scène

N'OUBLIEZ PAS

Ne modifiez que très peu le rendu. Ces fonctions n'accordent en effet pas le même niveau de contrôle que les modes avancés P, Tv, Av, M et A-DEP, ni même comme le mode Créatif auto décrit un peu plus loin. Mais ils permettent néanmoins d'explorer certaines possibilités créatives et de choisir comment une scène doit être rendue.

Le seul reproche que je ferais aux fonctions Prise de vue selon l'atmosphère et Prise de vue selon l'éclairage ou la scène est qu'elles ne sont pas présentées de la manière la plus conviviale, surtout pour les débutants, et même pour les photographes plus avancés. Leur nom n'est pas très explicite et les appellations par défaut Réglages standard et Réglages par défaut, visibles sur la Figure 2.13, ne nous avancent guère.

Figure 2.13 : Ces réglages permettent d'ajuster la couleur, le contraste, la netteté ou l'exposition, lorsque vous utilisez un mode de scène.

Voici une brève explication de ces fonctionnalités :

- **Prise de vue selon l'atmosphère :** cette option permet de modifier quelque peu la couleur, l'exposition, le contraste et la netteté de la photo. Elle est disponible dans tous les modes de scène ainsi que dans le mode Créatif auto.
- **Prise de vue selon l'éclairage ou la scène :** cette option ne concerne que la couleur. Elle sert à éliminer une dominante de couleur qui peut apparaître en cas de disparité des températures de couleur (par exemple, un éclairage à la bougie rendra une photo jaunâtre dans certains cas).

  En modes Portrait de nuit et Créatif auto, la seconde option est inaccessible.

Les sections qui suivent vous donneront une meilleure idée de ce que l'on peut faire de ces options.

La Prise de vue selon l'atmosphère

L'appareil photo est doté d'une fonction Style d'image permettant de lui indiquer comment il doit traiter les photos en JPEG lorsque vous utilisez l'une des réglages de qualité. Vous pouvez par exemple opter pour le style d'image Paysage afin que les couleurs soient vives et l'image très nette, ou opter pour Portrait qui adoucit au contraire l'image (eh oui, il existe des modes de scène Paysage et Portrait et des styles d'image Paysage et Portrait. Étonnant, non ?)

Un style d'image ne peut être contrôlé que dans les modes avancés. En revanche, les modes de scène ainsi que le mode Créatif auto donnent accès à la Prise de vue selon l'atmosphère, dont les résultats sont assez proches de ceux obtenus avec la correction de l'exposition, une autre fonctionnalité disponible uniquement dans les modes avancés.

Ne perdez pas votre temps à vous demander pourquoi Canon ne donne pas directement accès à ces fonctions. Contentez-vous d'essayer les réglages de la prise de vue selon l'atmosphère :

- **Standard :** considérez que c'est l'option « Arrêt ». Lorsqu'elle est sélectionnée, rien n'est modifié dans le mode de scène sélectionné.
- **Éclatant :** augmente le contraste, la saturation des couleurs et la netteté.
- **Doux :** produit un léger effet de flou artistique.
- **Chaud :** réchauffe les couleurs par ajout d'une légère dominante rouge-orangée et adoucit l'image.
- **Intense :** augmente plus fortement le contraste et la saturation que l'option Éclatant.
- **Net :** refroidit les couleurs par ajout d'une légère dominante bleutée (NdT : cette option plus judicieusement nommé *Cool* en anglais aurait dû s'appeler « Froid »).
- **Plus clair :** éclaircit la photo.
- **Plus sombre :** assombrit la photo.
- **Monochrome :** produit une photo en noir et blanc, avec possibilité de virage bleuté (cyanotype) ou sépia.

N'OUBLIEZ PAS

Tous ces réglage s'ajoutent à ceux du mode de scène sélectionné. Par exemple, le mode Paysage produit une image d'ores et déjà plus éclatante et plus nette que normalement. Si vous ajoutez la prise de vue selon l'atmosphère, ces effets seront encore renforcés.

L'intensité des réglages peut être dosée grâce à une fonction Effet qui peut être Doux, Standard ou Fort. Pour l'option Monochrome, l'effet peut être Bleu, Noir et blanc ou Sépia.

La Figure 2.14 montre un même sujet photographié avec quatre options Prise de vue selon l'atmosphère. Toutes les photos ont été prises en mode de scène Portrait. L'effet maximal (Fort) a été appliqué aux trois variantes Éclatant, Chaud et Intense.

Figure 2.14 : Pour ces variantes obtenues avec la fonction Prise de vue selon l'atmosphère, l'effet maximal a été appliqué aux options Éclatant, Chaud et Intense.

TRUC

Bien que les effets chromatiques puissent être séduisants, je pense que vous utiliserez plus souvent les options Plus clair et Plus sombre, car elles permettent de rattraper de petites erreurs d'exposition, comme à la Figure 2.15 où, à gauche, la fleur est légèrement surexposée. Dans tous les modes d'exposition présentés dans ce chapitre, la mesure de la lumière est effectuée sur la totalité de l'image, ce qui peut provoquer une sous-exposition ou une surexposition. Par exemple, dans la Figure 2.15, l'exposition est correcte pour l'arrière-plan mais pas pour la fleur. En choisissant la fonction Prise de vue selon l'atmosphère, puis l'option Plus sombre et l'effet Standard (moyen, si vous préférez) et en prenant une nouvelle fois la photo, il s'avère que les tonalités sont nettement meilleures.

Figure 2.15 : Si la photo est trop claire (à gauche), reprenez-la après avoir choisi l'option Plus sombre.

Éliminer une dominante de couleur avec Prise de vue selon l'éclairage ou la scène

Cette option aurait pu s'appeler tout simplement « Supprimer une dominante de couleur », car c'est bien à cela qu'elle sert : éliminer la teinte qui recouvre uniformément une photo parce que la *balance des blancs* n'a pas été correctement réglée.

La balance des blancs, expliquée par ailleurs dans ce livre, est liée au fait que toute source lumineuse émet de la couleur : du jaune pour une bougie, du bleu pour certains flashes électroniques, *etc*. La balance des blancs compense l'excès de couleur afin que les couleurs de la scène soient correctement rendues.

Figure 2.16 : Si la photo présente une dominante de couleur (à gauche), l'option Prise de vue selon l'éclairage ou la scène pourra en venir à bout (à droite).

Normalement, l'appareil photo utilise la balance des blancs automatique lorsqu'un mode de scène est sélectionné, et c'est très bien ainsi. Mais si une scène est éclairée par des sources lumineuses mixtes (une lampe de chevet allumée dans une chambre éclairée de jour), l'appareil photo ne sait plus quelle dominante il doit corriger, au risque de produire de mauvaises couleurs. Par exemple, dans la Figure 2.16, une balance des blancs erronée a rendu la photo trop jaune. À droite, les couleurs sont fidèlement reproduites.

Dans les modes d'exposition avancés, vous corrigez une dominante de couleur en modifiant la balance des blancs, comme nous le verrons par la suite. Cette fonction est accessible dans les modes de scène. Mais dans tous ces modes – hormis Portrait de nuit –, l'option Prise de vue selon l'éclairage ou la scène pourra corriger la dominante de couleur.

Vous avez le choix entre les réglages suivants :

- **Réglage par défaut :** les couleurs sont automatiquement équilibrées en fonction de la source lumineuse.
- **Lumière du jour :** par temps ensoleillé.
- **Ombragé :** pour un sujet à l'ombre.
- **Lumière tungstène :** pour les ampoules à incandescence. Indisponible pour le mode Paysage.
- **Lumière fluo :** pour les sujets fluorescents (mais peut ne pas convenir avec certaines lampes à basse consommation ; dans ce cas, essayez Lumière tungstène). Également indisponible pour le mode Paysage.
- **Coucher de soleil :** aide à obtenir des couchers de soleil somptueux (évitez de viser directement le soleil, car cela peut abîmer vos yeux ainsi que le capteur).

TRUC

Ne vous inquiétez pas de savoir quel réglage produira des couleurs correctes. Comme expliqué plus loin dans ce livre, la fonction Visée par l'écran permet de visualiser les effets de n'importe quel réglage.

Régler et prévisualiser les réglages « Prise de vue selon »

Comme l'illustrent les Figures 2.15 à 2.17, les deux options « Prise de vue selon » déterminent la colorimétrie et l'exposition finales. Pouvoir visionner les diverses combinaisons sans devoir prendre une kyrielle de photos serait commode, n'est-ce pas ?

C'est faisable grâce au mode Visée par l'écran, la fonction qui permet de cadrer à l'aide de l'écran arrière plutôt qu'avec le viseur reflex. Quand vous variez les réglages de la fonction Prise de vue selon l'atmosphère ou Prise de vue selon l'éclairage ou la scène, la visée par l'écran affiche automatiquement les variations. Notez toutefois que la visée par l'écran n'est pas fiable à 100 %, notamment en termes de luminosité, mais elle est néanmoins assez proche du résultat final.

1. **Appuyez sur le bouton Visée par l'écran.**

   L'écran devient noir, puis l'image vue par l'objectif apparaît. Cadrez votre photo.

2. **Appuyez sur le bouton Contrôle rapide (Q) et utilisez le joypad pour sélectionner l'option PdV selon atmosphère, comme à gauche à la Figure 2.17.**

   En mode Visée par l'écran, les réglages sont en surimpression. Par défaut, l'option Réglage standard est sélectionnée.

3. **Actionnez la molette principale pour modifier le réglage.**

   Dès que vous quittez le mode Standard, l'effet sur la scène est aussitôt visible comme à droite, dans la Figure 2.17. Le sélecteur d'intensité de l'effet est alors visible.

4. **Sélectionnez l'option Effet puis réglez son intensité avec la molette.**

5. **Sélectionnez l'option PdV selon éclairage ou scène, comme à la Figure 2.18.**

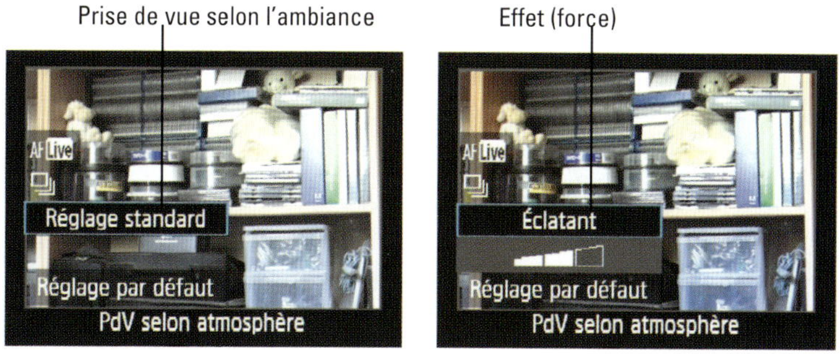

Figure 2.17 : Après avoir sélectionné l'option PdV selon atmosphère (à gauche), actionnez la molette pour modifier le réglage et afficher le sélecteur d'intensité de l'effet.

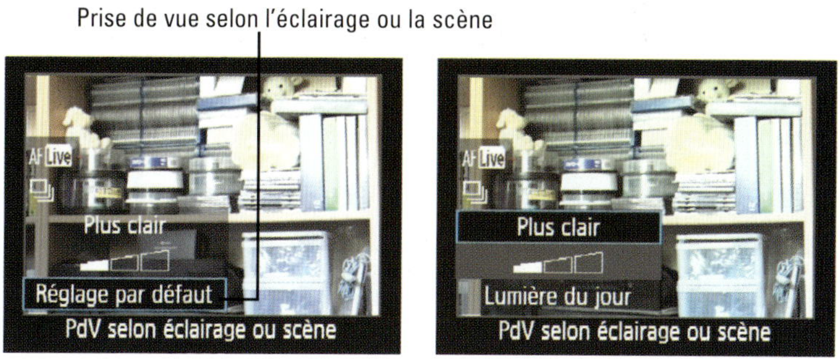

Figure 2.18 : Ici, j'ai utilisé l'option PdV selon éclairage ou scène pour ajouter, et non ôter, une dominante de couleur chaude.

6. **Actionnez la molette pour parcourir les réglages.**
7. **Si les résultats des deux options vous conviennent, appuyez sur le bouton Visée par l'écran pour quitter ce mode.**

   L'écran devient noir et vous pouvez utiliser de nouveau le viseur reflex. Les options de Prise de vue selon l'atmosphère et de Prise de vue selon l'éclairage et la scène restent en vigueur jusqu'à ce que vous ayez actionné le barillet des modes ou éteint l'appareil photo.

8. **Prenez la photo.**

TRUC

Si vous savez exactement ce que vous voulez, vous opérerez plus rapidement en ne recourant pas à la visée par l'écran et en utilisant, à la place, l'écran Contrôle rapide. Voici comment :

1. **Affichez l'écran Réglages de prise de vue.**

   Il suffit pour cela d'enfoncer le déclencheur à mi-course et le relâcher.

2. **Appuyez sur le bouton Contrôle rapide (Q).**

3. **Utilisez le joypad pour sélectionner l'option PdV selon atmosphère, comme à gauche à la Figure 2.19.**

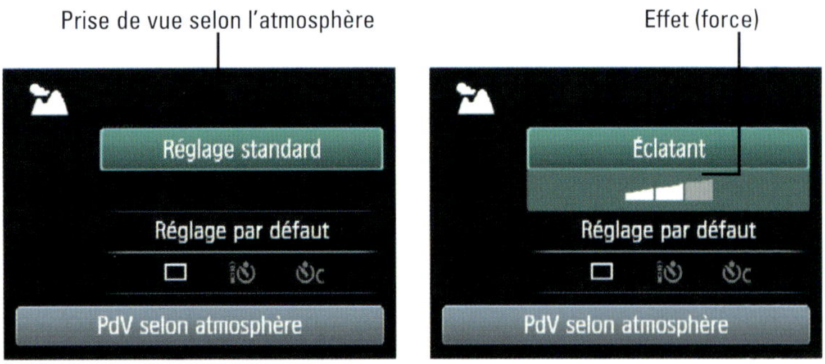

Figure 2.19 : Après avoir sélectionné l'option (à gauche), actionnez le joypad pour parcourir les différents réglages.

4. **Parcourez les options avec la molette principale.**

   TRUC

   Si vous préférez voir simultanément toutes les options de Prise de vue selon l'atmosphère, appuyez sur Set au lieu d'actionner la molette principale. Vous accédez ainsi à un menu contenant tous les réglages. Sélectionnez-en un et appuyez sur Set pour revenir à l'écran Contrôle rapide.

   Dans les deux cas, après avoir choisi un réglage autre que Standard, les options Effet deviennent disponibles, comme à droite à la Figure 2.19.

5. **Pour régler la force du réglage, sélectionnez l'option Effet (Figure 2.20) et actionnez la molette.**

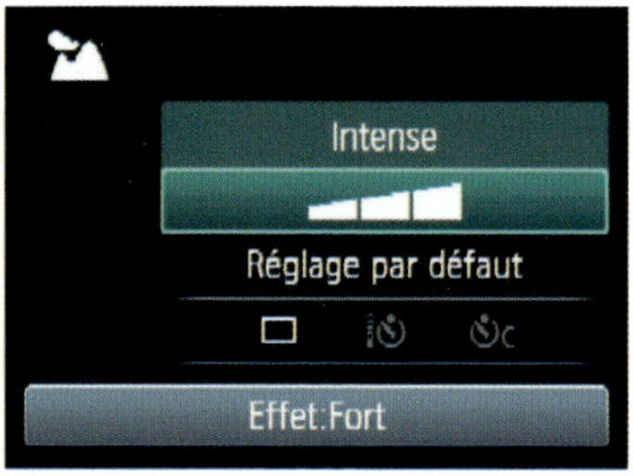

Figure 2.20 : Pour régler la force d'un effet, sélectionnez-le puis actionnez la molette principale.

Ou alors, appuyez sur le bouton de droite ou de gauche du joypad.

6. **Sélectionnez PdV selon éclairage ou scène, comme à la Figure 2.21.**

Figure 2.21 : Si la photo présente une dominante de couleur, essayez ce réglage.

7. **Actionnez la molette pour ajuster le réglage.**
8. **Appuyez de nouveau sur le bouton Contrôle rapide (Q) pour mettre fin à l'affichage.**

   Ou alors, appuyez sur le déclencheur à mi-course et relâchez-le.

   Dans les deux cas, vous voilà prêt à photographier.

Un contrôle accru avec le mode Créatif auto

Le mode Créatif auto pourrait être appelé « Automatisme complet Plus ». Il a été conçu à l'origine pour fonctionner de la même manière que le mode Scène Intelligente auto décrit précédemment dans ce chapitre. Si vous n'aimez pas un résultat que vous avez obtenu, vous pouvez imposer ces réglages à la prochaine prise de vue :

- Activer ou désactiver le flash.
- Éclaircir ou assombrir l'image.
- Rendre l'arrière-plan plus ou moins flou.
- Sélectionner l'un des quatre styles d'image affectant la couleur ou la netteté de l'image. L'un de ces styles produit une photo en noir et blanc.

TRUC

Bien qu'il soit appréciable aux débutants de pouvoir facilement intervenir sur leurs photos, le mode Créatif auto n'octroie pas un contrôle aussi étroit que les modes d'exposition avancés. Par exemple, il permet de choisir si le flash doit être utilisé ou non, mais ne permet pas de régler sa puissance ou de changer sa façon de calculer l'exposition, comme l'autorisent les modes P, Tv, Av, M et A-DEP. Ceci dit, si vous vous sentez un peu perdu dans la pléthore de nouvelles fonctions des reflex numériques, et si vous ne vous sentez pas prêt à vous attaquer aux modes d'exposition avancés couverts aux Chapitres 5 et 6, le mode Créatif auto sera sans doute un meilleur choix que tous les autres modes exposés dans ce chapitre. Voici comment l'utiliser :

CA

1. **Réglez la molette du haut – le barillet – sur CA.**

   L'écran du mode Créatif auto apparaît (Figure 2.22). Si vous ne le voyez pas, appuyez sur le bouton DISP ou enfoncez le déclencheur à mi-course et relâchez-le. Les six réglages proposés par ce mode sont indiqués dans la figure.

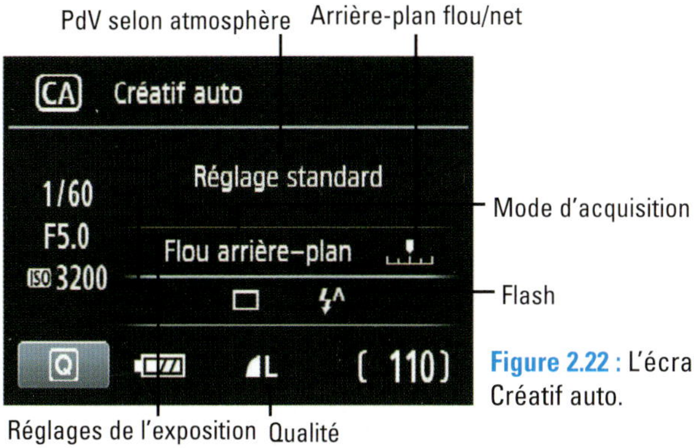

Figure 2.22 : L'écran du mode Créatif auto.

2. **Appuyez sur le bouton de Contrôle rapide (Q).**

   L'appui sur ce bouton met l'écran en mode Contrôle rapide. L'un des six réglages est sélectionné et un texte en bas de l'écran indique à quoi il sert. Par exemple, à la Figure 2.23, le réglage du flash est sélectionné.

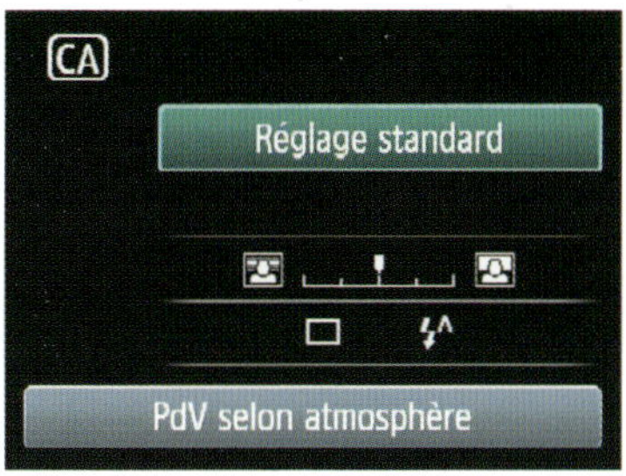

Figure 2.23 : Appuyez sur le bouton de Contrôle rapide (Q) pour activer le mode Contrôle rapide et régler les options Mode d'acquisition, Flash et Prise de vue selon l'atmosphère.

3. **Appuyez sur les touches du joypad pour sélectionner le réglage à ajuster.**
4. **Ajustez le réglage.**

   Vous trouverez des conseils à propos de chacune de ces options un peu plus loin.

Les options Acquisition et Flash peuvent être réglées avec la molette principale. Ou alors, appuyez sur Set pour accéder aux réglages. Faites votre choix et appuyez de nouveau sur Set pour revenir à l'écran Contrôle rapide.

5. **Pour régler un autre paramètre, sélectionnez-le avec le joypad.**

6. **Après avoir sélectionné tous les paramètres à modifier, enfoncez le bouton à mi-course et relâchez-le, ou appuyez de nouveau sur le bouton Contrôle rapide (Q).**

   L'écran revient à l'affichage Réglages de prise de vue normal. Vous êtes prêt à prendre la photo.

Les paramètres sélectionnés restent en vigueur d'une prise de vue à l'autre. Mais si vous passez à un autre mode d'exposition ou si vous éteignez l'appareil photo, tous ces paramètres reviennent à leurs réglages par défaut (ces derniers sont visibles à la Figure 2.22).

Voici maintenant les explications concernant les options du mode Créatif auto :

- **Prise de vue selon l'ambiance :** ce réglage permet de modifier légèrement le traitement des photos, notamment la couleur, le contraste et l'exposition, comme nous l'avons précédemment.
- **Arrière-plan flou ou net :** des deux glissières visibles sur l'écran Créatif auto, celle du haut accorde un certain contrôle sur la *profondeur de champ,* autrement dit la zone de netteté acceptable en deçà et au-delà du plan de mise au point, comme le démontre la Figure 2.24.

  Cette fonctionnalité ne fait malheureusement pas bon ménage avec le flash. Si le flash est activé, cette glissière devient grisée et n'est plus accessible. Et c'est pareil si le flash est en mode automatique et que l'appareil estime qu'un apport de lumière est nécessaire.

f/22 (profondeur de champ étendue) f/2.8 (profondeur de champ étroite)

Figure 2.24 : Vous pouvez choisir de rendre l'arrière-plan net (à gauche) ou légèrement flou (à droite).

Si le flash n'empêche pas le réglage, déplacez le petit curseur vers la gauche pour obtenir une profondeur de champ plus étroite, ce qui rendra les objets distants plus flous (n'oubliez pas qu'après avoir sélectionné la glissière, vous déplacez le curseur avec la molette principale). Caler le curseur à droite rend les objets lointains plus nets.

N'OUBLIEZ PAS

L'appareil photo règle l'étendue de la profondeur de champ en agissant sur le diaphragme. Lorsqu'il est ouvert, la profondeur de champ est étroite, d'où un arrière-plan flou (à gauche dans la Figure 2.24). Lorsqu'il est fermé, la profondeur de champ s'étend, d'où un arrière-plan plus net (à droite dans la Figure 2.24). Mais, du fait que le diaphragme joue un rôle important dans l'exposition, la plage des ouvertures que l'appareil photo peut sélectionner – et par conséquent l'extension de la zone de netteté

– dépend de la lumière ambiante. L'appareil photo s'efforce toujours d'exposer au mieux, partant du principe que vous préférez une photo techniquement irréprochable à une photo où l'arrière-plan serait comme vous le vouliez, mais au prix d'une surexposition ou d'une sous-exposition. Sachez aussi que la modification de l'ouverture du diaphragme doit être compensée par un changement de la vitesse d'obturation, ou de la sensibilité ISO, ou des deux à la fois.

Lorsque la vitesse d'obturation est très réduite, un bougé de l'appareil photo peut rendre la photo floue. L'affichage clignotant de la vitesse signale ce risque. Fixez l'appareil sur un trépied pour éviter cet inconvénient. N'oubliez pas non plus qu'à une vitesse lente les sujets en mouvements deviennent eux aussi flous. La Figure 2.25 montre où se trouvent les réglages de la vitesse d'obturation et du diaphragme, dans l'écran Réglages de prise de vue.

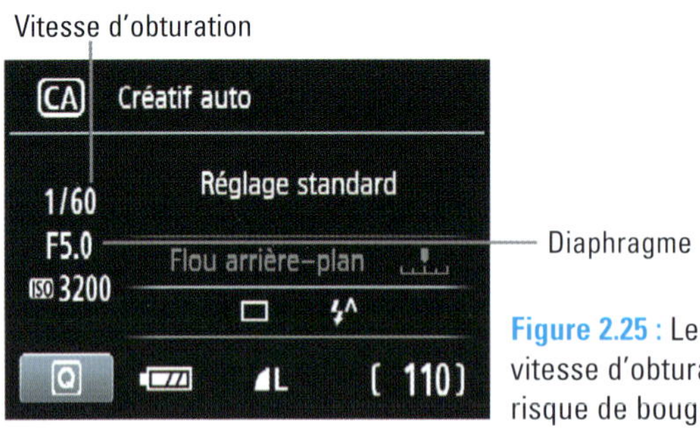

Figure 2.25 : Le clignotement de la vitesse d'obturation prévient d'un risque de bougé. Utilisez un trépied.

- **Mode Acquisition :** tous les modes sont proposés (Vue par vue, Rafale, Retardateur…), parmi lesquels vous en choisissez un.
- **Flash :** vous avez le choix entre trois réglages, représentés sur l'écran Réglages de prise de vue par les icônes affichées en marge.

- *Flash automatique :* l'appareil photo déclenche automatiquement le flash s'il estime qu'un apport de lumière est nécessaire pour exposer correctement la photo.
- *Flash activé :* le flash est déclenché quelle que soit la lumière ambiante.
- *Flash désactivé :* le flash est inopérant.

La fonction d'atténuation des yeux rouges est utilisable avec les options Automatique et Activée.

N'oubliez pas que même si le mode Créatif auto offre plus de possibilités de contrôle que les autres modes évoqués dans ce chapitre, vous ne bénéficierez pas pour autant de la souplesse des modes avancés. Par exemple, vous pouvez choisir d'activer ou non le flash, mais pas de régler sa puissance comme dans les modes P, Tv, Av, M et A-DEP.

Changer de mode d'acquisition

Les modes d'acquisition indiquent à l'appareil photo ce qu'il doit faire lorsque vous appuyez sur le déclencheur : prendre une seule photo, une série de photos, ou en prendre une ou plusieurs après un bref délai.

Le Canon 600D propose les modes d'acquisition suivants :

- **Vue par vue :** c'est le mode d'acquisition par défaut pour tous les modes entièrement automatiques, hormis Portrait et Sports. Une seule photo est prise lorsque vous appuyez sur le déclencheur. En d'autres termes, c'est le mode de photographie normal.
- **En continu :** une rafale de photos est prise tant que le déclencheur est enfoncé, à une cadence maximale d'environ 3,7 photos par seconde. Ce mode d'acquisition étant parfait pour saisir des sujets véloces ou remuants, il est utilisé par le Mode Sports, mais aussi Portrait, pour pouvoir photographier un sujet en mouvement.

Gardez à l'esprit le fait que certaines fonctions de l'appareil photo peuvent ralentir la cadence de la rafale. Par exemple, lorsque le flash est utilisé ou si la fonction de réduction du bruit ISO est en service, la cadence maximale d'une rafale n'est pas atteignable. La vitesse d'écriture des données sur la carte mémoire joue également un rôle important. Autrement dit, la cadence de 3,7 images par seconde est celle du cas de figure le plus favorable.

- **Retardateur et Télécommande :** vous voulez figurer sur la photo ? Sélectionnez ce mode, appuyez sur le déclencheur et dépêchez-vous de vous mettre en place car vous ne disposez que de dix secondes.

  Recourir au retardateur permet d'éviter tout risque de bougé de l'appareil photo. Le moindre appui sur le déclencheur peut provoquer un léger mouvement, d'où un flou de bougé. Fixez l'appareil sur un trépied et activez le retardateur. Le déclenchement se produit alors sans contact humain. C'est particulièrement recommandé pour les prises de vue en gros-plan ou en position macro, pour lesquelles le moindre mouvement se retrouve amplifié. De manière générale, tout ce qui grossit le sujet de votre photo (téléobjectifs, gros-plans) augmente les risques de flou de bougé.

  Une autre manière de déclencher sans toucher à l'appareil photo consiste à acquérir une télécommande, vendue en option par Canon. Il existe des modèles à câble ou radio (sans fil) qui se branchent tous à une prise située sur le côté gauche du boîtier. Sélectionnez ensuite le mode d'acquisition Télécommande.

- **Retardateur 2 sec. :** ce mode fonctionne comme le retardateur normal, mais le déclenchement se produit plus tôt. Il n'est hélas pas utilisable en mode Scène Intelligente auto, mais seulement dans les modes P, Tv, Av, M ou A-DEP.

- **Prise de vue en rafale après retardateur :** après le délai de dix secondes, une rafale de photos (jusqu'à dix vues maximum) est prise.

Pour vérifier le mode d'acquisition en cours, affichez l'écran Réglages de prise de vue. Le mode en vigueur apparaît en bas, ainsi que le montre la Figure 2.26.

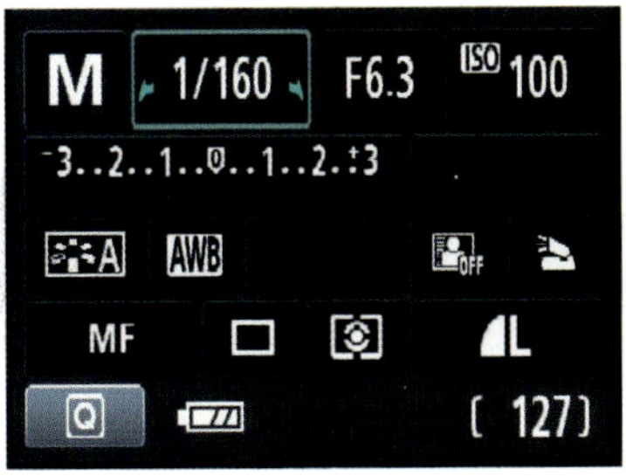

Figure 2.26 : Le symbole du mode d'acquisition en vigueur se trouve ici à droite de l'icône MF (Manual Focusing).

Si vous préférez utiliser un autre mode, vous avez le choix entre deux options :

- **Afficher l'écran Contrôle rapide :** commencez par afficher l'écran Réglages de prise de vue, en appuyant sur le bouton DISP ou en enfonçant le déclencheur à mi-course. Appuyez ensuite sur le bouton Contrôle rapide (Q) pour activer le mode Contrôle rapide. Utilisez ensuite le joypad pour sélectionner l'icône Acquisition, comme à gauche à la Figure 2.27. Le nom du réglage courant est affiché en bas de l'écran. Actionnez la molette principale pour parcourir les diverses options du mode Acquisition.

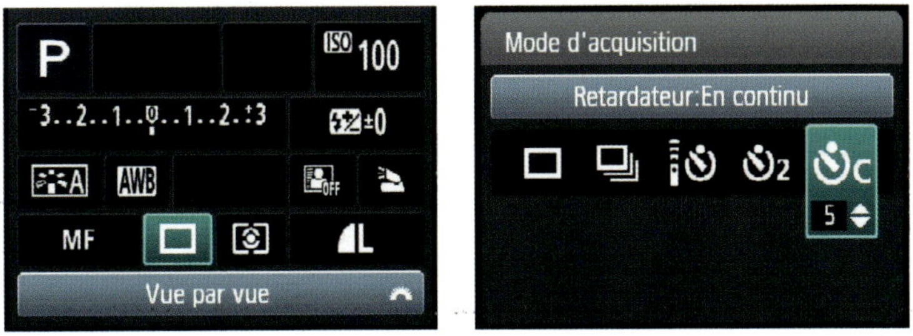

Figure 2.27 : Ces options d'acquisition ne sont accessibles que si un mode d'exposition avancé a été sélectionné.

Une autre solution consiste à sélectionner l'icône du mode Acquisition, puis à appuyer sur Set. Vous accédez ainsi à un écran montrant tous les réglages envisageables, comme à droite à la Figure 2.27. Appuyez sur la touche Gauche ou Droite du joypad ou actionnez la molette principale pour sélectionner le mode Acquisition de votre choix. Pour le mode Prise de vue en rafale après retardateur, appuyez sur les touches Haut ou Bas afin de régler le nombre de vues à prendre, comme sur la figure. Appuyez enfin sur le bouton Set pour valider votre choix (la seconde méthode est le seul moyen permettant de régler le nombre de vues pour l'option Prise de vue en rafale après retardateur).

Là encore, les cinq options du mode Acquisition sont réservées aux modes d'exposition avancés P, Tv, Av, M et A-DEP. Le mode Créatif auto vous fait perdre le mode Retardateur 2 sec. Et dans tous les modes entièrement automatiques, vous ne voyez que le mode Acquisition par défaut – Vue par vue ou Continu – ainsi que les modes Retardateur/Télécommande et Retardateur continu.

- **Appuyer sur la touche Gauche du joypad :** les trois petites icônes des modes d'acquisition sont imprimées juste à côté de cette touche, à l'arrière du boîtier, pour vous rappeler cette fonction. Après avoir appuyé sur cette touche, vous accédez à l'écran de droite, à la Figure 2.27. Sélectionnez votre choix et appuyez sur Set. Là encore, il est possible d'appuyer sur la touche haut ou bas du joypad pour modifier le nombre de vues à prendre en mode Retardateur continu.

Le mode Acquisition reste en vigueur jusqu'à ce que vous en ayez choisi un autre ou sélectionné un mode d'exposition pour lequel il n'est pas disponible.

3

Contrôler la qualité de l'image

Dans ce chapitre :

- Les causes d'une photo de mauvaise qualité.
- Résolution, pixels et ppp.
- Calculer la bonne résolution pour les tirages.
- Choisir le meilleur format de fichier : JPEG ou Raw ?
- Le compromis entre qualité d'image et taux de compression.
- Choisir le niveau de qualité du JPEG.

Presque tous les tests concernant le Canon 600D soulignent la qualité élevée de l'image. Vous constaterez par vous-même qu'il produit de belles images susceptibles d'être tirées en grand format.

Mais pour obtenir cette qualité maximale, l'appareil doit être correctement configuré. Les réglages, qui sont l'objet de ce chapitre, se trouvent fort opportunément dans une option nommée Qualité, qui fait partie du menu Prise de vue 1. Ils définissent deux aspects importants de la photographie : la *résolution*, c'est-à-dire le nombre de pixels de la photo, et le *format de fichier*, c'est-à-dire le type de fichier informatique dans lequel la photo sera stockée.

Résolution et format de fichier ont une incidence sur la qualité de l'image. C'est pourquoi les paramètres de l'option Qualité sont si importants. Pourquoi ne pas sélectionner d'emblée ceux produisant la qualité maximale et s'y tenir, vous demandez-vous peut-être ? C'est sans doute ce qu'il y a de mieux pour certains photographes. Mais comme ces paramètres maximaux peuvent présenter des inconvénients, il vous faudra parfois accepter une qualité légèrement moindre.

Ce chapitre explique les effets de la résolution et du format de fichier sur vos photos. Pour le cas où vous rencontriez d'autres problèmes de qualité produits pas d'autres causes, la première section de ce chapitre propose un guide de diagnostic des défauts.

Diagnostiquer les problèmes de qualité

Quand il est question ici de qualité d'image, ce n'est pas de la composition, de l'exposition ou d'autres caractéristiques propres à la photographie qu'il s'agit, mais de la manière dont l'image est rendue, numériquement parlant.

La Figure 3.1 illustre cette notion : le premier exemple est une photo de qualité élevée, détaillée, avec de belles gradations de tons. Les cinq autres exemples présentent des défauts communs à l'imagerie numérique.

Chacun de ces défauts a une cause particulière, et deux seulement découlent de l'option Qualité du menu Prise de vue 1. Si vous n'êtes pas satisfait de la qualité d'image de vos photos, commencez par les comparer avec ces illustrations afin de diagnostiquer l'origine du problème. Essayez ensuite d'y remédier :

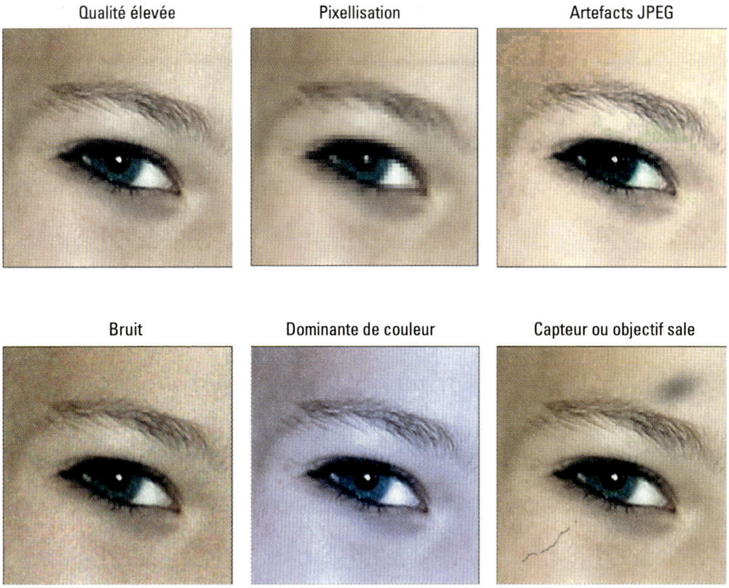

Figure 3.1 : Reportez-vous à ce guide pour déterminer les causes d'une photo de faible qualité.

- **Pixellisation :** lorsqu'une image manque de pixels – les « points » carrés qui forment l'image –, les détails sont brouillés et un crénelage se manifeste par des effets d'escalier. La solution consiste à augmenter la résolution de l'image au travers de la commande Qualité. Nous y reviendrons à la section « La résolution : élevée, moyenne ou faible ? ».
- **Artefacts JPEG** : les sortes de grumeaux colorés discernables sur la troisième image de la Figure 3.1 sont dus aux artefacts – des défauts propres à l'imagerie numérique – causés par la compression JPEG (ce mot se prononce *jipèg*). Ce défaut est directement lié au réglage Qualité. Reportez-vous à la section « Les types de fichiers : JPEG et Raw » pour en savoir plus.

- **Bruit :** ce défaut fait apparaître des pixels colorés erratiques, comme en bas à gauche Figure 3.1. Il est généralement causé par une durée d'exposition longue (vitesse d'obturation de plus d'une seconde) ou par une sensibilité ISO (qui est un mode de contrôle de l'exposition) élevée. Nous étudierons ces réglages au Chapitre 5. La vitesse et la sensibilité ISO ne sont réglables qu'avec les modes d'exposition avancés P, Tv, Av, M ou A-DEP.
- **Dominante de couleur :** si les couleurs sont complètement faussées, comme au milieu, en bas de la Figure 3.1, essayez de corriger la balance des blancs. Ce réglage est expliqué au Chapitre 6, en même temps que divers points concernant la couleur. Là encore, vous ne pouvez y procéder qu'avec un mode d'exposition avancé.
- **Saleté sur le capteur ou l'objectif** : un objectif sale est une cause possible des défauts visibles dans le dernier exemple de la Figure 3.1. Il faut nettoyer régulièrement l'objectif à l'aide d'un chiffon et d'une solution expressément prévus pour le matériel photo (*NdT* : évitez les nettoyants pour verre de lunettes qui peuvent irrémédiablement abîmer le traitement antireflet de l'objectif et le rendre inutilisable). Si le nettoyage de l'objectif ne résout pas le problème, cela signifie que de la poussière ou de la saleté s'est déposée sur le capteur. Le Canon 600D exécute un cycle de nettoyage du capteur chaque fois que vous l'allumez et l'éteignez. Vous pouvez aussi démarrer manuellement, à tout moment, un cycle de nettoyage en accédant au menu Configuration 2, en choisissant Nettoyage du capteur, puis OK. Mais n'essayez pas de le nettoyer par vous-même, et surtout pas avec une bombe à air comprimé : confiez plutôt ce travail à un service agréé ou au revendeur de votre appareil.

TRUC

Pour diagnostiquer des problèmes d'image, ouvrez la photo dans un logiciel de retouche puis zoomez afin de l'examiner de près. Certains défauts, comme la pixellisation ou les artefacts JPEG, se ressemblent beaucoup tant qu'ils ne sont pas grossis.

Nous avons légèrement exagéré les défauts dans les exemples, par une manipulation de l'image, afin que les symptômes soient plus visibles. Hormis la dominante de couleur ou les taches sur l'objectif ou le capteur, ces défauts peuvent passer inaperçus jusqu'à l'impression des images ou leur examen à une grande taille. De plus, le sujet de la photo peut masquer certains défauts. Un artefact JPEG sera quasiment indiscernable dans de la végétation touffue.

En d'autres termes, ne considérez pas la Figure 3.1 comme la preuve que la qualité d'image du Canon 600D laisse à désirer. D'abord parce que dans des circonstances identiques tous les appareils photo numériques produisent ces mêmes défauts. Ensuite, parce qu'en suivant les recommandations dans ce chapitre, vous résoudrez aisément la plupart des problèmes qualitatifs.

Les options de Qualité

N'OUBLIEZ PAS

La commande Qualité de votre appareil photo définit la résolution ainsi que le format de fichier des photos que vous prenez. Elle est accessible de deux manières :

- **L'écran Contrôle rapide (modes P, Tv, Av, M et A-DEP uniquement) :** après avoir affiché l'écran Réglages de prise de vue, appuyez sur le bouton Contrôle rapide (Q) pour accéder à l'écran Contrôle rapide et utilisez le joypad pour sélectionner l'option Qualité, comme à gauche à la Figure 3.2. Vous actionnerez ensuite la molette principale pour parcourir les différents réglages Qualité disponibles. Ou si vous le préférez, appuyez sur le bouton Set pour afficher l'écran à droite, dans la Figure 3.2, qui contient toutes les options Qualité. Mais cette fois, utilisez la molette ou les touches Gauche et Droite du joypad pour sélectionner l'option désirée, puis appuyez sur le bouton Set pour valider.

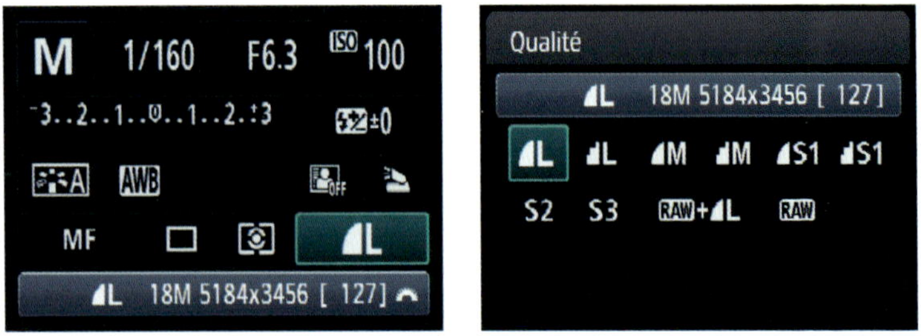

Figure 3.2 : L'option Qualité peut être rapidement changée au travers de l'écran Contrôle rapide.

- **Le menu Prise de vue 1 (tous les modes d'exposition) :** appuyez sur le bouton Menu et affichez le menu Prise de vue 1, visible à gauche à la Figure 3.3. Sélectionnez Qualité et appuyez sur le bouton Set pour accéder à l'écran représenté à droite, dans la figure. Utilisez les touches Gauche et Droite du joypad pour sélectionner l'option désirée. Appuyez ensuite sur Set.

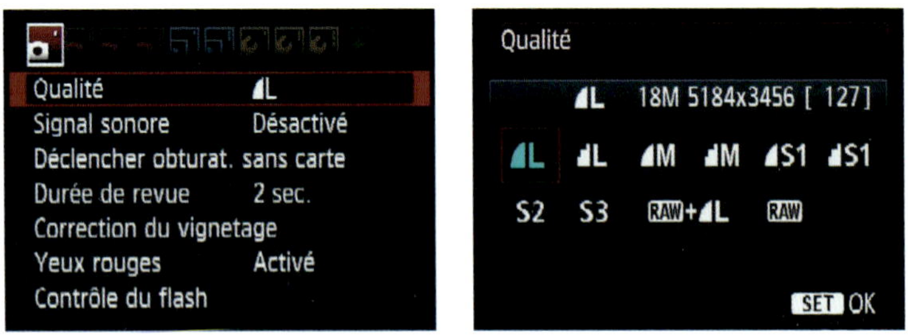

Figure 3.3 : Vous pouvez aussi sélectionner l'option Qualité dans le menu Prise de vue 1.

Si vous débutez en photographie numérique, les réglages Qualité vous paraîtront obscurs tant que vous n'aurez pas lu le restant de ce chapitre qui explique en détail les notions de format et de résolution. Mais même s'ils vous sont familiers, vous aurez peut-être besoin de quelques explications pour bien comprendre les réglages de votre appareil photo. Comme le montrent les Figures 3.2 et 3.3, ces options sont présentées d'une manière un peu ésotérique. Voici quelques éclaircissements :

- En bas de l'écran Contrôle rapide, trois informations sont affichées lorsque le paramètre Qualité est sélectionné : le nombre de mégapixels, les dimensions de l'image en pixels et le nombre de vues restant que la carte mémoire peut recevoir avec ce réglage qualitatif. Ces différentes valeurs sont indiquées à la Figure 3.2. L'icône en forme de molette à l'extrémité droite est là pour vous rappeler que ces réglages se modifient à l'aide de la molette principale. Si vous débutez en photo numérique, sachez que les notions de pixels et de mégapixels sont expliquées à la prochaine section.
- Cette même barre d'informations apparaît, sans l'icône de molette principale, dans l'écran Qualité accessible par le menu Prise de vue 1, ou après avoir appuyé sur Set après avoir sélectionné l'option Qualité dans l'écran Contrôle rapide (à droite dans les Figures 3.2 et 3.3). Dans les deux écrans, les deux autres rangées contiennent des icônes représentant les huit options de qualité.
- La première colonne de réglages produit des fichiers au format JPEG. Les icônes en forme d'arc symbolisent le niveau de compression JPEG dont dépendent la qualité de l'image et la taille du fichier d'image. Deux options JPEG sont proposées : *Fine*, représentée par un arc lisse, et *Normal*, représentée par un arc en escalier. Les réglages S2 et S3 enregistrent tous deux des JPEG en mode Fine. Nous y reviendrons plus loin.
- À l'intérieur de la catégorie JPEG, vous avez le choix entre trois résolutions : L (*Large*, « élevée »), M (*Medium*, « moyenne ») et S1, S2 et S3 (*Small*, « faible »). Reportez-vous à la prochaine section pour savoir comment choisir la bonne résolution.
- Dans la seconde colonne, les réglages Qualité permettent de photographier au format Raw. Tous les fichiers Raw sont créés à la résolution élevée

L, « Large », afin de bénéficier du nombre de pixels maximal. L'un des deux réglages Raw enregistre simultanément une version JPEG Fine de la photo, elle aussi à la résolution la plus élevée (Large). La section « Raw (CR2) : le choix du puriste » explique les avantages et les inconvénients du format Raw.

Le choix du meilleur réglage Qualité dépend de plusieurs facteurs, y compris ce que vous comptez faire des photos et du temps que vous comptez consacrer à la retouche et au traitement d'image dans un ordinateur. Ces points, ainsi que d'autres relatifs aux réglages Qualité, sont abordés dans le restant de ce chapitre.

La résolution : élevée, moyenne ou faible ?

Pour le choix d'un réglage Qualité, vous devez tout d'abord décider du nombre de pixels que contiendront les photos. Les *pixels*, contraction du terme *picture element*, « élément d'image », sont ces petits points carrés juxtaposés qui forment l'image. Vous en voyez dans l'illustration de droite de la Figure 3.4, qui montre un détail fortement agrandi de l'œil provenant de l'illustration de gauche.

Le nombre de pixels d'une image détermine sa *résolution*. Votre appareil photo en offre trois (Grande, Moyenne et Petite), représentées par les initiales en anglais L (Large), M (Medium) et S (Small). Le Tableau 3.1 indique le nombre de pixels de chacune de ces résolutions. Si vous avez sélectionné le format Raw, les photos sont toujours prises à la qualité Grande.

Pour connaître le nombre de pixels dont vous avez besoin, vous devez comprendre l'incidence de la résolution sur la qualité d'impression, la taille de l'image (ses dimensions) et la taille du fichier (son encombrement en mémoire).

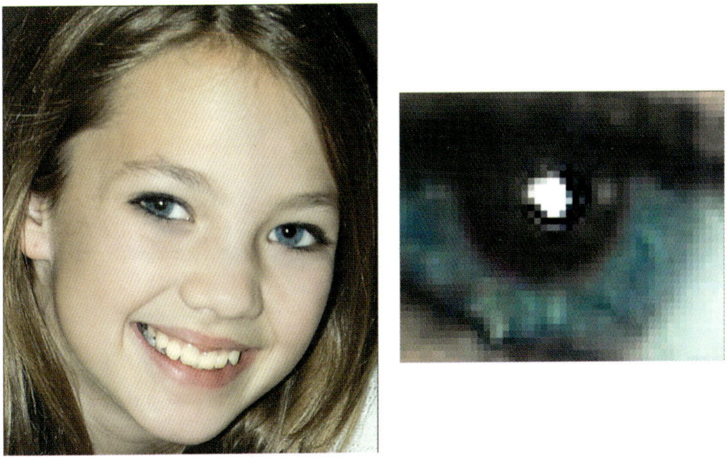

Figure 3.4 : Les pixels sont les éléments de base d'une photo numérique.

Tableau 3.1 : Les résolutions du Canon 600D.

Symbole	*Réglage*	*Nombre de pixels (mégapixels)*
L	Grande	5 184 x 3 456 (env. 18 MP)
M	Moyenne	3 456 x 2 304 (env. 8 MP)
S1	Petite	2 592 x 1 728 (env. 4,5 MP)
S2	Petite	1 920 x 1 280 (env. 2,50 MP)
S3	Petite	720 x 480 (env. 0,35 MP)

Pixels et qualité d'impression

N'OUBLIEZ PAS

Quand il s'agit de résolution, la première question que vous devez vous poser est celle de la taille de vos tirages, car la qualité finale de l'impression dépend notamment du nombre de pixels. S'il est insuffisant, le tirage présentera une pixellisation comme celle montrée précédemment dans la Figure 3.1 ou, pis, chaque pixel sera bien visible comme à droite sur la Figure 3.4.

Selon votre imprimante photo, la résolution d'impression sera de 200 à 300 pixels par pouce linéaire (ppp). Pour obtenir un tirage en 20 x 25 cm (soit 8 x 10 pouces) en 200 ppp, la taille de l'image devra être de 1 600 x 2 000 pixels.

Bien que de nombreux logiciels de retouche permettent d'ajouter des pixels à une image, le faire n'est pas recommandé. Pour des raisons avec lesquelles nous ne vous ennuierons pas, l'ajout de pixels s'effectue par une opération appelée *rééchantillonnage*, qui ne permet pas pour autant d'agrandir davantage une photo tout en préservant sa qualité.

Pixels et taille d'affichage à l'écran

La résolution n'affecte pas la qualité d'une photo affichée sur un écran, qu'il s'agisse d'un écran informatique, de celui d'un téléviseur ou de tout autre équipement. En revanche, la résolution affecte la *taille* à laquelle la photo est affichée.

En bref, même si vous optez pour l'une des qualités d'image Petite du Canon 600D, dont la résolution est de 2 592 x 1 728 pixels, vous aurez plus de pixels qu'il n'en faut pour un affichage à l'écran. La résolution la plus faible, 720 x 480 pixels, est parfaite pour un envoi par courrier électronique. La seule exception concerne une photo que vous désirerez montrer à l'aide d'un projecteur numérique à très haute résolution.

Pixels et taille de fichier

Plus le nombre de pixels d'une photo est élevé, plus le fichier informatique de l'image est volumineux. Le fichier d'une photo en haute résolution est de ce fait beaucoup plus volumineux que celui d'une photo à basse résolution.

Les fichiers volumineux posent plusieurs problèmes :

- Vous en stockerez moins dans la carte mémoire ou dans le disque dur de l'ordinateur, ou sur un support amovible comme un disque dur externe, CD-ROM, un DVD ou une clé USB.

- La durée du traitement et le transfert dans la carte mémoire, juste après avoir déclenché, sont plus longs, ce qui peut ralentir la cadence de prises de vue.
- Si les photos doivent être placées sur le Web, des fichiers volumineux sont beaucoup plus longs à envoyer et à télécharger.
- Dans un logiciel de retouche, les photos en haute résolution exigent davantage de ressources de l'ordinateur et sont plus longues à traiter.

Pour résumer, l'inconvénient d'une photo en haute résolution est la taille de son fichier. Mais notez que le choix du format de fichier, JPEG ou Raw, affecte lui aussi la taille du fichier. Reportez-vous à la section « Les types de fichiers : JPEG et Raw », pour les détails. L'encadré « Combien de photos peut contenir une carte mémoire ? » vous en dira plus sur le stockage des fichiers.

Combien de photos peut contenir une carte mémoire ?

Cette question est l'une des premières que se pose tout acquéreur d'un nouvel appareil photo. Elle est importante parce que, bien sûr, il n'est pas question de manquer d'espace de stockage juste au moment rare d'une photo parfaite.

Comme expliqué au cours de ce chapitre, la résolution (nombre de pixels de l'image) et le format de fichier déterminent la taille du fichier d'image qui, à son tour, détermine le nombre de photos qui pourront être stockées dans une carte mémoire d'une capacité donnée.

Le tableau ci-dessous indique la taille approximative des fichiers, en mégaoctets (Mo), produite par le couple résolution/format du Canon 600D. La taille réelle du fichier d'image dépend aussi d'autres facteurs comme le sujet, la sensibilité ISO et le réglage Style de l'image. La colonne Capacité indique le nombre approximatif de photos stockables dans une carte mémoire de 4 gigaoctet (Go).

Capacité d'une carte mémoire de 4 Go.			
Symbole	*Qualité*	*Taille du fichier*	*Capacité*
L	Grande/Fine	6,4 Mo	570
L	Grande/Normal	3,2 Mo	1 120
M	Moyenne/Fine	3,4 Mo	1 070
M	Moyenne/Normal	1,7 Mo	2 100
S1	Petite1/Fine	2,2 Mo	1 670
S1	Petite1/Normal	1,1 Mo	3 180
S2	Petite2/Fine	1,3 Mo	2 780
S3	Petite3/Fine	0,3 Mo	10 780
RAW	Raw	24,5 Mo	150
RAW + L	Raw + Grande/Fine	30,9 Mo*	110

* Taille totale des deux fichiers obtenus avec ce réglage Qualité.

Les bonnes résolutions

Comme vous le constatez, les questions de résolution ne sont pas une mince affaire. Que faire si vous ne savez pas encore à quelles dimensions vous tirerez vos photos ? Ou si vous ne savez pas encore si vous les imprimerez ou si vous les partagerez en ligne, sur le Web ?

Comme il vaut mieux prévenir que guérir, nous vous recommandons ce qui suit à propos des réglages de qualité Grande, Moyenne ou Faible :

- **Photographiez toujours à une résolution appropriée à l'impression.** Vous créerez ensuite une copie en basse résolution de votre photo, à l'aide d'un logiciel de retouche, pour un usage en ligne.

- **Pour les instantanés sans prétention, l'option M, comme Moyen, est un bon choix.** Le nombre de pixels (3456 x 2304) est amplement suffisant pour des tirages au format 20 x 25 cm à une résolution de 200 ppp.

TRUC

- **Adoptez le réglage L, Grande (18 MP), si vous envisagez de recadrer les photos ou de les tirer en grand format.** Utilisez toujours la résolution maximale si la photo doit être recadrée ou fortement agrandie. Par exemple, lorsqu'elle a pris la photo de gauche, comme l'illustre la Figure 3.5, la photographe voulait cadrer le papillon très serré, mais elle risquait de l'effaroucher en s'approchant. Elle a donc pris la photo à quelque distance en qualité L (élevée), ce qui lui a permis de la recadrer tout en disposant de suffisamment de pixels pour obtenir un beau tirage, comme le révèle l'illustration de droite.

Figure 3.5 : Photographiez en haute résolution (Large) afin de pouvoir recadrer et agrandir votre cliché ultérieurement.

Les types de fichiers : JPEG et Raw

Outre la résolution des photos, le réglage Qualité impose aussi un *format de fichier*, autrement dit le type d'image que l'appareil photo produit.

Le Canon 600D permet de travailler en deux formats de fichier : JPEG et Raw, avec quelques variantes pour chacun. Les prochaines sections expliquent leurs avantages et leurs inconvénients.

ATTENTION

Ne confondez surtout pas la notion de *format de fichier* avec la *commande Formater* du menu Prise de vue 1. Cette option efface en effet tout le contenu de la carte mémoire.

JPEG : le standard d'imagerie (et sur le Web)

Il s'agit du format par défaut de votre appareil photo, comme d'ailleurs de beaucoup d'autres. Le format JPEG est apprécié pour deux raisons :

- **La compatibilité Web :** tous les navigateurs Web et logiciels de messagerie sont capables d'afficher des images en JPEG, qui permet de diffuser des photos immédiatement après les avoir prises.
- **La compacité des fichiers :** les fichiers JPEG sont beaucoup moins volumineux que tous les autres formats utilisés en photographie numérique, notamment les variantes de fichiers Raw. Des fichiers compacts, cela signifie aussi que les photos occupent moins de place dans la carte mémoire de l'appareil photo, dans un disque dur externe ou sur des CD et DVD.

L'inconvénient – car toute médaille a son revers – est que la réduction de la taille du fichier est obtenue par une compression à perte de données qui élimine des données graphiques et produit les défauts visibles dans l'illustration Artefacts JPEG comme le montre la Figure 3.1, au début de ce chapitre.

Le taux de compression appliqué par l'appareil photo dépend du réglage de qualité Fine ou Normal. La différence entre les deux est la suivante :

- **Fine :** ce réglage, symbolisé par le pictogramme visible en marge, ne compresse que peu. Les artefacts sont rares et à peine discernables.
- **Normal :** le taux de compression est plus élevé, mais le risque d'artefacts aussi. Remarquez le contour en escalier de l'icône Normal figurant dans la marge. Il rappelle que cette option ne garantit pas un « lissage » parfait de l'imagerie.

Notez que même le réglage Normal ne produira pas du tout les artefacts représentés à la Figure 3.1. Rappelez-vous que cet exemple a été exagéré pour vous aider à identifier les défauts et bien comprendre les effets des niveaux de qualité.

En fait, si les photos doivent être affichées à l'écran ou tirées à des dimensions assez petites, vous ne verrez pas une grande différence entre les niveaux de compression Fine et Normal. Elles ne deviennent visibles qu'à de forts agrandissements.

Sachant que les différences entre Fine et Normal ne sont pas facilement discernables tant que la photo n'est pas notablement agrandie, est-il judicieux d'opter pour le mode Normal et obtenir ainsi des fichiers moins volumineux ? Pour la plupart des photographes, la plus grande taille des fichiers produits par le réglage Fine n'est pas un problème, car le prix des cartes mémoire ne cesse de baisser. Mais le stockage à long terme pose un problème car plus les fichiers sont volumineux, plus vite vous remplirez le disque dur de l'ordinateur ou un disque dur externe, et plus il vous faudra de CD et de DVD pour les archiver.

Cela dit, le taux de compression moins élevé du réglage Fine, et la meilleure qualité qui en résulte, sont préférables pour l'archivage, car vous ne savez pas si, un jour, vous ne voudrez pas tirer un agrandissement grand format de telle ou telle photo. Dans ce cas, vous serez content de disposer d'un fichier de bonne qualité. Car, de tous les défauts que peut corriger un logiciel de retouche, l'élimination des artefacts de compression est le plus ardu à mener à bien. C'est pourquoi il vaut mieux vous en tenir au réglage Fine quand vous photographiez en JPEG.

Il est recommandé de procéder à des tests de prise de vue, d'inspecter soigneusement les photos dans un logiciel de retouche, et de vous faire votre propre idée du niveau d'artefacts que vous accepterez. Ces défauts sont plus faciles à détecter à l'écran qu'une fois imprimés, comme ici sur les figures. Les imprimantes à jet d'encre sont plus à même de révéler ces défauts.

Raw (CR2) : le choix du puriste

L'autre type de fichier que propose le Canon 600D est le fichier de type Raw (« brut », en anglais, ou plus exactement, « brut de capteur », comme expliqué plus loin).

N'OUBLIEZ PAS

Chaque fabricant d'appareil photo a développé son propre format Raw. Chez Canon, il s'agit du format CR2 (*Canon Raw 2*) qui a succédé à l'ancien format CRW. Ces sigles apparaissent dans l'extension du nom du fichier, dans votre ordinateur.

Le format Raw est apprécié des photographes exigeants pour deux raisons :

- **Un contrôle créatif plus étroit :** en JPEG, le logiciel interne de l'appareil photo procède à des ajustements de la couleur, de l'exposition et de la netteté afin de produire un résultat conforme à ce que Canon estime être les préférences de ses clients (ou aux réglages qu'ils ont effectués). En Raw, l'appareil photo se contente d'enregistrer les données de l'image telles qu'elles sortent du capteur. Le photographe transfère ensuite les photos dans l'ordinateur et utilise un logiciel spécial appelé *convertisseur Raw* pour produire l'image finale, après avoir ajusté lui-même la couleur, l'exposition et d'autres paramètres. C'est donc le photographe, et non l'appareil photo, qui décide des aspects techniques de l'image.

- **Une profondeur de bits plus élevée :** la profondeur de bits détermine le nombre de couleurs qu'un fichier d'image peut afficher. Le format JPEG est limité à un codage sur 8 bits pour chaque couche chromatique rouge, vert et bleu, produisant une image codée sur 24 bits en tout, soit 16 777 216 couleurs. Le Canon 600D code les couches chromatiques sur 14 bits, ce qui augmente le nombre de couleurs affichables.

  Passer de 8 à 14 bits paraît énorme, mais cette différence apparaîtra à peine dans vos photos. Le codage sur 8 bits est en effet suffisant pour produire de superbes images. Les bits supplémentaires s'avèrent commodes lorsque vous désirez ajuster l'exposition, le contraste ou la couleur après la prise de vue, avec votre logiciel de retouche. Quand ces réglages s'avèrent extrêmes, une profondeur de bits insuffisante risque de provoquer un effet de bandes, ou isohélie, qui produit des ruptures de tons brutales dans ce qui devrait être un beau dégradé. Ceci dit, une profondeur de bit élevée n'empêche pas forcément ce problème ; n'en attendez donc pas des miracles.

- **Une meilleure qualité d'image :** comme la compression du format Raw est sans perte de données, le risque d'artefact par pertes de données, caractéristique du format JPEG, est éliminé.

Mais, comme bien des choses dans la vie, le format Raw n'est pas sans inconvénients :

- **L'image est inutilisable tant qu'elle n'a pas été traitée par un convertisseur Raw.** Il est notamment impossible de la visionner sur un site de partage de photos ou de l'insérer dans un document. Il est aussi impossible de l'imprimer à partir de la borne interactive d'une boutique photo ou de la faire imprimer par un service en ligne. Pour obtenir un tirage d'une image Raw, vous devez l'imprimer à partir du logiciel Canon fourni avec l'appareil photo. Quand vous photographiez en Raw, vous êtes obligé de prévoir du temps devant l'ordinateur.

- **Les fichiers Raw sont beaucoup plus volumineux que les fichiers JPEG.** La compression appliquée aux images Raw ne dégrade pas leur qualité, mais la contrepartie est une plus grande taille de fichier. De plus, les photos en Raw sont toujours prises avec la résolution maximale, ce qui augmente encore la taille des fichiers, comparé au JPEG. Prévoyez des cartes mémoire de grande capacité et, pour l'archivage, un disque dur d'une confortable capacité.

Ces inconvénients sont-ils compensés par les avantages ? C'est à vous de voir.

TRUC

Cela dit, vous devez absolument photographier en Raw lorsque les conditions d'éclairage sont défavorables, car vous bénéficiez d'un meilleur contrôle sur l'exposition de l'image finale. Un bon convertisseur Raw vous permettra en effet de régler la luminosité dans les hautes lumières et de déboucher les ombres. En JPEG, c'est l'appareil photo qui prend ces décisions, limitant ainsi la souplesse de vos ajustements lorsque par la suite vous tenterez de régler l'exposition de vos photos.

Optez aussi pour le Raw lorsque vous prévoyez d'imprimer des tirages de grande taille. Mais cela implique de posséder tous les logiciels nécessaires, et de disposer de tout son temps pour traiter les images Raw les plus tortueuses.

Si vous décidez de photographier en Raw, vous aurez le choix entre ces deux options de qualité :

- **RAW :** ce réglage produit un seul fichier Raw à la résolution maximale (18 MP).
- **RAW + Grande/Fine :** ce réglage produit deux fichiers : un fichier Raw standard ainsi qu'un fichier JPEG pris en mode Grande/Fine. À première vue, cette option semble géniale : les photos peuvent rapidement être mises en ligne ou imprimées, et vous traiterez les fichiers Raw quand vous aurez le temps.

4

Visionner, viser par l'écran et vidéo

Dans ce chapitre :

- Les fonctions de lecture d'image.
- Déchiffrer les informations de prise de vue.
- Comprendre l'histogramme.
- Supprimer les photos ratées et protéger les bonnes.
- Utiliser l'écran pour cadrer.
- Enregistrer des séquences vidéo.

L'un des attraits de la photographie numérique est assurément la possibilité de visionner les photos juste après les avoir prises. Vous n'avez plus à vous demander si la photo est bonne ou si elle a été prise au bon moment. Au besoin, vous la referez aussitôt. Finie l'attente du développement pour constater qu'une partie des photos ne sont pas fameuses ! En fait, c'est cette possibilité de pouvoir regarder immédiatement les

photos qui incite de nombreux photographes à abandonner le boîtier argentique et le stock de pellicules.

Sur le Canon 600D, le moniteur orientable sert non seulement à visionner les photos, mais aussi à cadrer celles que vous vous apprêtez à prendre. Pour ce faire, vous activez la fonction Visée par l'écran. Elle vous servira non seulement à prendre des photos, mais aussi à filmer des séquences sonorisées.

Comme toutes ces fonctionnalités utilisent les mêmes boutons et manipulations, elles sont étudiées dans un même chapitre, celui-ci en l'occurrence. Vous apprendrez aussi comment supprimer les photos qui ne vous plaisent pas et protéger d'un effacement accidentel celles que vous préférez.

Régler ou désactiver la Durée de revue

Après avoir pris une photo, elle apparaît brièvement sur le moniteur, pendant deux secondes par défaut. Cette fonctionnalité est réglable au travers de l'option Durée de revue, dans le menu Prise de vue 1, comme le montre la Figure 4.1.

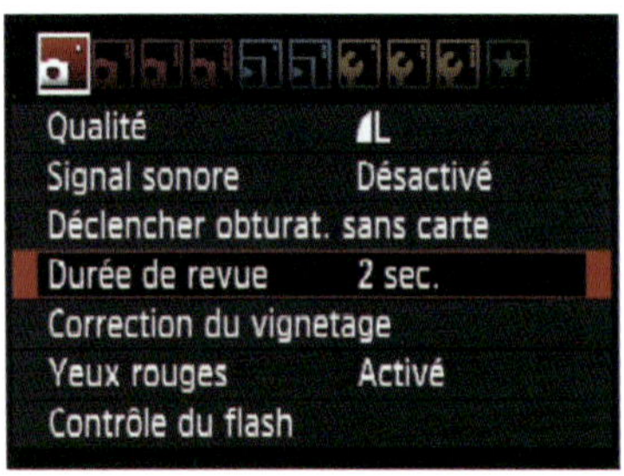

Figure 4.1 : Cette option contrôle la durée d'affichage d'une photo qui vient d'être prise.

Vous pouvez sélectionner :

- **Une durée spécifique :** choisissez 2, 4 ou 8 secondes.
- **Arrêt :** cette option désactive l'affichage de la photo, et économise donc la batterie (rappelez-vous-en

si vous craignez de manquer d'autonomie). Vous pouvez cependant toujours visionner les photos en appuyant sur le bouton Lecture. Reportez-vous à la prochaine section pour les détails.

- **Maintien** : pour afficher la photo en permanence, jusqu'à ce que l'écran se soit éteint, soit parce que vous avez approché l'œil du viseur, soit parce que l'appareil photo a été éteint.

Visionner les photos en mode Lecture

Procédez comme suit pour enclencher le mode Lecture et visionner les photos qui se trouvent dans la carte mémoire :

1. **Appuyez sur le bouton Lecture (voir Figure 4.2).**

   Par défaut, une seule photo à la fois est affichée, surmontée de quelques données, comme le montre la Figure 4.2. Vous pouvez aussi afficher plusieurs images à la fois, comme vous l'appendrez d'ici peu.

   Pour connaître la signification des données et spécifier celles que vous voulez voir, reportez-vous à la section « Les données d'image », un peu plus loin dans ce chapitre.

2. **Appuyez sur la touche Gauche ou Droite du joypad pour parcourir les photos.**

   - Appuyez sur la touche Droite pour commencer par la photo la plus ancienne, sur la carte mémoire.
   - Appuyez sur la touche Gauche pour visionner les photos dans l'ordre chronologique inverse, en commençant par la plus récente.

   Gardez le doigt enfoncé continûment sur la touche pour parcourir toutes les photos.

3. **Pour revenir à la prise de vue, appuyez sur le bouton Lecture ou enfoncez le déclencheur à mi-course.**

L'appareil photo quitte le mode Lecture. Les réglages apparaissent sur le moniteur.

Figure 4.2 : Le mode de lecture par défaut, avec affichage d'une seule photo à la fois.

Visionner plusieurs photos à la fois

Pour visionner rapidement plusieurs photos et les comparer, activez le mode Affichage de l'index. Elles seront présentées par planches de quatre ou neuf vignettes, comme à la Figure 4.3. Appuyez sur le bouton

Mémorisation d'exposition, en haut à droite du dos de l'appareil photo, pour afficher quatre vignettes ; appuyez une seconde fois pour en afficher neuf.

TRUC

Remarquez le petit damier bleu et la loupe sous le bouton. Ils rappellent l'usage de ce bouton en mode Lecture : le damier symbolise la fonction Index, et le signe « moins » (-) dans la loupe indique qu'en appuyant sur le bouton, vous diminuez la taille de la ou des images affichées (rappelez-vous aussi que les indications blanches au-dessus de ces boutons signalent une fonction de prise de vue).

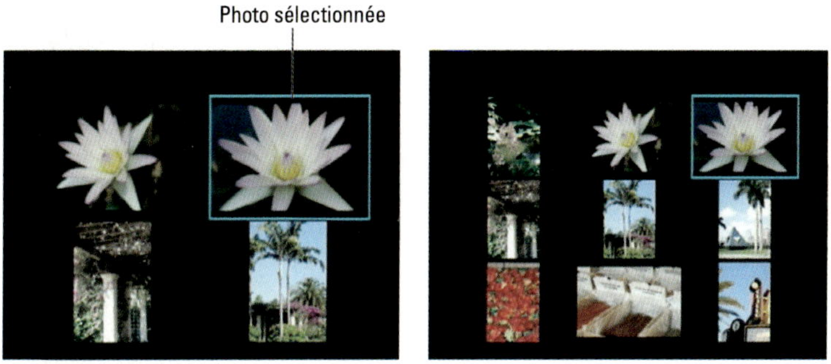

Figure 4.3 : Quatre ou neuf vignettes peuvent être affichées simultanément.

Retenez ces quelques règles d'affichage et de navigation en mode Index :

- **La bordure bleue indique la photo actuellement sélectionnée.** Figure 4.3, c'est celle en bas à droite.
- **Utilisez le joypad pour sélectionner une autre photo.** Appuyez sur la touche dans la direction appropriée.
- **Actionnez la molette principale pour faire défiler les planches de vignettes.** Tournez-la vers la droite pour afficher la planche suivante, vers la gauche pour afficher la planche précédente.
- **Appuyez sur le bouton Sélection du collimateur d'autofocus pour réduire le nombre de vignettes.** Il se trouve à côté du bouton Mémorisation

d'exposition. Lui aussi est accompagné du dessin d'une loupe, mais cette fois avec un signe « plus » (+) en son centre indiquant qu'appuyer sur ce bouton agrandit l'image. Appuyez une fois pour passer de neuf à quatre vignettes, puis une autre fois pour passer de quatre vignettes à l'affichage en plein écran de celle qui est sélectionnée. Pour revenir au mode Affichage de l'index, appuyez de nouveau sur le bouton Mémorisation d'exposition.

Sauter des images

Si la carte mémoire est bourrée de photos, vous apprécierez la fonction Saut. Vous actionnerez en effet la molette principale pour sauter un certain nombre d'images à la fois, au lieu d'appuyer une infinité de fois sur la touche Droite ou Gauche du joypad. Vous pourrez aussi rechercher la dernière photo prise à une date donnée.

Configurez le mode Saut initial en affichant le menu Lecture 2 puis en sélectionnant Saut image, comme à gauche à la Figure 4.4 (le petit symbole à droite de l'option représente la molette principale).

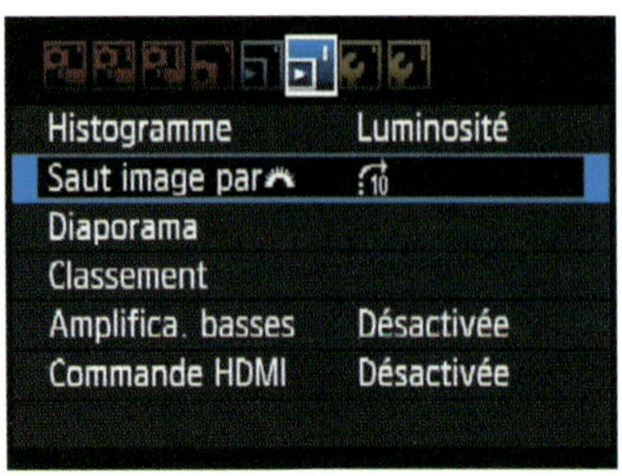

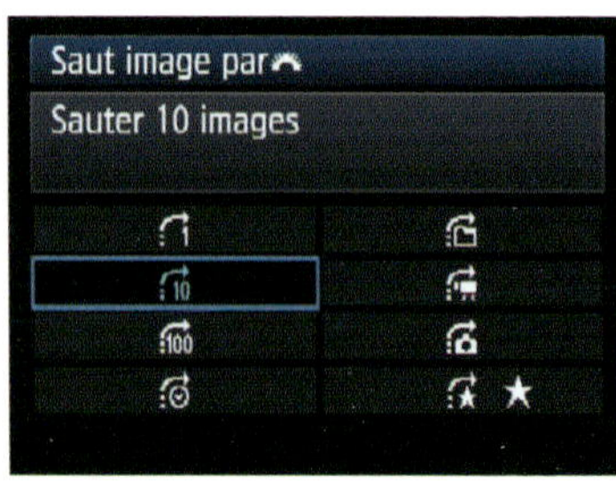

Figure 4.4 : Le mode Saut est configuré dans le menu Lecture 2.

Appuyez sur Set pour accéder à l'écran de droite à la Figure 4.4, qui contient les réglages de saut que voici :

- **Afficher les images une par une :** cette option équivaut tout bonnement à désactiver la fonction de saut et donc à parcourir les photos une à une. Alors, à quoi bon la proposer ? Elle est fournie par commodité, pour vous permettre de parcourir les photos avec la molette principale, au lieu d'appuyer sur les touches Gauche et Droite du joypad.

- **Sauter 10 images :** chaque saut s'effectue vers la dixième image.
- **Sauter 100 images :** chaque saut s'effectue vers la centième image.
- **Affichage par date :** si la carte mémoire contient des photos prises à différentes dates, cette option permet de passer d'une date à une autre. Par exemple, si vous regardez la première de trente photos prises le 1er juin, vous pourrez sauter ces trente photos pour aller directement à la première de celles prises, disons, le 5 juin.
- **Affichage par dossier :** si vous avez créé des dossiers personnalisés sur la carte mémoire, cette option vous mène du dossier courant jusqu'à la première photo contenue dans un autre dossier.
- **Afficher les vidéos seulement :** la carte mémoire contient à la fois des photos et des photos ? Si vous ne voulez voir que les vidéos, sélectionnez cette option. Vous pourrez actionner la molette principale pour passer d'une vidéo à une autre sans voir les photos.
- **Afficher les photos seulement :** c'est l'inverse de l'option précédente. Les fichiers vidéo ne sont pas pris en compte lorsque vous actionnez la molette pour parcourir les photos.
- **Affichage par classement d'image :** si vous avez attribué des étoiles à vos photos, ce mode vous permettra de parcourir les vues selon leur classement, et ne voir, par exemple, que les photos ayant reçu quatre étoiles.

Voici comment utiliser cette fonction :

1. **Appuyez sur le bouton Lecture.**

2. **Configurez l'appareil pour n'afficher qu'une seule photo à la fois.**

N'OUBLIEZ PAS

Le saut n'est possible que si une seule photo à la fois est affichée car la molette a un autre usage en mode Index. Pour quitter ce mode, appuyez sur le bouton de sélection du collimateur d'autofocus (celui, bleu, avec la loupe « moins ») jusqu'à ce qu'une photo seulement soit affichée.

3. **Actionnez la molette principale.**

La prochaine photo est affichée. Le nombre d'images sautées, qu'il s'agisse de photos ou de vidéos, dépend du mode Saut sélectionné.

Si vous avez sélectionné un mode de saut autre que 1 image, une barre de saut apparaît en bas du moniteur, comme le montre la Figure 4.5. Elle affiche le mode Saut en vigueur. Pour voir cette barre en mode 1 image, appuyez sur la touche Haut du joypad.

Figure 4.5 : Le mode Saut est en service. Actionnez la molette principale pour parcourir les photos.

TRUC

Quand la barre de saut est affichée, vous pouvez régler l'intervalle des sauts sans devoir revenir au menu Lecture 2. Il suffit d'appuyer sur les touches Haut ou Bas du joypad pour parcourir les six options de saut. Actionnez ensuite la molette pour recommencer à effectuer les sauts.

4. **Pour quitter le mode Saut, appuyez sur la touche Droite ou Gauche.**

Vous êtes ainsi de retour dans le mode de lecture conventionnel, dans lequel l'appui sur la touche Droite ou Gauche vous fait aller d'une photo à la suivante. Vous pouvez revenir à tout moment au mode Saut, en actionnant tout simplement la molette principale.

Pivoter des photos

Quand vous prenez une photo, l'appareil détecte l'*orientation*, c'est-à-dire la manière dont vous le tenez : horizontalement pour cadrer en largeur ou verticalement pour cadrer en hauteur. Cette information est enregistrée dans le fichier d'image. Ainsi, lorsque la photo est affichée en mode Durée de revue ou Lecture, l'appareil photo la pivote automatiquement afin qu'elle apparaisse dans le bon sens sur le moniteur, comme le révèle la Figure 4.6. La photo est également pivotée lorsque vous l'ouvrez avec le logiciel livré avec votre appareil photo.

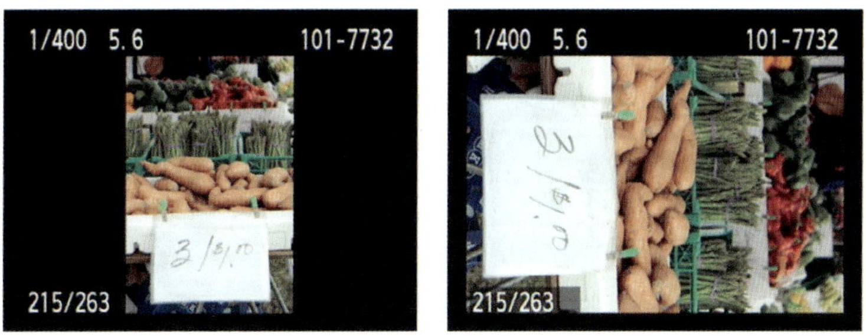

Figure 4.6 : Une photo prise en hauteur peut être affichée redressée (à gauche) ou de côté (à droite).

N'OUBLIEZ PAS

Dans le langage des artistes peintres, une image en largeur est dite « à l'italienne » et une image en hauteur est dite « à la française ». Dans le domaine du numérique, un cadrage en largeur est appelé « Paysage » et un cadrage en hauteur « Portrait ».

Par défaut, la détection de l'orientation est active. Si pour quelque raison vous décidiez de la désactiver, allez dans le menu Configuration 1 et, sous Rotation auto, choisissez Désactivée (voir Figure 4.7). Vous pouvez aussi spécifier si la rotation ne doit être appliquée que dans l'ordinateur en choisissant l'option Oui qui est uniquement accompagnée de l'icône en forme d'écran.

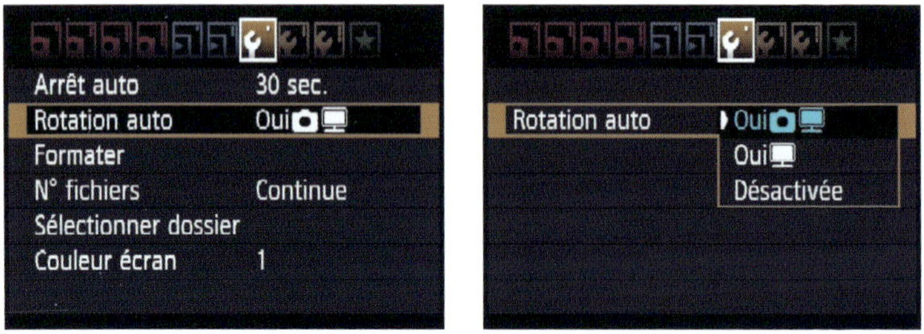

Figure 4.7 : Les options de rotation se trouvent dans le menu Configuration 1.

Lorsque la rotation automatique est désactivée, il est cependant possible de pivoter des images directement dans la carte mémoire en procédant comme suit :

1. **Affichez le menu Lecture puis sélectionnez Rotation, comme à la Figure 4.8.**

Figure 4.8 : Des images peuvent aussi être pivotées à partir du menu Lecture.

2. **Appuyez sur le bouton Set.**

   Une image apparaît sur le moniteur (à droite, Figure 4.8).

3. **Allez jusqu'à la photo à faire pivoter.**

Si vous ne visionnez qu'une seule photo à la fois, appuyez sur la touche Gauche ou Droite du joypad. En mode Index, utilisez les touches du joypad pour sélectionner la photo à pivoter.

4. **Appuyez sur Set pour pivoter la photo de 90 degrés dans le sens horaire.**

   À chaque appui sur le bouton Set, la photo pivote de 90 degrés.

5. **Répétez les Étapes 3 et 4 pour pivoter d'autres photos.**

6. **Appuyez sur le bouton Menu pour quitter le mode Rotation et revenir au menu Lecture 1.**

Il va de soi que seules les photos peuvent être pivotées, et non les vidéos. Reportez-vous à la section « Filmer des séquences vidéo », plus loin dans ce chapitre, pour en savoir plus le visionnage des séquences.

Agrandir pour mieux voir

Appuyer sur le bouton Sélection du collimateur d'autofocus, représenté dans la marge, permet d'examiner de près une partie de l'image. Cette fonction est particulièrement commode pour vérifier des petits détails, par exemple les yeux fermés d'une personne dans une photo de groupe, ou pour vérifier la qualité de la mise au point.

À l'instar de la rotation, le zoom dans l'image ne fonctionne que pour les photos et seulement quand une seule est affichée. Donc, si vous les regardez en mode Index, appuyez sur le bouton de sélection du collimateur d'autofocus autant de fois que nécessaire pour ne voir qu'une seule photo. Zoomez ensuite dedans à l'aide des techniques suivantes :

- **Agrandir.** Une image peut être agrandie jusqu'à 10 fois. Maintenez le bouton Sélection du collimateur d'autofocus enfoncé jusqu'à obtention de l'agrandissement désiré.

- **Voir une autre partie de la photo.** Chaque fois que l'image est agrandie, une petite vignette représentant la totalité de la photo apparaît brièvement en bas à droite du moniteur, comme le montre la Figure 4.9. Le petit rectangle blanc délimite la partie de l'image cadrée sur le moniteur. Vous voyez ici une version agrandie de la fenêtre accrochée à un arbre qui se trouve au milieu à gauche de la photo de la Figure 4.6.

Figure 4.9 : Après avoir affiché la photo en plein écran (à gauche), appuyez sur le sélecteur de collimateur d'autofocus pour zoomer en avant (à droite).

Utilisez le joypad pour déplacer le cadre de délimitation et afficher une autre partie de l'image.

- **Voir d'autres photos au même rapport d'agrandissement.** Voici une astuce bien utile : lorsqu'une photo est agrandie, actionner la molette principale affiche la prochaine photo pareillement agrandie. Par exemple, si vous avez pris plusieurs photos du groupe en question, vous pourrez facilement vérifier sur chacune si des gens ont les yeux fermés.

- **Réduire.** Appuyez sur le bouton Mémorisation d'exposition pour réduire l'agrandissement. Maintenez-le enfoncé jusqu'à ce que le rapport de réduction désiré soit atteint.

- **Revenir à l'affichage en plein écran.** Il est inutile de maintenir le bouton Mémorisation d'exposition continûment enfoncé pour revenir à l'affichage normal d'une photo. Appuyez plutôt sur le bouton Lecture, qui vous y ramène instantanément.

Afficher les données techniques

N'OUBLIEZ PAS

Quand vous visionnez les photos, appuyer sur le bouton Info modifie le type et la quantité de données techniques affichées avec la photo. Vous avez le choix entre les quatre ensembles de données que montre la Figure 4.10 :

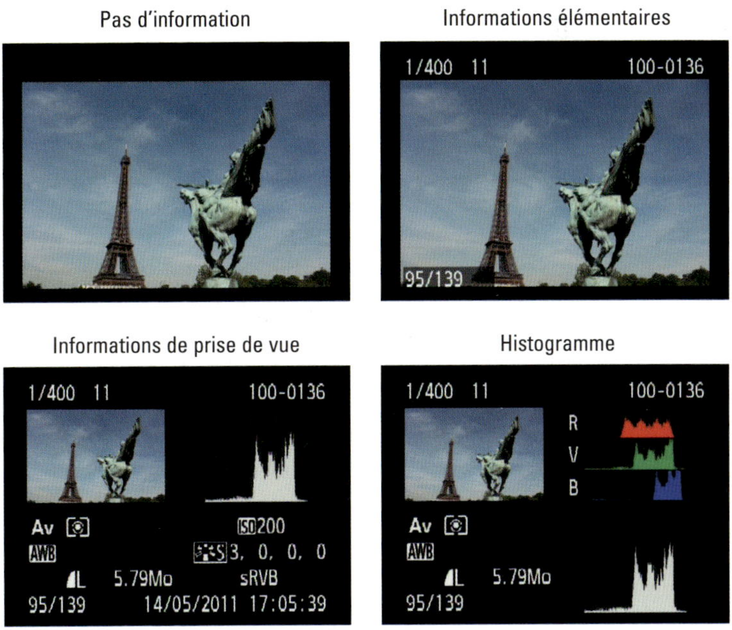

Figure 4.10 : Chaque appui sur le bouton Info affiche d'autres informations techniques de la photo (dans le sens des aiguilles d'une montre).

- **Pas d'information :** seule la photo est affichée.
- **Informations élémentaires :** l'écran affiche, en haut de la photo, la vitesse d'obturation, le diaphragme, la correction de l'exposition, le verrouillage ou non de l'image, son classement, le numéro de dossier et de fichier. En bas à gauche figure le numéro d'ordre de la photo et le nombre de vues dans la carte mémoire.
- **Informations de prise de vue :** en plus des informations élémentaires, l'écran indique une quantité d'informations identiques à celle de l'écran Contrôle rapide.
- **Histogramme :** ce mode affiche deux histogrammes. Ce sont de précieuses aides à l'exposition dont la signification est décrite un peu plus loin dans ce chapitre.

Sur l'écran de votre appareil photo, des données sont parfois en surimpression par-dessus l'image alors que dans ce livre, elles se trouvent dans un bandeau surmontant l'image. C'est à cause de la façon par laquelle les illustrations ont été réalisées. Ne vous en souciez pas. Les informations sont les bonnes, seul leur emplacement diffère quelque peu.

De même, si vous avez pris les photos en utilisant le mode Scène Intelligente auto, Flash annulé, Créatif auto, ou encore avec un mode de scène, vous verrez moins de données lorsque vous afficherez les informations de prise de vue et les histogrammes. L'ensemble des informations n'est affiché que dans les modes P, Tv, Av, M et A-DEP.

Les informations élémentaires

Le mode Informations élémentaires affiche les données techniques suivantes :

- **La vitesse d'obturation, le diaphragme et la correction de l'exposition :** ces données sont détaillées au prochain chapitre.

- **La protection de la photo :** une petite clé est affichée si vous avez utilisé la fonction de protection pour empêcher l'effacement de la photo.
- **Le classement :** l'icône indique le nombre d'étoiles que vous avez attribuées à la photo.
- **Le numéro de dossier et les quatre chiffres du nom de fichier :** ces données sont attribuées automatiquement par l'appareil photo.
- **Le numéro de la vue et le nombre total de vues :** affichés en bas à gauche (voir Figure 4.11), ces chiffres tiennent lieu de compteurs de vues.

Figure 4.11 : L'affichage des informations élémentaires de la photo.

Les informations de prise de vue

Lorsque l'écran Informations de prise de vue est affiché, une miniature de la photo est présentée, accompagnée d'une kyrielle de données techniques. Vous apercevez notamment, en haut à droite, un histogramme de luminosité. Son décryptage est expliqué à la prochaine section.

La quantité de données affichées dépend du mode d'exposition en cours, comme l'illustre la Figure 4.12. L'illustration de gauche montre les informations fournies par les modes d'exposition avancés, lorsque tous ces paramètres sont réglables. Les autres modes d'exposition sont plus avares en renseignements. Par exemple, l'illustration à droite montre les informations affichées par le mode de scène Gros-plan. Vous voyez également les réglages Prise de vue selon l'éclairage ou la scène et Prise de vue selon l'atmosphère actuellement en cours d'utilisation.

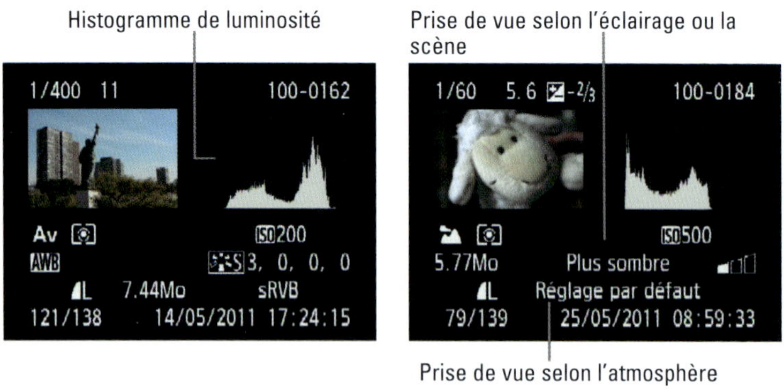

Figure 4.12 : La quantité d'informations affichées dépend du mode d'exposition en cours.

Examinons à présent les informations de l'illustration de gauche, à la Figure 4.12, égrenées sur cinq lignes :

- **Ligne 1 :** ce sont les mêmes renseignements que ceux fournis par l'affichage des informations élémentaires détaillées précédemment.
- **Ligne 2 :** vous trouvez à cette ligne les informations légendées dans la Figure 4.13.

C'est quoi ce clignotement ?

Quand vous visionnez des photos en mode Informations de prise de vue ou Histogramme, vous remarquerez peut-être des zones qui clignotent en noir et blanc. Ces pixels clignotants indiquent qu'ils sont complètement blancs (NdT : c'est que l'on appelle un « écrêtage des hautes lumières »). Selon le nombre et la surface des zones clignotantes, vous devrez modifier l'exposition et refaire la photo. Par exemple, si une partie d'un visage clignote, vous devrez sous-exposer légèrement. En revanche, si du ciel blanc sans nuage clignote, c'est quasiment normal. Il est inutile, dans ce cas, de tenter de récupérer ce qui n'a pas lieu de l'être.

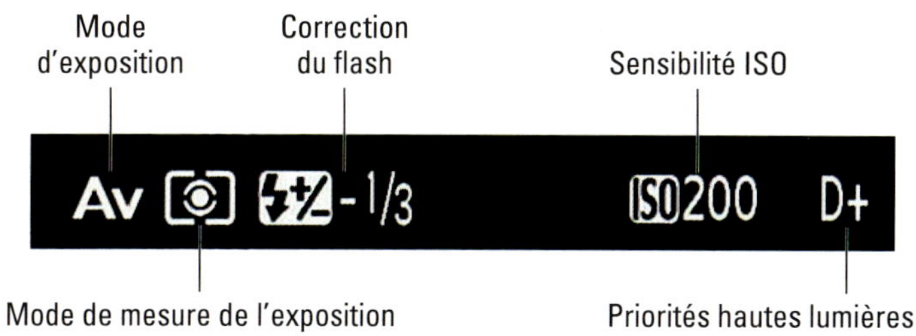

Figure 4.13 : Cette rangée contient d'autres informations à propos de l'exposition.

Les Figures 4.13, 4.14 et 4.15 montrent toutes les informations susceptibles d'être affichées. Si l'une ou l'autre n'apparaît pas sur votre appareil photo, c'est tout simplement parce que cette fonctionnalité n'était pas active au moment de la prise de vue.

- **Ligne 3 :** les informations indiquées dans la Figure 4.14 se rapportent aux réglages colorimétriques.
- **Ligne 4 :** cette ligne visible à la Figure 4.15 indique la qualité d'image sélectionnée, la taille du fichier d'image en méga-octets et l'espace de couleur.

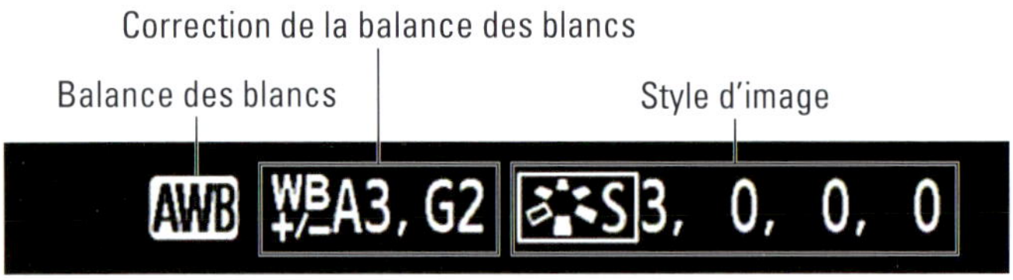

Figure 4.14 : Vous trouvez ici les informations concernant la couleur.

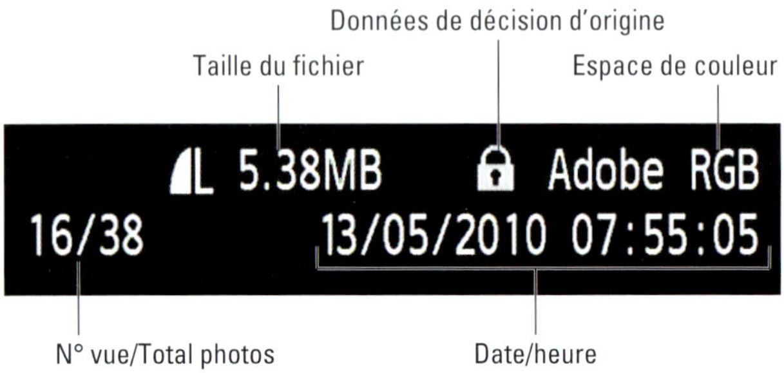

Figure 4.15 : Ces deux lignes se trouvent en bas de l'écran.

- **Ligne 5 :** la dernière ligne contient les informations également légendées à la Figure 4.15. Si vous utilisez une carte-mémoire Eye-Fi, vous verrez également une petite icône indiquant l'état de la connexion Wi-Fi.

Comprendre les histogrammes

Lorsque vous passez du mode d'affichage Informations de prise de vue au mode d'affichage Histogramme, vous accédez aux données que montre la Figure 4.16. Une vignette de la photo est affichée, mais cette fois les nombreuses données de prise de vue sont partiellement remplacées par d'autres histogrammes.

Les deux prochaines sections exposent les informations que vous pouvez glaner des différents histogrammes. Reportez-vous à la section précédente pour des explications concernant les divers symboles.

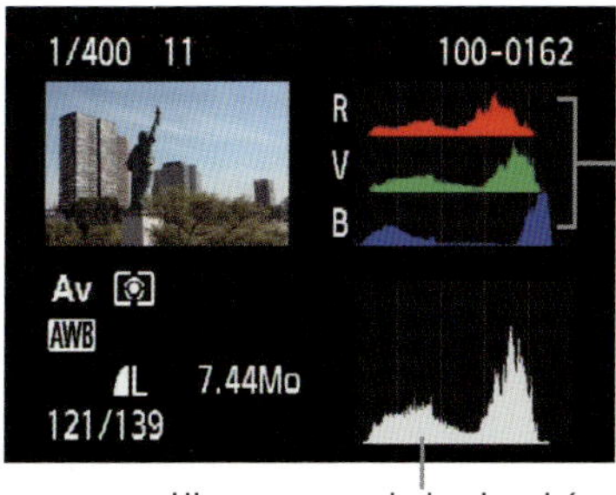

Figure 4.16 : En mode d'affichage Histogramme, une partie des données de prise de vue est remplacée par des histogrammes.

Interpréter un histogramme de luminosité

N'OUBLIEZ PAS

L'un des défauts les plus difficiles à corriger avec un logiciel de retouche est celui des hautes lumières écrêtées, c'est-à-dire grillées : les parties blanches sont surexposées à tel point que plus aucun détail n'y subsiste. Par exemple, dans un ciel nuageux, des nébulosités qui devraient être délicatement modelées par des nuances de gris sont entièrement blanches, sans détail.

En mode d'affichage Informations de prise de vue, les parties de l'image crevées – autrement dit, écrêtées – clignotent dans la vignette. Cette alerte est une fonctionnalité précieuse, car l'image sur l'écran n'est pas assez fiable pour juger l'exposition de la photo, la lumière ambiante affectant considérablement sa perception.

Pour analyser efficacement l'exposition de la photo, examinez l'histogramme de luminosité. Composé d'un seul graphique, il indique la répartition des tons foncés, moyens et clairs dans la photo, comme le montre la Figure 4.17. Les photographes utilisent les termes *gamme tonale* ou *plage tonale* pour décrire cet aspect d'une photo. En mode Informations de prise de vue, l'histogramme de luminosité est affiché à droite de la vignette de la photo ; en mode Histogramme, il apparaît dans le coin en bas à droite.

Figure 4.17 : L'histogramme d'une photo. Les tons foncés sont à gauche dans l'histogramme, les tons clairs à droite.

L'abscisse du graphique – axe horizontal – contient l'ensemble des 256 valeurs de luminosité, de la plus foncée (noir, à gauche, de valeur 0) jusqu'à la plus claire à droite (blanc, valeur 255). L'ordonnée (axe vertical) indique la quantité de pixels pour chacune des valeurs de luminosité. Un pic révèle une forte concentration de pixels. Par exemple, à la Figure 4.17, qui montre l'histogramme d'une fleur de nénuphar, les deux pics à gauche indiquent une forte présence de tons sombres (notamment à l'arrière-plan) et le monticule à droite correspond aux tons clairs des pétales. Remarquez l'absence de blanc (aucune colonne près du bord droit) qui confirme qu'il existe de la « matière » partout dans la photo, sans aucune zone grillée.

N'OUBLIEZ PAS

Il n'existe pas d'histogramme « parfait ». Il doit être interprété selon l'importance des tons foncés, moyens et clairs présents dans l'image. Vous devez cependant être plus circonspect lorsqu'une masse de pixels se concentre à l'extrémité gauche ou droite de l'histogramme, ce qui peut indiquer respectivement un sérieux problème de sous-exposition ou de surexposition.

Lire l'histogramme RVB

En mode d'affichage Histogramme, deux histogrammes sont visibles : l'histogramme de luminosité, que nous venons d'étudier, et l'histogramme RVB, visible Figure 4.18.

Pour que cet histogramme soit compréhensible, vous devez d'abord savoir qu'une image numérique en couleurs est formée par la synthèse des trois couleurs

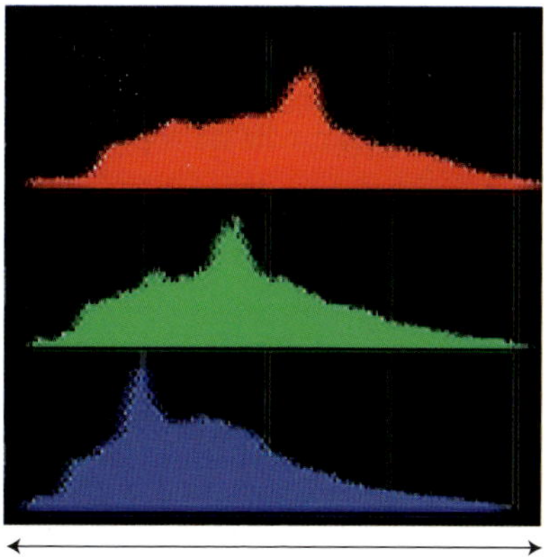

Figure 4.18 : L'histogramme RVB peut révéler des problèmes de saturation de couleur.

primaires du numérique : rouge, vert et bleu, d'où les initiales RVB. Un histogramme RVB montre les valeurs de luminosité de chacune de ces couleurs primaires, alors que l'histogramme Luminosité présente la luminosité globale de ces trois composantes chromatiques (appelées couches ou canaux) additionnées en un seul graphique.

Étudier la luminosité d'une de ces couches permet d'évaluer la saturation des couleurs de l'image. Nous manquons de place ici pour nous étendre sur le mode colorimétrique RVB, mais sachez que quand vous mélangez du rouge, du vert et du bleu clair, chaque couleur étant au maximum de sa luminosité, vous obtenez du blanc. Mélangez les mêmes couleurs dénuées de toute luminosité et la résultante sera du noir. Si vous avez un maximum de rouge sans composante bleue ni verte, vous obtiendrez du rouge saturé. Si vous mélangez deux couches de couleurs avec une luminosité maximale, vous créerez également une couleur saturée. Par exemple, un maximum de rouge et de bleu additionnés produit une saturation magenta. Et dès lors qu'une couleur est saturée, vous risques de perdre des détails dans l'image obtenue. Par exemple, un pétale de rose censé contenir une gamme de teintes allant du rouge clair au rouge foncé se présentera sous la forme d'une simple tache rouge foncé.

Si la plupart des pixels d'une couche sont agglutinés à l'extrémité droite de l'histogramme, les couleurs risquent d'être sursaturées, d'où une destruction des détails. Si les trois couches de couleurs présentent une accumulation de pixels à l'extrémité droite de l'histogramme, c'est le signe d'une surexposition (car, pour rappel, une addition de rouge, de vert et de bleu au maximum de leur luminosité produit du blanc). Il est donc conseillé de revoir vos réglages d'exposition et de recommencer la prise de vue.

Savoir lire un histogramme RVB permet de déceler des problèmes de balance de couleur rien qu'à partir des valeurs de pixel. Mais à vrai dire ces problèmes sont visibles directement sur l'image elle-même.

Si vous aimez les histogrammes RVB, vous serez peut-être intéressé par une autre possibilité : le remplacement de l'histogramme de luminosité du mode d'affichage Informations de prise de vue par un histogramme RVB. Dans le menu Lecture 2, sélectionnez l'option Histogramme et appuyez sur le bouton Set. Sélectionnez ensuite RVB au lieu de Luminosité et appuyez de nouveau sur Set.

Supprimer des photos

Les photos ratées que vous repérez en visionnant vos prises de vues peuvent être effacées de la carte mémoire de deux manières, expliquées dans les prochaines sections.

Effacer une seule photo

Pour ne supprimer qu'une seule photo, affichez-la ou, si plusieurs vignettes sont affichées, sélectionnez-la parmi elles. Appuyez ensuite sur le bouton d'effacement. Les options Annuler et Effacer apparaissent en bas de l'écran, comme le montre la Figure 4.19. Appuyez sur le bouton Droit du joypad puis sur Set pour envoyez la photo à tout jamais dans le néant numérique.

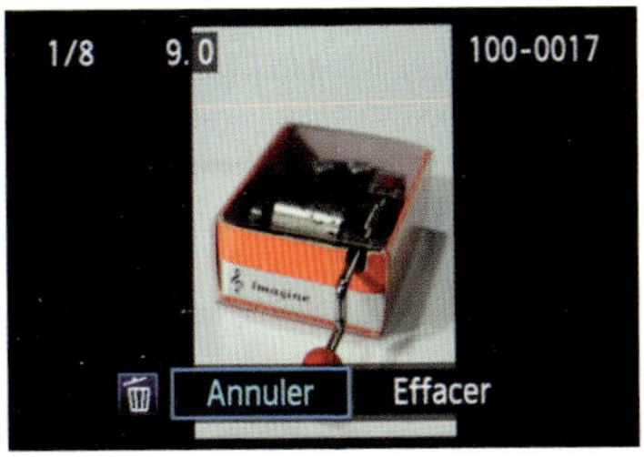

Figure 4.19 : Pour supprimer la photo affichée, sélectionnez Effacer et appuyez sur Set.

Effacer toutes les images

Voici comment effacer toutes les photos de la carte mémoire, sauf celles que vous avez protégées comme expliqué plus loin Dans ce chapitre :

1. **Affichez le menu Lecture 1 et sélectionnez Effacer images, comme à gauche dans la Figure 4.20.**

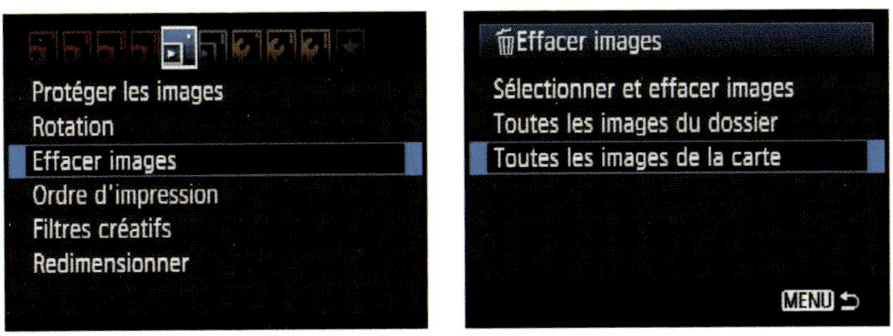

Figure 4.20 : Utilisez l'option Effacer, dans le menu Lecture, pour supprimer rapidement de multiples photos.

2. **Appuyez sur le bouton Set pour afficher l'écran de droite, dans la Figure 4.20.**
3. **Sélectionnez l'option Toutes les images de la carte. Appuyez sur Set.**

   Un message demande de confirmer l'effacement de toutes les images.
4. **Sélectionnez OK et appuyez sur Set pour démarrer l'effacement.**

Notez toutefois que les photos protégées – comme décrit plus loin – ne sont pas concernées et restent dans la carte.

5. **Appuyez sur le bouton Menu pour revenir au menu Lecture 1.**

   Ou enfoncez le déclencheur à mi-course pour revenir à la prise de vue.

TRUC

Si votre carte mémoire contient de multiples dossiers, vous pouvez ne vider que l'un d'entre eux. Procédez comme pour la suppression de toutes les photos, ainsi que nous venons de le décrire, mais à l'étape 3, choisissez l'option Toutes les images du dossier. Appuyez ensuite sur Set pour afficher la liste des dossiers, sélectionnez celui que vous désirez vider et appuyez de nouveau sur Set pour afficher le message de confirmation. Sélectionnez OK, appuyez sur Set et c'est fait.

Effacer des images sélectionnées

Pour effacer un grand nombre de photos de la carte mémoire, mais pas toutes, vous gagnerez du temps en adoptant cette procédure :

1. **Dans le menu Lecture 1, sélectionnez Effacer images et appuyez sur Set.**

   L'écran d'effacement d'images de la Figure 4.21 apparaît.

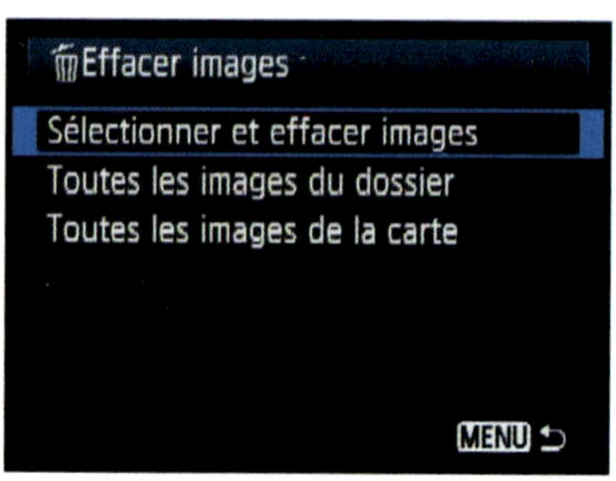

Figure 4.21 : Plusieurs photos sélectionnées peuvent être supprimées en une seule fois.

2. **Choisissez Sélectionner et effacer images, et appuyez sur le bouton Set.**

   L'image courante est affichée sur le moniteur. Une coche apparaît en haut de l'écran, comme à gauche sur la Figure 4.22.

Figure 4.22 : Utilisez les touches Haut ou Bas du joypad pour cocher les photos à supprimer.

3. **Appuyez sur la touche Haut ou Bas du joypad pour cocher la case et marquer ainsi la photo pour l'effacement.**

   Si vous avez changé d'avis, appuyez de nouveau sur la touche pour décocher la case. La photo ne sera ainsi pas prise en compte lors de l'effacement par lot.

4. **Appuyez sur la touche Droite ou Gauche du joypad pour passer à la photo suivante.**

5. **Répétez les Étapes 3 et 4 jusqu'à ce que vous ayez marqué toutes les photos à supprimer.**

   Si vous n'avez pas besoin d'examiner chaque photo de près, vous pouvez afficher jusqu'à trois vignettes à la fois comme à droite Figure 4.22. Pour cela, appuyez sur le bouton Mémorisation d'exposition (zoom arrière). Utilisez ensuite les touches Haut ou Bas pour marquer les photos à supprimer et les touches Droite et Gauche pour passer à une autre photo.

Pour réafficher les photos en plein écran, appuyez sur le bouton Sélection du collimateur d'autofocus (zoom avant). Et si vous avez besoin d'examiner les photos d'encore plus près, continuez à appuyer sur le bouton afin d'agrandir l'image. Recourez aux techniques présentées auparavant dans ce chapitre, dans la section « Agrandir pour mieux voir », pour régler le rapport d'agrandissement et parcourir l'image.

6. **Appuyez sur le bouton Effacement, au dos de l'appareil photo.**

   Un écran de confirmation demande si vous tenez véritablement à effacer les photos.

7. **Sélectionnez OK et appuyez sur Set.**

   Les photos sélectionnées sont supprimées, puis le menu Effacer images réapparaît.

8. **Appuyez sur Menu pour retourner au menu Lecture 1.**

   Ou, pour continuer à photographier, enfoncez le déclencheur à mi-course.

Protéger les photos

Les photos peuvent être protégées d'un effacement accidentel en les marquant de manière à empêcher la suppression de leur fichier. Elles ne pourront pas être effacées de la carte, que ce soit avec le bouton Effacer ou les commandes d'effacement du menu Lecture 1.

ATTENTION

Le formatage de la carte mémoire efface toutes les données sans distinction (photos, dossiers…) y compris – ce point est important – toutes les photos protégées.

La fonction de protection des photos est particulièrement commode lorsque l'appareil est utilisé par plusieurs personnes. Vous protégerez vos images les plus précieuses, qu'un autre utilisateur ne doit pas effacer lorsqu'il veut libérer de la place dans la carte mémoire.

Cette précaution n'est cependant pas d'une totale sécurité, car il est facile de déprotéger les photos ou, pire, de formater la carte.

Ce qui est sans doute plus important encore pour protéger une image est de la mettre en « lecture seule » après l'avoir transférée dans l'ordinateur. Les fichiers ayant reçu cet attribut ne peuvent pas être modifiés. Mais quiconque possédant quelques notions d'informatique saura le changer et mettre le fichier en « lecture-écriture » ; la protection Lecture seule sera toutefois suffisante pour empêcher un utilisateur occasionnel de bidouiller vos photos dans l'ordinateur.

Vous devez bien sûr savoir comment changer l'attribut « Lecture seule » pour pouvoir retoucher et enregistrer la photo (NdT : une solution consiste à retoucher le fichier en lecture seule et à enregistrer la version modifiée sous un autre nom). Une astuce : dans ZoomBrowser EX, le logiciel sous Windows livré avec l'appareil photo, la commande Fichier > Protéger permet d'activer et de désactiver l'attribut Lecture seule. Dans ImageBrowser, la version pour Mac, choisissez Fichier > Lire les informations, puis décochez la case Verrouiller.

Protéger une seule photo

Pour ne protéger qu'une ou deux photos, l'option la plus commode passe par le Contrôle rapide. Affichez la photo en plein écran ou, si plusieurs vignettes sont affichées, sélectionnez-la parmi elles. Appuyez ensuite sur le bouton Contrôle rapide (Q) puis sélectionnez le symbole en forme de clé. Choisissez l'option Activer ; le symbole d'une clé apparaît en haut de la photo, comme le montre la Figure 4.23, indiquant que la protection contre l'effacement est effective. Appuyez de nouveau sur le bouton Contrôle rapide (Q) pour quitter ce mode.

Déprotéger une photo s'effectue de la même manière, mais en choisissant Désactiver.

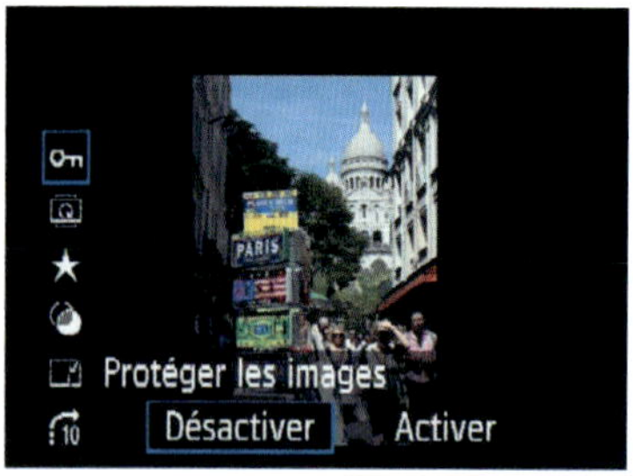

Figure 4.23 : L'écran Contrôle rapide est commode pour protéger quelques photos.

Protéger de multiples photos

Si vous voulez protéger un grand nombre de photos, l'option qui se trouve dans le menu Lecture 1 est beaucoup plus rapide que la protection (ou la déprotection) à l'unité. Voici comment procéder :

1. **Affichez le menu Lecture 1 et choisissez Protéger les images, comme à gauche, dans la Figure 4.24.**

Figure 4.24 : Protégez les photos auxquelles vous tenez pour éviter leur effacement accidentel.

2. **Appuyez sur Set pour accéder aux options visibles dans l'illustration de droite, à la Figure 4.24. Voici à quoi elles servent :**

   - *Sélectionner les images :* cette option permet de sélectionner les photos à protéger.

- *Toutes les images du dossier :* toutes les photos sont protégées, sauf si plusieurs dossiers ont été créés dans la carte mémoire. Dans ce cas, vous pouvez sélectionner le dossier à protéger.
- *Déprotéger toutes les images du dossier :* cette option déprotège toutes les photos du dossier sélectionné.
- *Toutes les images de la carte :* protège la totalité des photos présentes sur la carte mémoire.
- *Déprotéger toutes les images de la carte :* déprotège toutes les photos présentes sur la carte mémoire.

3. **Choisissez une option et appuyez sur Set.**

   Ce qui se passe ensuite dépend de l'option sélectionné :

   - *Sélectionner les images :* une photo apparaît accompagnée de l'icône en forme de clé et du mot Set, en bas à gauche, comme le montre la Figure 4.25. Utilisez les touches Gauche et Droite du joypad pour passer d'une photo à une autre. Appuyez sur Set pour « verrouiller » une photo. Une petite clé apparaît en haut de la photo, comme sur l'illustration de droite, à la Figure 4.26. Appuyez sur le bouton Menu pour quitter cet écran.
   - *Toutes les images du dossier* ou *Déprotéger toutes les images du dossier :* sélectionnez un dossier, appuyez sur Set puis sur Menu pour revenir aux options de menu Lecture 1.
   - *Toutes les images de la carte* ou *Déprotéger toutes les images de la carte :* rien de plus à faire si vous avez choisi cette option à l'étape 2. Appuyez simplement sur Menu pour revenir à l'écran Lecture 1.

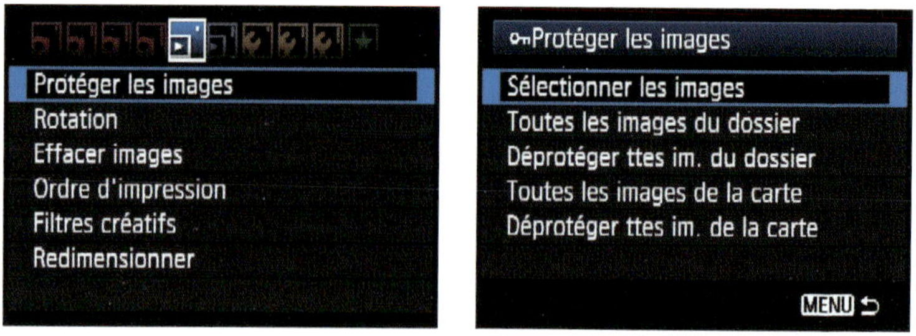

Figure 4.25 : Pour protéger plusieurs photos, utilisez plutôt le menu.

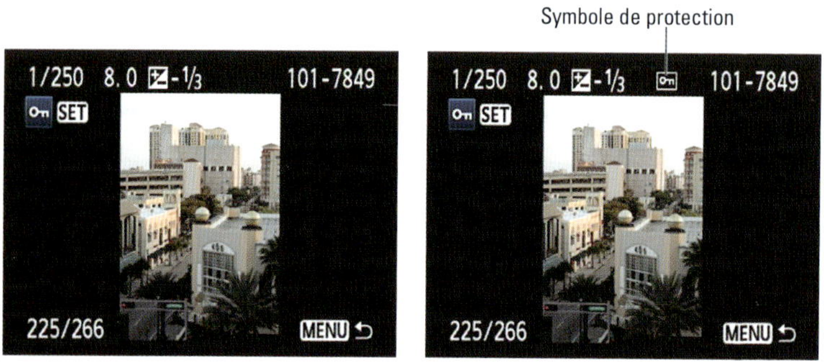

Figure 4.26 : À gauche, une photo non protégée. À droite, la clé en haut au milieu indique que la photo est protégée.

TRUC

Pour déprotéger une seule photo à partir du menu Lecture 1, procédez comme indiqué précédemment mais, à l'étape 2, choisissez Sélectionner les images. Parcourez les photos et, dès que la photo à déprotéger apparaît, appuyez sur Set. La petite clé en haut de l'image disparaît, indiquant que la photo n'est plus protégée.

TRUC

NdT : un autre moyen de protéger la totalité des photos d'une carte mémoire, après le retrait de celle-ci de l'appareil photo, consiste à pousser vers le bas le petit loquet qui se trouve sur le flanc gauche de la carte. Ceci fait, plus aucune photo ne peut être supprimée ou ajoutée.

Utiliser l'écran comme viseur

Comme beaucoup de reflex récents, le Canon 600D est équipé d'une fonction de visée par l'écran qui se substitue à la visée reflex classique. La visée par l'écran est la première fonction que vous activez pour filmer de la vidéo.

À bien des égards, la visée par l'écran n'est guère différente du viseur. En revanche, d'autres aspects, comme la mise au point, diffèrent sensiblement.

La visée par l'écran

La visée par l'écran présente d'indéniables avantages. Encore faut-il connaître les bases de ce procédé, qui ne sont pas très compliquées. Voici quelques recommandations :

- **L'activation de la visée par l'écran pour la photographie :** pour prendre des photos cadrant l'image à l'aide de l'écran arrière, vous devez activer la fonction Visée par l'écran. L'emplacement de l'option en question dépend du mode d'exposition :
  - *Scène Intelligente auto, Flash annulé, Créatif auto et tous les modes de scène :* affichez le menu Prise de vue 2, comme dans l'illustration de gauche à la Figure 4.27.
  - *P, Tv, Av, M et A-DEP :* l'option se trouve dans le menu Prise de vue 4, comme dans l'illustration de droite.
  - Notez aussi que le menu des modes avancés contient des options absentes des autres modes. À l'instar des informations dans le viseur reflex, seul les modes avancés proposent l'intégralité des réglages.

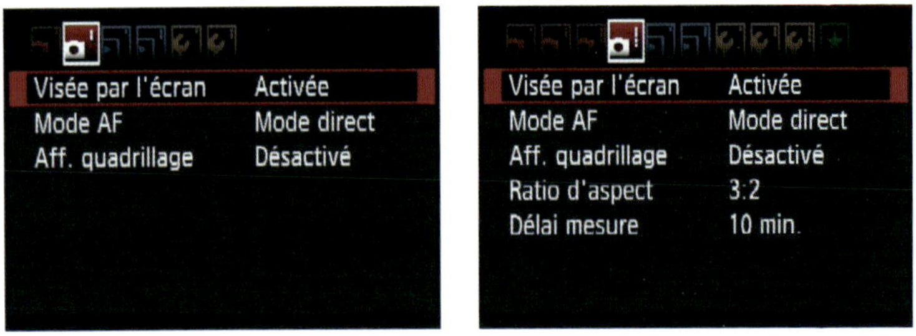

Figure 4.27 : Selon le mode d'exposition en vigueur, l'activation de la visée par l'écran s'effectue, soit dans le menu Lecture 2 (à gauche), soit dans le menu Lecture 4 (à droite).

- **Enclencher la visée par l'écran :** cette fois, l'action à effectuer dépend de votre intention de prendre des photos ou de filmer de la vidéo :
  - *Photographie :* réglez le barillet sur l'un des modes de photographie et appuyez ensuite sur le bouton Visée par l'écran, dans l'illustration de gauche de la Figure 4.28.
  - *Vidéo :* réglez simplement le barillet sur le mode Vidéo, comme à droite dans la Figure 4.28.

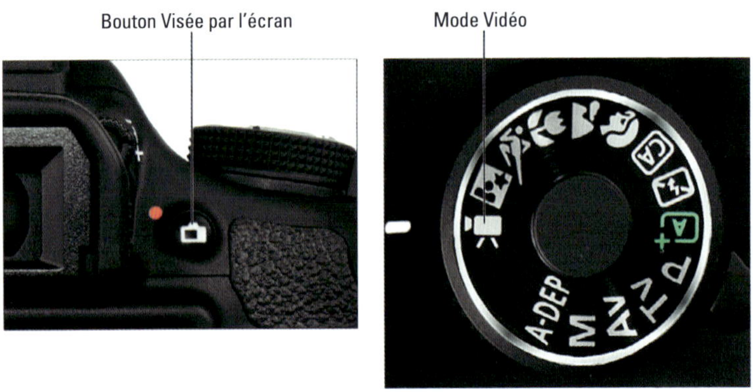

Figure 4.28 : Pour la photographie, appuyez sur le bouton Visée par l'écran. Pour la vidéo, contentez-vous de mettre le barillet sur le mode Vidéo.

Dès que vous enclenchez la visée par l'écran, vous entendez un claquement sec parce que le miroir qui renvoie habituellement l'image vers le verre dépoli du viseur se verrouille en position haute. L'image se forme dès lors sur le capteur et apparaît sur l'écran. Vous ne voyez plus rien dans le viseur. À la place des réglages de prise de vue, vous apercevez ce que voit l'objectif (Figure 4.29). NdT : dans le viseur, la mention « Live » témoigne que la visée par l'écran est en cours ; il s'agit de l'abréviation de *Live View,* une autre appellation de la visée par l'écran qui est entrée dans le jargon technique franglais.

Figure 4.29 : En mode Visée par l'écran, les réglages de prise de vue et quelques autres informations apparaissent en surimpression.

- **Prendre des photos :** la plupart des phases de prise de vue – cadrage, mise au point et déclenchement – sont les mêmes que pour la visée reflex, bien que quelques options avancées soient inactives. En revanche, les techniques de mise au point sont sensiblement différentes, comme nous le constaterons d'ici peu.

  Les réglages de prise de vue peuvent être actionnés au travers des menus ou, dans certains cas, en utilisant l'écran Contrôle rapide, comme normalement.

- **L'enregistrement vidéo :** après avoir sélectionné le mode Vidéo avec le barillet, appuyez sur le bouton Visée par l'écran pour commencer ou arrêter l'enregistrement. Les options de mise au point sont les mêmes que celle pour la photographie en mode Visée par l'écran. Vous découvrirez cependant quantité de réglages propres à la vidéo, notamment la qualité des images, du son, *etc.*

- **Visionner des photos et des vidéos en mode Visée par l'écran :** appuyez simplement sur le bouton Lecture pour regarder vos images et vos films. Pour revenir à la prise de vue, appuyez de nouveau sur Lecture ou enfoncez brièvement le déclencheur à mi-course.
- **Quitter le mode Visée par l'écran :** appuyez sur le bouton Visée par l'écran ou sélectionnez n'importe quel autre mode d'exposition.

Quelques recommandations pour la visée par l'écran

ATTENTION

Qu'il s'agisse de photographier ou de filmer, vous devez tenir compte de ces conseils et mises en garde :

- **Obturez l'oculaire pour empêcher la lumière parasite de s'infiltrer dans la chambre noire et fausser l'exposition :** l'appareil photo est livré avec un petit volet d'oculaire destiné à cette fin. Pour le mettre en place, ôtez d'abord l'œilleton en caoutchouc du viseur en le faisant glisser vers le haut, puis remplacez-le par le volet, ainsi que le montre la Figure 4.30. Le logo Canon doit se trouver vers le viseur (NdT : comme le miroir est relevé, le risque d'intrusion de lumière parasite est négligeable ; en réalité, cet œilleton doit être utilisé lorsque l'appareil photo est fixé sur un trépied et déclenché sans que l'œil soit au viseur. C'est dans cette situation, lorsque le miroir est abaissé, que le risque d'intrusion de lumière parasite faussant la mesure de l'exposition est le plus grand)

Figure 4.30 : Le volet d'oculaire empêche l'intrusion de lumière parasite par le viseur.

Autrement plus critique est le risque d'augmentation de la température qui pourrait endommager l'appareil photo. Le symbole en marche apparaît sur l'écran pour vous informer que la température est trop élevée. Initialement, le symbole est blanc. Puis il devient rouge et clignote, vous prévenant que l'appareil photo va s'arrêter spontanément d'ici peu. Sous un climat torride, le mode Visée par l'écran peut n'être utilisable que peu de temps avant l'arrêt automatique.

- **Viser vers le soleil ou autre source lumineuse intense peut endommager l'appareil photo :** ce risque existe certes même en utilisant le viseur, mais il est accru en mode Visée par l'écran. Vous risquez non seulement de griller le capteur, mais aussi l'écran.
- **La visée par l'écran est vorace en énergie :** gardez un œil sur la jauge de la batterie et veillez à en posséder une de secours, chargée à bloc.
- **Le risque de bougé, lors d'une prise de vue à main levée, est accru :** quand vous utilisez le viseur reflex, il est facile de caler l'appareil photo contre le visage.

Mais en mode Visée par l'écran, il faut le tenir à distance des yeux, ce qui compromet la stabilité. Le stabilisateur d'image améliore quelque peu la stabilité, mais la meilleure solution reste le trépied. L'écran orientable se révèle à cet égard extrêmement commode.

Personnaliser la visée par l'écran

Le mode Visée par l'écran permet d'afficher les informations de prise de vue de diverses manières. Voici les possibilités qui vous sont offertes :

Figure 4.31 : Appuyez sur le bouton Info pour passer de l'un des écrans à un autre.

- **Appuyer sur le bouton Info pour afficher d'autre réglages sur l'écran** : vous avez le choix entre quatre styles élémentaires que vous affichez successivement à chaque appui sur Info. La

Figure 4.31 montre les écrans qui apparaissent quand vous prenez des photos. En mode Vidéo, la nature des informations est différente car elles correspondent à des paramètres de tournage et non de photographie. L'affichage en haut à droite n'est pas disponible. Nous reviendrons ultérieurement sur les informations que vous glanez à partir de chacun de ces écrans.

- **Afficher un quadrillage :** si vous utilisez la visée par l'écran pour le genre le prise de vue pour lequel il a été conçu, comme la photographie d'objets ou d'architecture, le placement exact du sujet dans le champ et le contrôle des perspectives revêtent souvent une grande importance. Pour vous aider à parfaire la composition, l'écran peut afficher la grille que montre la Figure 4.32.

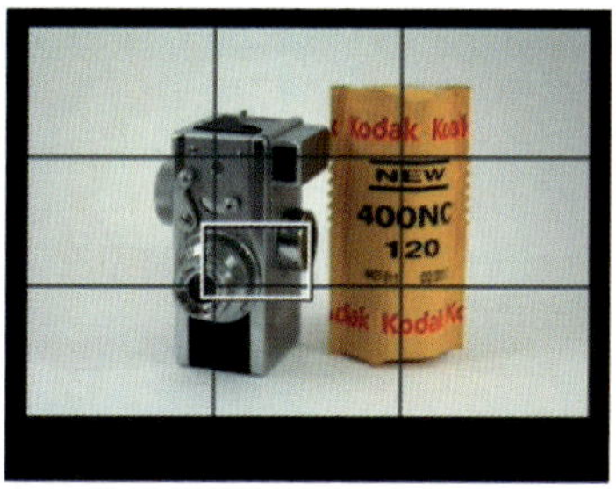

Figure 4.32 : Affichez un quadrillage pour qu'une composition soit bien d'équerre.

N'OUBLIEZ PAS

L'emplacement de la commande d'activation du quadrillage dépend du mode d'exposition :

- *Modes P, Tv, Av, M et A-DEP :* menu Prise de vue 4 (écran de gauche dans la Figure 4.33).
- *Autres modes photo :* menu Prise de vue 2 (écran de droite dans la Figure 4.33).
- *Mode Vidéo :* menu Vidéo 2 (il est visible plus loin dans ce chapitre, à la Figure 4.41).

Dans tous les cas, vous avez le choix entre deux types de quadrillage : Grille 1, qui affiche un quadrillage assez large et Grille 2, dont le quadrillage est plus serré.

NdT : la Grille 1 affiche un quadrillage correspondant à la règle des tiers. Selon cette règle très ancienne, une composition est équilibrée lorsque l'horizon se trouve sur l'une des lignes et lorsque le sujet se trouve à une intersection de lignes. De plus, le sujet acquiert plus de force lorsqu'il se trouve sur un point d'intersection.

- **Délai mesure :** par défaut, les informations concernant l'exposition, comme la vitesse d'obturation et le diaphragme, disparaissent au bout de 16 secondes si aucune commande n'est actionnée. Ce délai peut être modifié, mais seulement dans les modes d'exposition suivants :
  - *Modes P, Tv, Av, M et A-DEP :* option Délai mesure dans le menu Prise de vue 4.
  - *Mode vidéo :* dans le menu Vidéo 2.

  La durée d'affichage est réglable de 4 secondes à 30 minutes. N'oubliez cependant pas que le système de mesure consomme de l'énergie. C'est pourquoi, plus il est bref, plus la batterie dure.

- **Visionner l'affichage sur l'écran d'un téléviseur :** l'image de la visée par l'écran peut être envoyée vers l'écran d'un téléviseur grâce au câble A/V fourni avec l'appareil photo, ou au travers d'un câble HDMI qui doit être acheté séparément. Cette option est particulièrement commode pour les portraits, dont les détails du visage deviennent plus visibles.

  De plus, l'appareil photo peut être connecté à un ordinateur à l'aide du câble USB (fourni). Démarrez ensuite l'application EOS Utility pour télécommander l'appareil photo. La visée par l'écran est même affichée sur l'écran de l'ordinateur. Reportez-vous au manuel du logiciel pour les détails.

Les options de mise au point

Comme pour la visée reflex, vous avez le choix, pour la vidée par l'écran, entre la mise au point manuelle ou automatique, à condition bien sûr que l'objectif soit de type autofocus. La mise au point lors de la visée par l'écran s'effectue différemment qu'à travers le viseur.

La mise au point manuelle

C'est l'option la plus facile et, en règle générale, la plus rapide. Sur l'objectif, mettez le commutateur de mise au point en position MF (*Manual Focusing*), puis actionnez la bague de mise au point jusqu'à ce que le sujet soit net.

Des photographes hésitent à effectuer manuellement la mise au point lors de la visée par l'écran, car l'image affichée n'est pas aussi précise que celle vue dans le viseur. Mais grâce à la loupe du mode Visée par l'écran, la mise au point manuelle ne pose pas de problème. Voici comment l'utiliser :

1. **Enclenchez la mise au point manuelle sur l'objectif puis activez la visée par l'écran.**

   Un rectangle apparaît au milieu de l'écran. C'est le *cadre d'agrandissement.*

2. **Actionnez la bague de mise au point pour obtenir une focalisation approximative**

3. **À l'aide du joypad, déplacez le cadre d'agrandissement jusque sur le sujet.**

   Par exemple, à la Figure 4.33, le cadre a été déplacé jusque sur la garniture, dans l'assiette de soupe. N'oubliez pas que les autres informations affichées dépendent du style d'affichage de la visée par l'écran. Le cadre d'agrandissement apparaît toujours.

4. **Appuyez sur le bouton du sélecteur de collimateur d'autofocus pour agrandir l'affichage.**

   Remarquez la loupe avec le signe « plus » (+), en bas du pictogramme de ce bouton. C'est le symbole universel pour le zoom en avant (en mode Lecture, vous pouvez appuyer sur ce même bouton pour agrandir l'affichage).

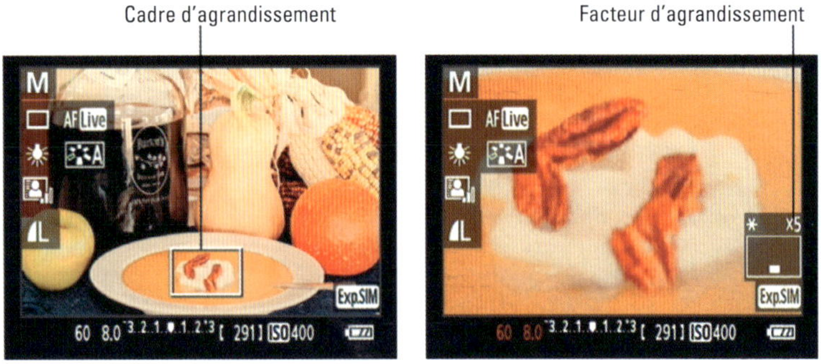

Figure 4.33 : Déplacez le cadre d'agrandissement jusque sur le sujet (à gauche). Appuyez ensuite sur le bouton du sélecteur de collimateur d'autofocus pour agrandir le cadre de 5 fois.

Le premier appui sur le bouton grossit l'image de cinq fois, comme à droite dans la Figure 4.33. Appuyez une seconde fois pour obtenir un grossissement de dix fois. Le facteur d'agrandissement est affiché à droite dans l'écran. Au besoin, repositionnez le cadre d'agrandissement avec les touches du joypad. Sous le rapport d'agrandissement, le petit rectangle plein dans le mini-cadre indique la partie de l'image actuellement affichée.

5. **Affinez la mise au point si nécessaire.**
6. **La mise au point effectuée, appuyez sur le bouton du sélecteur de collimateur d'autofocus pour revenir à l'affichage au rapport normal.**

Comme vous le constatez, la mise au point manuelle est facile, rapide et précise.

Voici quelques conseils à propos de la loupe :

TRUC

- Comme le joypad sert à positionner le cadre d'agrandissement, en mode Visée par l'écran, ses fonctions habituelles – accès à la balance des blancs, aux modes d'autofocus, aux styles d'image et aux modes d'acquisition – sont désactivées. Vous y accédez par l'écran Contrôle rapide.

- Appuyez sur le bouton Effacement pour recentrer instantanément le cadre d'agrandissement.
- Même lorsque la mise au point est manuelle, le symbole du mode d'autofocus – Quick (mode rapide) et Live (mode direct) avec ou sans détection de visage – reste affiché. N'en tenez pas compte.
- L'agrandissement de l'écran n'est disponible qu'en mode Visée par l'écran. Mais rien ne vous empêche d'effectuer la mise au point dans le viseur, puis de passer momentanément à la visée par l'écran pour affiner la mise au point avant de revenir à la visée normale et de déclencher.

Les trois modes de mise au point automatique

Le mode d'autofocus détermine la technique de mise au point automatique exactement comme pour la visée reflex. En revanche, les options d'autofocus de la visée par l'écran sont un peu différentes. Vous disposez en effet des choix suivants, représentés par les icônes reproduites dans la marge :

AF QUICK

- **Mode rapide :** l'appareil photo utilise les mêmes neuf collimateurs d'autofocus que pour la visée reflex. C'est la technique de mise au point automatique la plus rapide, en terme de focalisation. L'inconvénient du mode rapide est que l'écran cesse d'afficher l'image pendant que l'objectif effectue la mise au point, ce qui peut surprendre.

AF Live

- **Mode direct :** c'est le mode d'autofocus par défaut pour la visée par l'écran. Au lieu d'utiliser les neuf collimateurs d'autofocus, l'appareil photo affiche un cadre de mise au point que vous devez positionner sur le sujet. Bien que facile à utiliser, ce mode est plus lent que le précédent.

- **Mode direct avec détection des visages :** ce mode est identique au mode direct, sauf que la mise au point est automatiquement effectuée sur un visage, s'il s'en trouve un dans l'image. Lorsque l'éclairage, la composition et l'aspect du visage sont favorables, ce système fonctionne plutôt bien. Mais les inconvénients ne manquent pas. Par exemple, la mise au point peut être faite par erreur sur un élément qui évoque un visage, mais n'en est pas un. Elle échoue lorsque la taille du visage par rapport au restant de l'image est inadéquate, lorsque le visage est incliné, trop clair ou trop foncé, ou en partie occulté. Et, à l'instar du mode direct normal, la mise au point est plus lente qu'avec le mode rapide. Nous reviendrons sur la détection des visages au Chapitre 6.

L'icône représentant le mode d'autofocus actif se trouve en haut à gauche de l'écran. Pour en choisir un autre, il n'est pas possible d'appuyer sur le bouton droit du joypad, comme lors de la visée reflex. Vous devez recourir à l'une des ces trois options :

- **L'écran Contrôle rapide :** c'est l'option la plus rapide. Appuyez sur le bouton Contrôle rapide puis sélectionnez l'icône représentant la méthode de mise au point, comme à la Figure 4.34. Actionnez ensuite la molette principale pour changer le mode. Ou alors, sélectionnez l'icône, appuyez sur Set pour afficher un écran contenant les trois options, sélectionnez celle que vous désirez utiliser et appuyez de nouveau sur Set.

Mode d'autofocus

Figure 4.34 : En mode Contrôle rapide, sélectionnez l'icône d'autofocus puis sélectionnez le mode voulu avec la molette principale.

L'icône d'autofocus n'est pas affichée? Appuyez à répétition sur le bouton Info pour afficher successivement les différents affichages du mode Visée à l'écran, jusqu'à ce l'affichage adéquat apparaisse. La quantité d'options visibles dépend à la fois du mode d'affichage et du mode d'exposition. La Figure 4.34 montre l'écran lorsque le mode d'exposition M est sélectionné, avec l'affichage de toutes les données sauf l'histogramme.

- **Les menus :** comme pour les autres options de la visée par l'écran, le menu à sélectionner dépend du mode d'exposition en cours :
  - *Modes P, Tv, Av, M et A-DEP :* menu Prise de vue 4.
  - *Modes Scène Intelligente auto, Flash annulé, Créatif auto et les modes de scène :* menu Prise de vue 2.
  - *Mode Vidéo :* menu Vidéo 1.

N'OUBLIEZ PAS

Le mode d'autofocus de la visée par l'écran reste en vigueur jusqu'à ce que vous en changiez, même si entre temps vous avez arrêté l'appareil photo, ou changé de mode d'exposition, ou utilisé la visée reflex.

Après avoir effectué la mise au point manuelle ou automatique (en enfonçant le déclencheur à mi-course), vous pouvez prendre la photo ou commencer à filmer. Nous reviendrons cependant au chapitre 6 sur les différents modes de mise au point, autant pour la visée réflex que pour la visée par l'écran.

Personnaliser la visée par l'écran

Quand vous visez la première fois par l'écran, vous voyez votre sujet ainsi que les réglages de prise de vue élémentaires de la Figure 4.28. À partir de cet écran, appuyer sur DISP affiche une deuxième série de réglages. Un troisième appui sur le bouton ajoute un histogramme de luminosité, et un cinquième appui masque toutes les informations, ne laissant à l'écran que l'image visée ainsi que le cadre de mise au point. Appuyez de nouveau sur DISP pour revenir à l'affichage par défaut.

La Figure 4.35 montre tous les réglages disponibles en visée par l'écran. Voici quelques informations utiles :

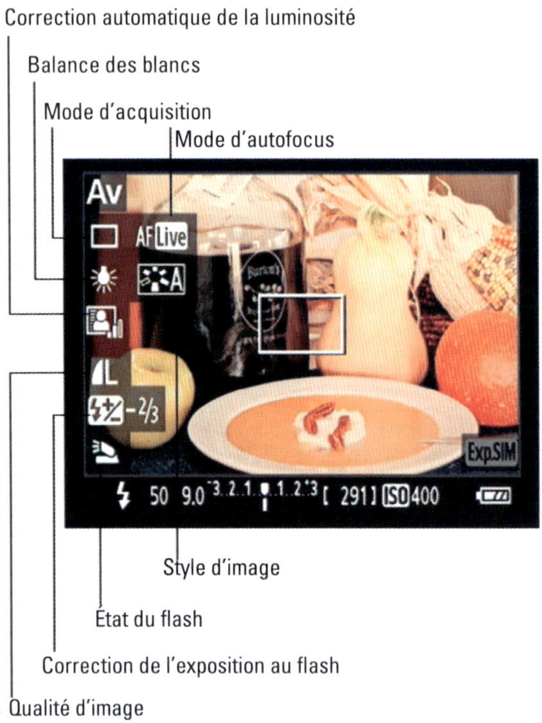

Figure 4.35 : Tous ces réglages sont affichés en mode Visée par l'écran.

- **Les informations en bas de l'écran sont identiques à celles affichées dans le viseur optique.** Hormis les symboles du nombre de vues restant et de l'état de la batterie, tous ces réglages concernent les paramètres d'exposition décrits au Chapitre 5. Les symboles Correction du flash et Priorité hautes lumières n'apparaissent que si ces fonctions sont actives.

- **Le symbole du mode autofocus apparaît quel que soit le mode de mise au point de l'objectif : manuel ou automatique.** Le symbole indique laquelle des trois options d'autofocus est sélectionnée.
- **Certaines des autres options à gauche dans l'écran sont les mêmes que celles affichées en mode Lecture.** Ces points ont été étudiés précédemment dans ce chapitre. Voici un bref rappel :
  - *Styles d'image :* ces réglages qui affectent la couleur, le contraste et la netteté sont décrits au Chapitre 6. Le symbole visible à la Figure 4.35 est celui du style Standard.
  - *Balance des blancs :* les initiales AWB sont celles de *Auto White Balance*, « balance automatique des blancs ».
  - *Mode Acquisition :* le symbole visible dans la figure est celui du mode Vue par vue.
  - *Qualité :* ce symbole indique la qualité d'image sélectionnée. Celui de la figure est le symbole Grande/Fine.
  - *Mémorisation de l'exposition et état du flash :* ces deux symboles sont susceptibles d'apparaître sur l'écran. Aucun d'eux n'est affiché si la fonction correspondante n'est pas en cours d'utilisation. Reportez-vous au Chapitre 5 pour en savoir plus sur ces deux fonctions.
- **Les symboles dans le coin inférieur droit sont ceux des réglages suivants :**
  - *AEB (Automatic Exposure Bracketing) et FEB (Flash Exposure Bracketing) :* le premier de ces symboles apparaît quand vous activez le bracketing de l'exposition automatique, un outil d'exposition décrit au Chapitre 5. Le second symbole, FEB, n'est exploitable que si un flash externe compatible Canon Speedlite est utilisé. Reportez-vous au manuel du flash pour vous renseigner sur cette option.

- *Exp SIM* (*Exposure Simulation*, « simulation d'exposition directe ») : ce symbole indique que la luminosité du moniteur s'efforce de simuler l'exposition telle qu'elle sera enregistrée. S'il clignote ou s'il est sombre, cela signifie que l'appareil est incapable de fournir un aperçu exact de l'exposition, ce qui peut se produire lorsque la lumière ambiante est très forte ou très faible. La simulation d'exposition est désactivée en mode Visée par l'écran.

- **Histogramme de luminosité.** C'est un autre outil fort commode pour savoir si les réglages actuels produiront une exposition correcte. Reportez-vous à la section « Interpréter un histogramme de luminosité », précédemment dans ce chapitre, pour savoir comment le lire. Quand vous utilisez le flash, l'histogramme est grisé et les courbes qu'il montre ne sont pas exploitables parce qu'elles n'ont rien de commun avec l'éclairage qui sera produit.

Filmer des séquences vidéo

Le Canon 600D enregistre des vidéos en haute définition intégrale (*Full HD*). Certes, vous ne disposez pas d'autant de fonctions que sur un caméscope perfectionné, mais croyez-nous, le 600D permet de réaliser d'excellentes vidéos !

Avant d'entrer dans les détails, voici quelques généralités sur la vidéo avec le Canon 600D :

- **Qualité vidéo :** une vidéo peut être enregistrée à cinq niveaux de qualité (voir Tableau 4.1). Le paramètre choisi détermine la taille de l'image et ses proportions :
  - *1 920 x 1 080 pixels* correspond au standard *Full HD* (haute définition à 1 080 pixels verticaux).
  - *1 280 x 720 pixels* est de la haute définition simple (*HD 720*).

- *640 x 480 pixels* est la définition standard. (NdT : c'est en fait le standard VGA, *Video Graphic Array* utilisé depuis plus de 20 ans pour l'affichage sur les PC)

Les deux formats en haute définition produisent une image au rapport 16 :9 comme les téléviseurs récents et certains écrans informatiques panoramiques, tandis que le format 640 x 480 pixels produit une image au rapport 4 :3, comme les anciens téléviseurs et les écrans informatiques aux anciens standards.

Tableau 4.1 : Taille et proportions de la vidéo

Qualité	*Taille*	*Cadence (nombre d'images/seconde)**	*Durée en minutes sur une carte de 8 Go*
Full HD	1 920 x 1 080	30	24
Full HD	1 920 x 1 080	25	24
HD	1 280 x 720	50	24
Définition standard	640 x 480	50	48
Cadrage vidéo	640 x 480	50	48

* La cadence correspond au système PAL utilisé en Europe.

Plus le réglage Qualité est élevé, plus le fichier vidéo enregistré sur la carte mémoire est volumineux. Le format *Full HD* enregistre 12 mn sur une carte mémoire de 4 Go. En revanche, au format 640 x 480, vous doublerez la durée de la vidéo. Le réglage Qualité détermine aussi la cadence.

- **Cadence :** de ce paramètre dépend la fluidité de la lecture. À la qualité maximale (Full HD), il est de 25 ou 30 images par seconde (ips). Dans les trois autres qualités, la cadence est de 50 ips, ce qui permet non seulement d'obtenir une plus grande fluidité, mais également de travailler les effets de ralenti. Si la différence entre 25 et 30 ips peut sembler indécelable au premier abord, elle saute davantage aux yeux quand on recourt aux ralentis ou aux panoramiques (mouvements de l'appareil durant la prise de vues).

- **Taille de fichier maximale :** la taille maximale d'un fichier vidéo tourné avec le Canon 600D est de 4 Go (ou 29 minutes et 59 secondes), quelle que soit la capacité de la carte mémoire utilisée. Cette taille atteinte, l'appareil photo cesse aussitôt de filmer. Vous pouvez cependant commencer un autre plan puis monter les séquences par la suite, à l'aide d'un logiciel de montage.
- **Utilisez une carte mémoire de grande capacité pour les très séquences longues.** Veillez également à choisir une carte dont la vitesse d'écriture, indiquée par un chiffre inscrit dans un « C » – comme *Classe* –, soit suffisante pour la vidéo. Une carte mémoire de classe 6 est le strict minimum. Une carte mémoire de classe 10 est recommandée pour la vidéo.
- **Enregistrement du son :** vous avez le choix entre l'enregistrement d'une séquence sonore ou l'enregistrement d'une séquence muette. Pour améliorer la prise de son de vos vidéos, vous pouvez brancher un microphone externe sur la nouvelle prise prévue à cet effet, sur le côté gauche de l'appareil, juste au-dessus de la prise pour la télécommande (illustration de gauche, Figure 4.36). Vous aurez ainsi la possibilité d'enregistrer en stéréo avec un microphone adapté. Si vous optez pour le microphone interne, notez son emplacement : ce sont les quatre petits trous en haut à gauche du boîtier, au-dessus de « EOS » (illustration de droite, Figure 4.36). Veillez à ne pas les couvrir par inadvertance avec votre doigt, et n'oubliez pas que tout ce que vous direz – instructions aux acteurs improvisées, commentaires déplacés, soupirs de résignation, reniflements… – sera enregistré en même temps que tout ce qui se déroule devant l'objectif.
- **Format vidéo :** les séquences étant tournées au format MOV (NdT : le format QuickTime développé par Apple), vous pourrez les charger dans la plupart des logiciels de lecture. Pour visionner vos séquences sur un téléviseur, connectez l'appareil

au poste. Ou alors, si vous disposez des logiciels nécessaires, vous pourrez convertir les séquences MOV dans un format lisible par un lecteur de DVD de salon, puis les graver sur un DVD.

- **Prise de vue au cours du tournage :** vous pouvez prendre une photo tout en tournant la séquence. Reportez-vous à la section « Votre premier film », un peu plus loin, pour les détails.

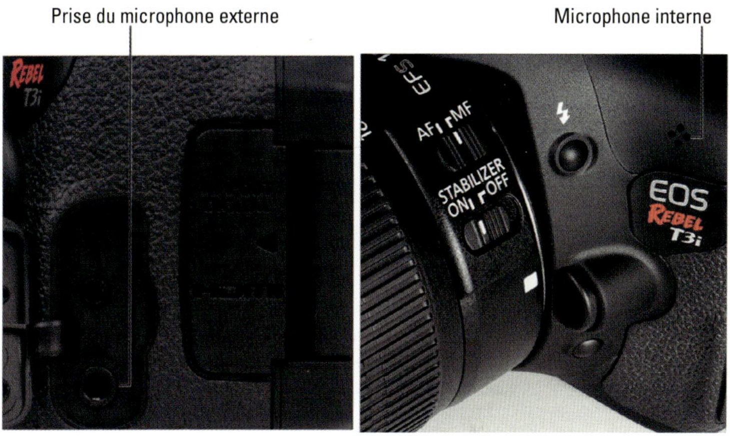

Figure 4.36 : Pour une meilleure qualité, branchez un microphone externe (à gauche). Sinon, utilisez le microphone interne (à droite).

Tout cela n'est pas bien compliqué. Mais cela le devient nettement plus lorsqu'il s'agit de définir le plan de mise au point ainsi que l'exposition :

- **Mise au point :** comme pour la prise de vue de photos, vous pouvez recourir à l'autofocus pour établir la mise au point initiale sur le sujet, avant de filmer. Les trois options d'autofocus, expliquées au Chapitre 6, sont disponibles. Par défaut, l'autofocus pendant le tournage est désactivé (voir Figure 4.36 pour activer cette option). Vous pouvez alors régler la mise au point en cours de tournage en appuyant à mi-course sur le déclencheur, mais le mécanisme de mise au point automatique tendra à faire du va-etvient, jusqu'à ce qu'il finisse par se caler sur quelque chose. Et si vous enregistrez avec le microphone interne de l'appareil, la bande-son de votre vidéo risque fort de se retrouver parasitée par le bruit de l'objectif en train de se régler, ce qui ne serait pas du meilleur effet ! C'est pourquoi, à moins de filmer un sujet statique – un guitariste assis sur une chaise ou un peintre devant son chevalet –, vous devrez utiliser la mise au point manuelle, que vous ajusterez en permanence au cours du tournage.

TRUC

Si vous envisagez de zoomer en avant ou en arrière, exercez-vous avant de filmer l'événement lui-même. Il n'est pas évident de zoomer tout en maintenant le point, surtout quand vous tenez l'appareil à bout de bras pour voir l'écran. Un trépied facilite la manœuvre.

- L'appareil photo règle l'exposition en permanence en fonction des changements d'éclairage. La correction de l'exposition est cependant utilisable, ce qui octroie un certain contrôle de l'exposition automatique. Vous pouvez aussi verrouiller l'exposition pour obliger l'appareil photo à conserver un couple vitesse-diaphragme constant, même si l'éclairage de la scène change. Reportez-vous à la prochaine section pour savoir comment exploiter ces deux fonctionnalités pendant le tournage. Pour un contrôle optimal de l'exposition, définissez manuellement la vitesse d'obturation et l'ouverture du diaphragme à partir du menu Vidéo 1, en réglant Expo. Vidéo sur Manuelle (Figure 4.37). Dès lors, vous serez le seul garant de la bonne exposition de la vidéo. Autrement dit, à moins de chercher à obtenir des effets d'exposition particuliers ou « expérimentaux », il vaut mieux s'en remettre au mode Auto de l'exposition vidéo. L'option Priorité hautes lumières (Figure 4.38) préserve les détails dans les zones les plus exposées de votre séquence.

Figure 4.37 : Désactiver la trop changeante exposition automatique pendant le tournage.

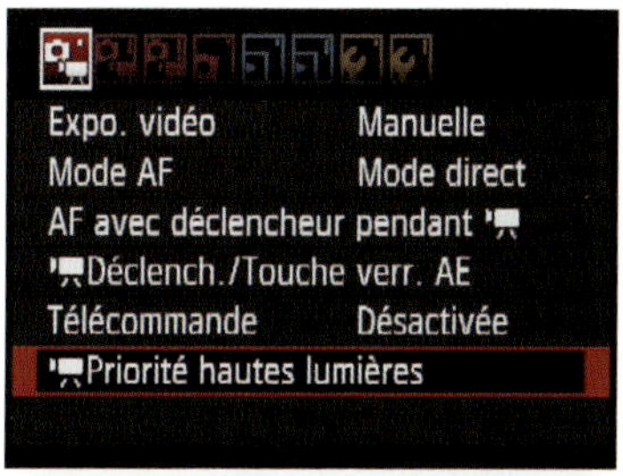

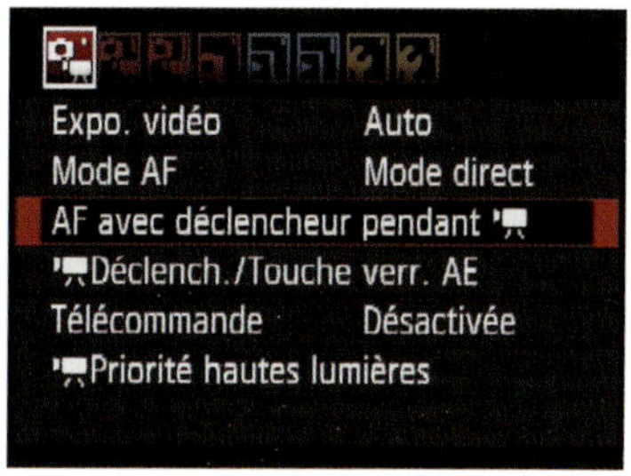

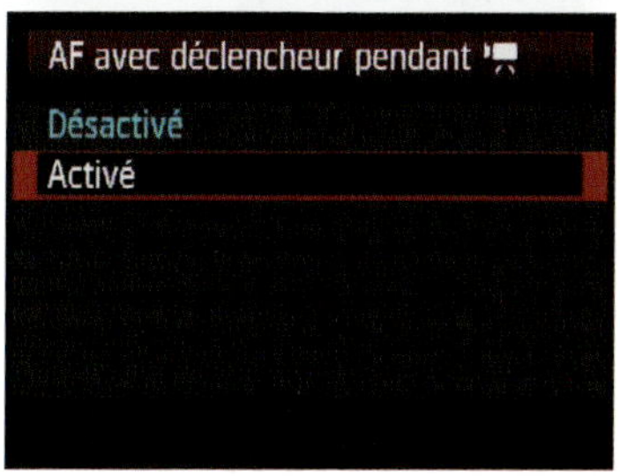

Figure 4.38 : Les options d'exposition vidéo.

Enfin, toutes les précautions formulées précédemment dans ce chapitre à propos de la Visée par l'écran, y compris celles concernant la température interne du boîtier, s'appliquent aussi au tournage des séquences vidéo (pour les détails, reportez-vous à la première partie de la section « Utiliser l'écran comme viseur »).

L'affichage des informations

Après avoir réglé la molette des modes sur Vidéo, le viseur devient tout noir – NdT : car le miroir est verrouillé en position haute – et vous voyez l'image sur l'écran. Initialement, l'écran ressemble à celui de gauche, dans la Figure 4.39. Un cadre de mise au point semblable à celui du mode Visée par l'écran apparaît. L'état de la batterie et la durée de prise de vue en minutes et secondes sont notamment affichés. Quand vous commencez à filmer, un nombre d'informations plus restreint est affiché, afin de ne pas trop encombrer l'écran.

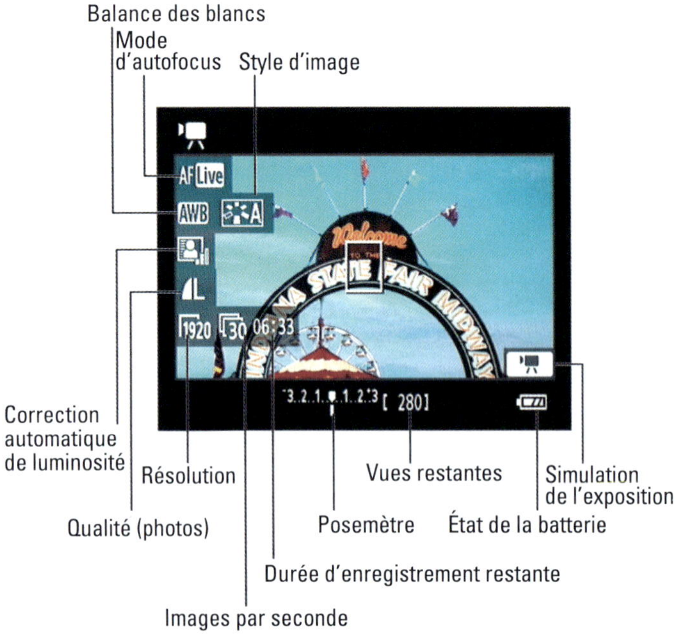

Figure 4.39 : L'affichage par défaut du mode Vidéo avant de filmer (à gauche) puis en cours de tournage (à droite).

Comme avec le mode Visée par l'écran, vous pouvez appuyer sur le bouton Info pour changer le mode d'affichage afin de réduire les informations affichées au strict nécessaire.

Voici quelques explications sur les informations affichées avant et pendant un tournage :

- **L'affichage de la vitesse d'obturation, de la sensibilité ISO et du nombre de vues restantes ne concerne que les photos (images fixes) que vous prendriez en cours de tournage.** Reportez-vous à la section « Votre premier film », un peu plus loin, pour les détails à propos de cette astuce. Pendant l'enregistrement de la séquence, l'appareil contrôle la sensibilité ISO, le diaphragme et la vitesse d'obturation (à moins que vous n'ayez opté pour un contrôle manuel de l'exposition dans le menu Vidéo 2).
- **Les options Style d'image et Balance des blancs fonctionnent de la même manière que pour les photographies.** Le style d'image affecte la couleur, le contraste et la netteté. La balance des blancs permet d'éviter une dominante de couleur. Ces deux fonctionnalités sont expliquées au Chapitre 6.
- **Le posemètre fonctionne de la même manière que pour les prises de vue en mode P, Tv, Av ou A-DEP, en indiquant la correction d'exposition éventuellement appliquée.** Cette fonctionnalité permet de régler l'exposition pour la prochaine séquence. Elle affecte aussi toute photo que vous prendriez à ce moment-là. Si le repère sur la barre du posemètre est centré, comme à la figure, cela signifie qu'aucune correction n'a été appliquée. Nous y reviendrons à la section « Votre premier film ».
- **Vous pouvez à tout moment appuyer sur le bouton de verrouillage de l'exposition.** Quand vous choisissez l'exposition automatique, l'appareil photo règle l'exposition en permanence. Si vous préférez qu'elle reste constante en cours de tournage, appuyez sur ce bouton. Un petit astérisque, en bas à

gauche de l'écran vous rappelle que l'exposition est verrouillée.

Pour déverrouiller l'exposition, appuyez de nouveau sur le bouton.

- La taille de l'image/Durée restante indique le format sélectionné (largeur de l'image en pixels) et la durée enregistrable à cette taille d'image.
- **La qualité des photos indique le format dans lequel seront enregistrées les photos, si vous décidez d'en prendre au cours du tournage.** Reportez-vous au Chapitre 3 pour les détails sur les options Qualité, qui régissent la résolution et le format (JPEG ou Raw).
- **L'icône Simulation de l'exposition fonctionne à peu près de la même manière qu'avec le mode Visée par l'écran, bien qu'un peu différemment.** Si elle est blanche, comme dans la figure, la séquence sera sans doute aussi lumineuse qu'à l'écran. Mais si elle est très sombre ou très brillante, l'écran risque de ne pas pouvoir afficher une représentation fidèle de la luminosité de la séquence, et vous le fait savoir en grisant le symbole de la simulation de l'exposition. Le film sera néanmoins enregistré avec les meilleurs réglages que l'appareil parvient à établir.

Les options du menu Vidéo

Voici une présentation succincte des commandes réparties dans les trois menus Vidéo du Canon 600D.

Menu Vidéo 1

Nous commencerons en toute logique par le premier menu vidéo que montre la Figure 4.40, dont voici les options :

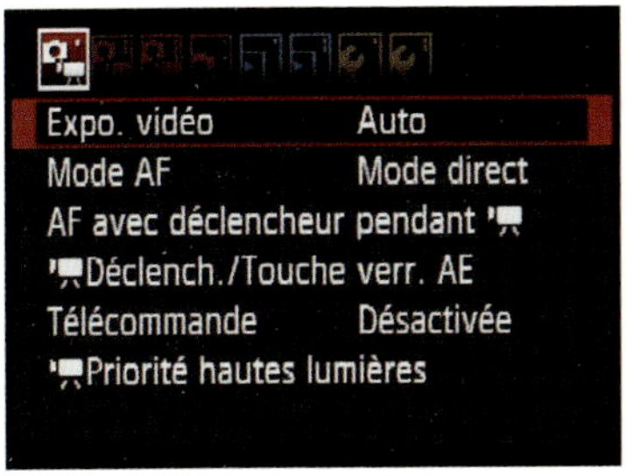

Figure 4.40 : Le menu Vidéo 1.

- **Expo. vidéo :** choix de l'exposition manuelle ou automatique, en cours de tournage.
- **Mode AF :** sélection des modes Direct, Direct avec reconnaissance des visages et Rapide, décrits précédemment (et accessibles plus rapidement *via* l'écran Contrôle rapide.
- **AF avec déclencheur pendant :** mise au point automatique pendant le tournage. Rappelez-vous que ce réglage peut occasionner des effets surprenants, comme un brusque passage du net au flou (et réciproquement), ou le bruit du mécanisme de l'objectif en train de mettre au point qui parasite la bande-son.
- **Déclench./Touche verr. AE :** comme pour la prise de vue photographique, ce menu détermine le comportement du déclencheur et de la touche de verrouillage de l'exposition automatique (identifiée par un astérisque sur l'écran).
- **Télécommande :** pour commencer et arrêter de filmer avec la télécommande optionnelle, mettez cette option sur Activée. Si vous avez une télécommande RC-1, l'option Délai mesure devra être réglée sur 2 secondes pour pouvoir enregistrer des séquences.
- **Priorité hautes lumières :** par défaut, cette option est désactivée, comme c'est le cas dans les modes photo. Lorsque vous activez cette option, la fonction de correction de la luminosité est automatiquement désactivée.

Menu Vidéo 2

Passons à présent au deuxième menu vidéo représenté à la Figure 4.41, dont voici les options :

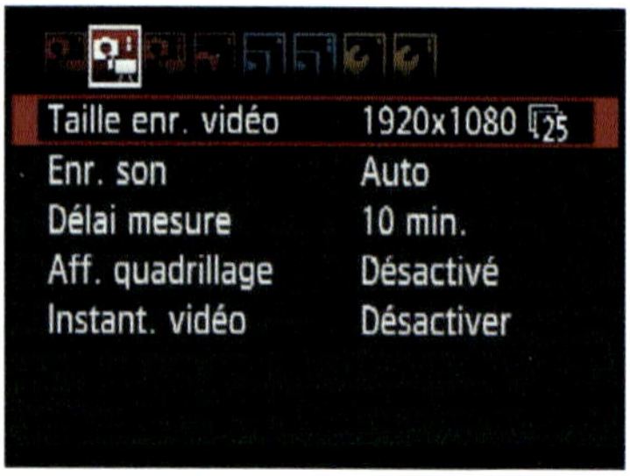

Figure 4.41 : Le menu Vidéo 2.

- **Taille enr. vidéo :** permet de sélectionner la résolution de la vidéo (sa taille en pixels) et la cadence, ainsi que le zoom numérique.

  Pour zoomer en avant, maintenez le bouton DISP enfoncé, tout en appuyant sur le bouton du sélecteur de collimateur d'autofocus. Le grandissement maximal du zoom numérique peut atteindre 10 fois.

  Pour zoomer en arrière, appuyez sur le bouton de verrouillage de l'exposition.

  NdT : la qualité du zoom numérique, qui n'est en réalité qu'un fort recadrage de l'image suivi d'un redimensionnement, est très inférieure à celle d'un véritable zoom optique.

- **Enr. son :** vous réglez ici les paramètres de prise de son, notamment le niveau d'enregistrement et l'activation du filtre anti-vent.

- **Délai mesure :** cette option fonctionne comme celle de la Visée par l'écran. Lorsque le déclencheur est enfoncé à mi-course, le posemètre entre en fonction et l'appareil photo calcule l'exposition requise. Pour économiser la batterie, le posemètre se met en veille après 16 secondes, mais ce délai est réglable.

- **Aff. quadrillage :** comme pour la Visée par l'écran, vous avez le choix entre deux pas de grille pour faciliter la composition et/ou l'alignement : Grille 1 pour un affichage de grille selon la règle des tiers, et Grille 2 pour un pas plus serré, commode pour parfaire un alignement.
- **Instant. vidéo :** cette option sert à réaliser de brefs clips, limités chacun à 8 secondes, puis de les monter pour en faire un petit film. Cette fonction est décrite un peu plus loin.

Menu Vidéo 3

Terminons le passage en revue des options vidéo par le dernier menu de la série que montre la Figure 4.42. Elles concernent des options d'exposition décrites vers la fin de ce livre.

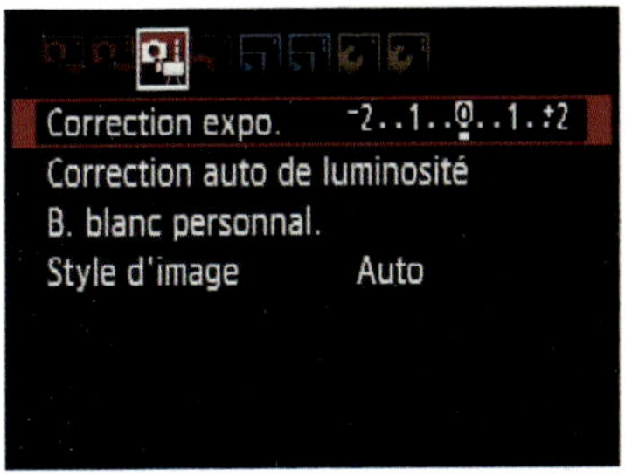

Figure 4.42 : Le menu Vidéo 3.

- **Correction expo :** permet de corriger l'exposition, exactement comme pour la prise de vue des photographies, de +5 IL (éclaircissement) à -5 IL (assombrissement).
- **Correction auto de luminosité :** cette fonction aussi est identique à celle des prises de vue photo. Sauf si vous tenez à expérimenter ses avantages et ses inconvénients, abstenez-vous de toucher à ce réglage.
- **B Blanc personnal. :** comme pour les photos, la balance des blancs peut être personnalisée.

- **Style d'image :** par défaut, le style d'image Automatique est utilisé. Cette option permet de modifier la couleur, le contraste et la luminosité. L'option Monochrome sert à filmer en noir et blanc.

Les trois dernières options peuvent être modifiée dans l'écran Contrôle Rapide. C'est plus rapide que par les menus.

Votre premier film

Procédez comme suit quand vous serez prêt à tourner votre première séquence :

1. **Actionnez la molette des modes et choisissez Vidéo.**

   Dès que le mode Vidéo est sélectionné, l'écran montre l'image reçue par le capteur. Différentes données sont également affichées. N'oubliez pas que vous pouvez appuyer sur le bouton Info pour parcourir les différents modes d'affichage et voir ainsi d'autres paramètres ou aucun.

2. **Vérifiez et/ou sélectionnez la qualité de l'image, l'enregistrement ou non du son et les autres options décrites dans la section précédente.**

   Si le réglage Qualité apparaît en rouge, cela signifie que la carte mémoire manque de place pour enregistrer la séquence. Essayez de réduire la taille d'enregistrement vidéo de l'image. Si cela ne résout pas le problème, vous devrez faire le ménage dans la carte en supprimant des images. (NdT : ou, ce qui est plus rationnel, changez de carte mémoire. Étant donné leur coût abordable, en avoir quelques-unes d'avance n'est plus un luxe).

3. **Cadrez l'image.**

4. **Faites la mise au point.**

   Comme pour la Visée par l'écran, et pour toutes les raisons exposées précédemment dans ce chapitre, la mise au point manuelle est la meilleure solution.

Mettez sur MF le commutateur qui se trouve sur le fût de l'objectif, puis réglez la netteté avec la bague de mise au point.

5. **Corrigez l'exposition, si nécessaire.**

   La correction d'exposition fonctionne à peu près comme en mode d'exposition vidéo automatique, sauf que vous ne pouvez corriger la vitesse que par pas de 5, l'ouverture étant prise en charge par l'appareil. Si vous filmez en mode d'exposition manuel, appuyez sur le bouton Correction d'exposition/Ouverture comme vous le feriez pour une prise de vue photographique (voir Chapitre 5).

   Pour décaler l'exposition, choisissez un affichage où apparaît le posemètre, en bas de l'écran (appuyez sur le bouton Info pour parcourir ces affichages). Appuyez ensuite sur le bouton de correction de l'exposition, représenté dans la marge. Tout en le maintenant enfoncé, actionnez la molette principale pour décaler la jauge du posemètre vers la droite pour éclaircir l'image, ou vers la gauche pour l'assombrir. Relâchez ensuite le bouton de compensation de l'exposition.

6. **Appuyez sur le bouton Visée par l'écran pour commencer à filmer.**

   Un point rouge, visible à la Figure 4.43, en haut à droite à l'écran, indique que l'appareil photo filme.

Figure 4.43 : Le point rouge, en haut à gauche, indique que vous filmez.

Dans le mode affichant la totalité des données – les icônes se trouvent le long du bord gauche de l'écran –, presque toutes ces données disparaissent dès que l'enregistrement est en cours. Seule subsiste l'icône indiquant la taille d'enregistrement vidéo de l'image. La durée restante, dans la carte mémoire, n'est plus mentionnée, mais remplacée par la durée écoulée.

7. **Pour cesser de filmer, appuyez de nouveau sur le bouton Visée par l'écran.**

Visionner les séquences

Voici comment regarder vos séquences sur l'écran de l'appareil photo :

1. **Appuyez sur le bouton Lecture puis localisez la séquence à visionner.**

   Quand vous visionnez les images en plein écran, vous pouvez différencier les photos des vidéos grâce à la petite icône en forme de caméra, en haut à gauche de l'écran (voir Figure 4.44).

Figure 4.44 : L'icône en forme de caméra indique que l'image est celle d'une vidéo.

Lors d'une lecture en mode Index, des perforations évoquant celles d'une pellicule de cinéma apparaissent le long du bord gauche du fichier vidéo. Comme des séquences ne peuvent pas être visionnées en mode Index, vous devez sélectionner le fichier désiré avec les touches du joypad et appuyer ensuite sur le bouton Sélection de collimateur d'autofocus pour regarder le film en plein écran.

2. **Appuyez sur le bouton Set.**

   Des boutons de magnétoscope apparaissent en bas de l'image, comme à la Figure 4.45.

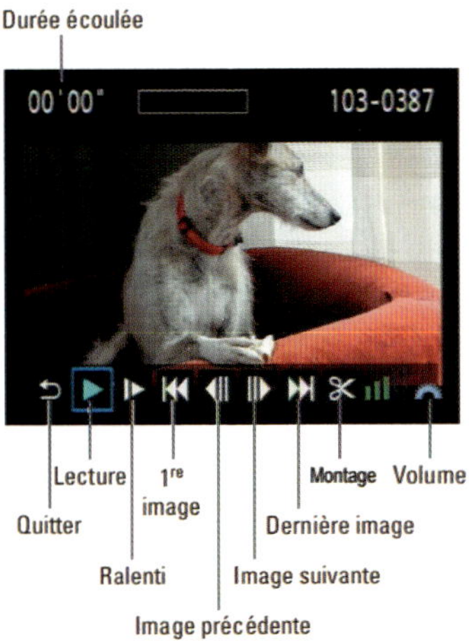

Figure 4.45 : Pour actionner un bouton magnétoscope, sélectionnez-le et appuyez sur Set.

3. **Utilisez les touches du joypad pour sélectionner une icône de style magnétoscope et appuyez sur Set.**

   Le bandeau de boutons magnétoscope disparaît et la séquence commence à être lue.

4. **Réglez le volume sonore avec la molette principale.**

   Remarquez la petite roue dentée en bas à droite, sur l'écran. Elle rappelle que le volume est réglable avec la molette. Notez qu'elle n'agit que sur le haut-parleur de l'appareil photo. Si vous connectez ce dernier à un téléviseur, la molette n'aura aucun effet sur le son de la télé.

N'OUBLIEZ PAS

Au cours de la lecture, la séquence peut être mise en pause – les boutons magnétoscope apparaissent – en appuyant sur Set. Voici un descriptif de ces boutons :

- **Ralenti :** sélectionnez le bouton Ralenti et appuyez sur Set. Appuyez sur la touche droite du joypad pour accélérer le ralenti, sur la touche gauche pour le diminuer. Une petite échelle, en haut à droite de l'écran, indique la cadence sur la plage des ralentis disponibles. Pour mettre fin au ralenti, appuyez sur Set. Les commandes magnétoscope réapparaissent. Sélectionnez le bouton Lecture et appuyez sur Set pour visionner la séquence à sa cadence normale.
- **Afficher la première ou la dernière photo de la séquence :** sélectionnez l'icône située juste à droite de l'icône Lecture et appuyez sur Set.
- **Afficher l'image précédente :** sélectionnez l'icône appropriée et appuyez sur Set. Chaque appui sur Set fait reculer d'une image.
- **Afficher l'image suivante :** sélectionnez l'icône appropriée et appuyez sur Set. Chaque appui sur Set fait avancer d'une image.
- **Avance rapide ou rembobinage rapide :** sélectionnez l'icône Image suivante (avance rapide) ou Image précédente (rembobinage) et maintenez le bouton Set enfoncé. Notez toutefois que le défilement n'est pas ce que l'on peut qualifier de « rapide ».
- **Monter des vidéo** : sélectionnez l'icône en forme de ciseaux pour afficher l'écran d'édition vidéo, afin de supprimer les passages superflus au début et/ou à la fin de la vidéo.
- **Mettre fin à la lecture :** sélectionnez l'icône Quitter, complètement à gauche) et appuyez sur Set.

Monter une vidéo

Bien qu'elle ne prétende pas rivaliser avec un logiciel spécialisé, la fonction d'édition vidéo du 600D est un outil très appréciable pour élaguer vos vidéos directement sur l'appareil. Cette option permettant de « supprimer » les passages superflus uniquement au début et à la fin d'une séquence, il faudrait recourir à un logiciel de montage sur ordinateur pour faire de même avec un passage inutile au milieu d'une séquence. N'attendez donc pas de miracle de cet outil, même s'il s'avère très pratique ! Voici comment élaguer une vidéo :

1. **Sélectionnez l'icône d'édition vidéo (une paire de ciseaux) pour afficher l'écran de la Figure 4.46.**

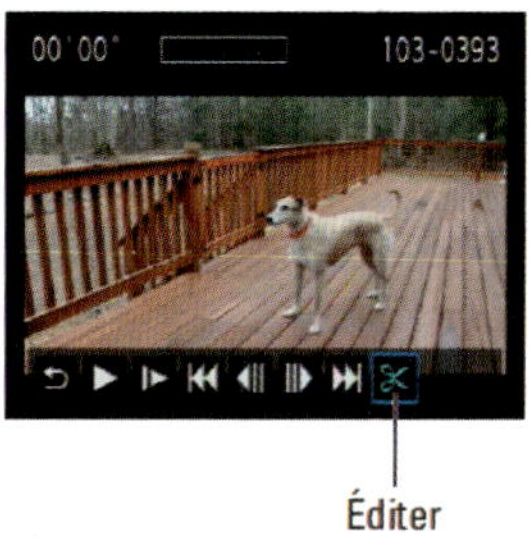

Figure 4.46 : Sélectionnez l'icône de montage vidéo pour afficher l'écran d'édition.

2. **Sélectionnez l'icône Couper le début ou Couper la fin pour commencer l'élagage de la vidéo (Figure 4.47).**

   Dans notre exemple, nous supprimons la dernière partie de la vidéo. La barre au sommet de l'écran indique la position du curseur de lecture. Nous supprimons toute la première moitié de la vidéo. La partie en bleu est celle qui subsistera après la coupe.

3. **Utilisez les touches Gauche ou Droite du joypad pour avancer ou reculer d'image en image.**

   Si vous maintenez l'une de ces touches enfoncées, vous avancerez ou reculerez plus rapidement dans la vidéo. Procédez ainsi jusqu'à trouver le dernier passage à supprimer. Appuyez sur le bouton Set pour supprimer la portion au début ou à la fin de la vidéo. La zone en bleu au sommet de l'écran est ce qui restera de votre vidéo après votre travail de coupe (voir à droite sur la Figure 4.47).

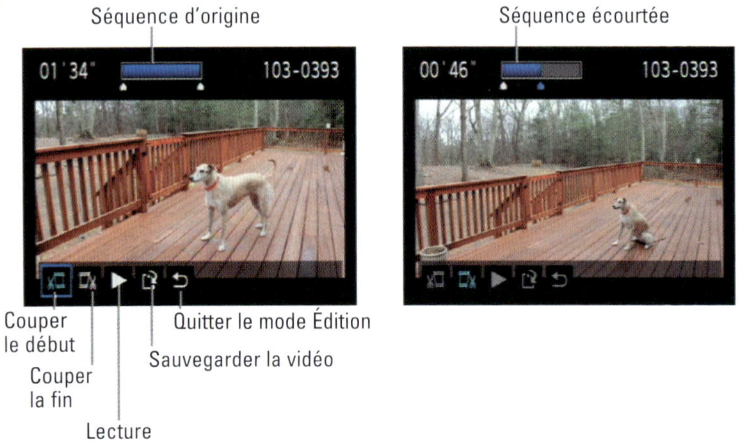

Figure 4.47 : Les commandes pour couper le début ou la fin de la vidéo.

4. **Sélectionnez l'icône de sauvegarde de la vidéo pour finaliser l'édition (Figure 4.48).**

   Vous êtes invité à confirmer si vous souhaitez sauvegarder la vidéo éditée en tant que nouveau fichier ou écraser l'original (Figure 4.48). Il est plus sûr d'enregistrer la vidéo en tant que nouveau fichier : si jamais vous réalisez que vous avez eu la main un peu lourde dans votre travail de coupes, vous aurez toujours accès à la version d'origine pour reprendre à zéro.

Figure 4.48 : Sauvegarde de la vidéo élaguée en tant que nouveau fichier sur la carte mémoire.

Prendre une photo au cours d'une vidéo

Vous pouvez suspendre le tournage d'un plan pour prendre une photo, et cela sans quitter le mode Vidéo. Il suffit d'appuyer sur le déclencheur, comme d'habitude.

La photo est enregistrée comme n'importe quelle autre photo, avec les mêmes styles d'image, balance des blancs et correction automatique de la luminosité que ceux définis pour la vidéo. La résolution de la photo et son format de fichier sont déterminés par les options Qualité.

Prendre une photo au cours d'une vidéo présente cependant quelques inconvénients :

- Quand vous filmez au format 16 :9, le champ couvert par la photo n'est pas le même que celui couvert par la vidéo. Toutes les photos sont enregistrées au rapport 3 :2. De ce fait, la photo fait gagner du champ en haut de l'image, mais en perd sur les deux côtés. En revanche, si vous filmez à la résolution de 640 x 480 pixels, rien n'est perdu car ce format est au rapport 3 :2.
- Le flash n'est pas utilisable.
- Mais surtout, une image fixe apparaît dans la vidéo. Elle dure une seconde, ce qui n'est pas rien. Il est possible de la supprimer avec un logiciel de montage vidéo, mais si vous avez pris beaucoup de photos, préparez-vous à un travail long et fastidieux pour nettoyer vos séquences.

Créer des instantanés vidéo

Bien que le nom de cette fonctionnalité puisse laisser croire qu'elle sert à prendre des photos, ce sont en réalité de brèves séquences qu'elle produit, que vous assemblerez ensuite en une seule séquence appelée *album vidéo* dans le jargon de Canon. Une façon amusante d'utiliser cette fonction consiste à filmer un instantané avec le zoom numérique inactif afin de montrer un plan général, puis d'ajouter des instantanés filmés avec le zoom numérique afin de montrer des plans plus rapprochés.

L'activation du tournage des instantanés vidéo, ainsi que le réglage de leur durée (2, 4 ou 8 secondes), s'effectue dans le menu Vidéo 2, en choisissant Instant. vidéo. Tournez ensuite vos séquences.

Deuxième partie

Les réglages créatifs

Pensez à mettre quelqu'un dans la photo de votre produit. Mes ventes ont décollé sur eBay le jour où Léon a commencé à poser avec mes bonnets et mes écharpes.

Dans cette partie…

Aussi plaisant qu'il soit de pouvoir régler l'appareil photo en mode automatique et le laisser prendre la plupart des décisions, nous ne saurions assez vous encourager à explorer les modes d'exposition avancés P, Tv, Av, M et A-DEP. Vous pourrez ainsi décider vous-même de l'exposition, de la mise au point et du chromatisme de vos photos, ce qui est primordial pour obtenir la photo telle que vous la désirez. N'imaginez pas qu'il faille être un génie ou accumuler des années de pratique : quelques techniques simples feront la différence entre de bonnes photos et des photos qui expriment votre façon de voir le monde.

Les deux chapitres de cette partie sont consacrés aux fondamentaux de la photographie, indispensables pour maîtriser les modes d'exposition avancés.

5

Exposition et lumière

Dans ce chapitre :

- Les modes d'exposition avancés : P, Tv, Av, M et A-DEP
- Diaphragme, vitesse et ISO.
- Choisir un mode de mesure de l'exposition.
- Affiner l'exposition avec le correcteur d'exposition.
- Utiliser le bracketing d'exposition automatique
- Les options avancées du flash.

Les modes entièrement automatiques présentés au Chapitre 2 permettent de prendre de fabuleuses photos avec votre Canon 600D. Mais pour exploiter pleinement toutes ses capacités et, ce qui est encore plus important, pour exploiter vos propres capacités créatrices, vous devez vous familiariser avec les modes avancés représentés, sur le barillet des modes par les indications P, Tv, Av, M et A-DEP.

Ce chapitre explique tout ce que vous devez savoir pour tirer profit de ces cinq modes. Vous apprendrez d'abord ce que sont les réglages fondamentaux que sont le *diaphragme*, la *vitesse d'obturation* et la *sensibilité ISO*. Ils permettent non seulement de régler précisément l'exposition, mais ils ont aussi une incidence sur d'autres aspects de l'image comme la profondeur de champ (une zone de netteté acceptable) et le flou de mouvement. Ce chapitre explique aussi des fonctionnalités avancées, comme la correction de l'exposition et les modes de mesure de la lumière, ainsi que les options de flash accessibles dans les modes d'exposition avancés.

Si vous estimez que tout cela s'annonce bien compliqué, sachez qu'il n'en est rien, car même dans les modes avancés votre appareil photo fournit suffisamment d'indications pour que vous ne soyez jamais pris au dépourvu. Vous devriez maîtriser assez rapidement les notions de diaphragme, de vitesse et tous les réglages liés à l'exposition, et faire un grand pas en passant du statut de « celui ou celle qui prend des photos » à celui de « photographe » digne de ce nom.

Passer à la vitesse supérieure

Le mode Créatif auto étudié au Chapitre 2 permet de régler dans une certaine mesure la luminosité et la profondeur de champ grâce aux glissières Exposition et Arrière-plan. Mais vous ne bénéficiez pas d'un contrôle total de tous les aspects de l'image, et vous n'avez pas accès à certaines options susceptibles de résoudre les problèmes d'exposition les plus délicats.

N'OUBLIEZ PAS

En conclusion, si vous tenez à exploiter pleinement les outils d'exposition de votre appareil photo, mettez l'appareil photo dans l'un des cinq modes de prise de vue avancés illustrés dans la Figure 5.1 : P, Tv, Av, M ou A-DEP.

Chacun de ces cinq modes octroie un contrôle différent de deux réglages cruciaux de l'exposition : le *diaphragme* et la *vitesse d'obturation*. Nous y reviendrons de manière plus approfondie plus loin dans ce chapitre. En attendant, voici une brève présentation de ces modes :

Modes d'exposition avancés

Figure 5.1 : Choisissez l'un de ces modes pour contrôler étroitement l'exposition et d'autres réglages.

- **P** (automatisme programmé) : l'appareil photo règle le diaphragme et la vitesse. Mais vous pouvez modifier ce couple, ce qui est impossible dans les modes entièrement automatiques.
- **Tv** (*Time value*, semi-automatique avec priorité à la vitesse) : vous sélectionnez la vitesse d'obturation, et l'appareil photo règle le diaphragme correspondant.

  Tv ? Rien à voir avec la télévision, ni avec la vidéo. Comme signalé précédemment, ce sont les initiales de *Time value,* littéralement « valeur de temps », autrement dit : « priorité à la vitesse ».
- **Av** (*Aperture value*, semi-automatique avec priorité à l'ouverture) : vous sélectionnez l'ouverture du diaphragme, et l'appareil photo choisit la vitesse appropriée.
- **A-DEP** (*Automatic Depth Of Field*, profondeur de champ automatique) : la *profondeur de champ* est une zone de netteté décroissante de part et d'autre du plan de mise au point (le seul endroit

où elle est parfaite). Son étendue dépend entre autres de l'ouverture du diaphragme. Dans ce mode d'exposition, l'appareil photo évalue la distance entre l'objectif et les objets majeurs de la scène, puis il s'efforce de trouver la valeur de diaphragme permettant de conserver une certaine netteté à ces objets. Il choisit ensuite la vitesse d'obturation en fonction du diaphragme.

Bien que ce mode soit une fonctionnalité appréciable pour les photographes ne maîtrisant pas encore les subtilités de la profondeur de champ, il limite cependant considérablement le contrôle sur les conditions de la prise de vue, car vous êtes tenu d'accepter le diaphragme et la vitesse sélectionnés par l'appareil. De plus, si le flash ou la Visée par l'écran sont actifs, le mode A-DEP se contente de fonctionner comme le mode P, sans vous laisser la possibilité de régler la vitesse et le diaphragme. Après avoir assimilé l'étude du mode A-DEP, au prochain chapitre, préférez le mode Av, où vous réglerez vous-même le diaphragme. Rappelez-vous que votre appareil est équipé d'un bouton de test de la profondeur de champ permettant de l'évaluer dans le viseur. Nous y reviendrons au Chapitre 6.

- **M** (Manuel) : vous réglez vous-même la vitesse et le diaphragme. Mais même dans ce mode, l'appareil photo vous assiste en affichant un posemètre qui vous indique si les réglages sont conformes.

La description de ces modes n'aurait guère de sens pour qui ne posséderait pas les notions élémentaires concernant l'exposition. C'est pourquoi les quelques sections qui suivent sont de brèves leçons sur ces sujets cruciaux.

Le trio infernal : diaphragme, vitesse, ISO

Toute photographie, argentique ou numérique, est produite par la focalisation de la lumière, par l'objectif, sur une surface photosensible : la pellicule dans un appareil photo argentique, le capteur électronique dans un appareil photo numérique.

Deux mécanismes placés derrière l'objectif – et parfois à l'intérieur – règlent la quantité de lumière parvenant à la surface photosensible, le capteur en l'occurrence : le diaphragme et l'obturateur. Leur conception ainsi que celle du capteur varient selon la marque et le modèle d'appareil photo. La Figure 5.2 illustre ces notions de base.

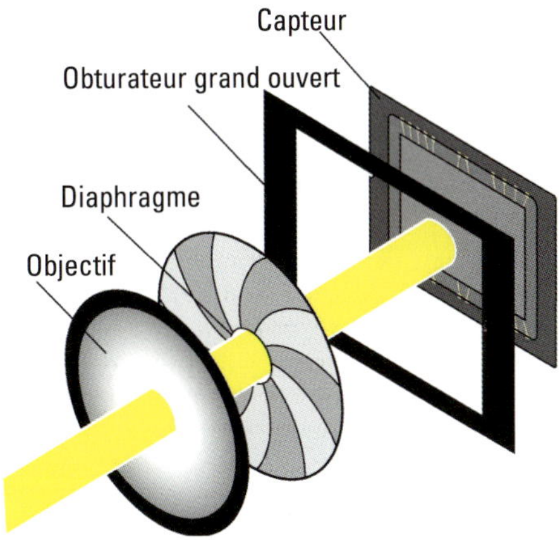

Figure 5.2 : L'ouverture du diaphragme et la durée de l'exposition régie par l'obturateur règlent la quantité de lumière parvenant au capteur.

L'ouverture du diaphragme et la vitesse d'obturation, ainsi qu'un troisième réglage, la sensibilité ISO, déterminent l'exposition, dont dépendent la luminosité et le contraste de la photo. Ces trois paramètres agissent de la manière suivante :

- **Diaphragme (réglage de la quantité de lumière transmise) :** placé à l'intérieur de l'objectif, le diaphragme est un mécanisme constitué de plusieurs lames formant un orifice de diamètre variable. En réglant le diamètre de cette ouverture, vous contrôlez la quantité de lumière entrant dans l'appareil photo. Le diaphragme est défini par une valeur exprimée généralement par la lettre « f » suivie d'un chiffre, comme dans f/2, f/5.6, f/16... Notez que le point est volontiers utilisé comme séparateur de la décimale, et non la virgule. Plus la valeur du diaphragme est élevée, plus l'ouverture est petite, comme le montre la Figure 5.3.

NdT : le paradoxe de la valeur du diaphragme inversement proportionnelle à l'ouverture s'explique par le fait que l'ouverture est le quotient de la focale divisé par le diamètre de l'orifice. De ce fait, pour une focale de 50 mm, un diaphragme fermé à f/8 correspond à une ouverture de 6,25 mm. Lorsque vous fermez le diaphragme à f/16, l'ouverture n'est plus que de 3,12 mm.

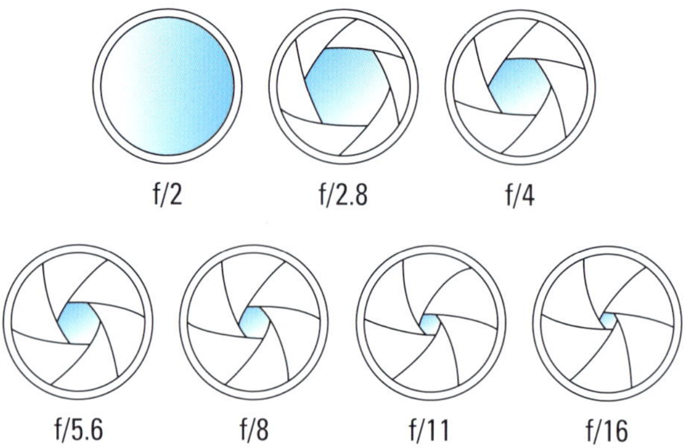

Figure 5.3 : Plus l'ouverture du diaphragme est réduite, plus la valeur du diaphragme est élevée.

- **Vitesse d'obturation (durée de l'exposition à la lumière ou temps de pose) :** sur un reflex numérique, l'obturateur est un rideau qui occulte le capteur, empêchant qu'il soit frappé par la lumière. Au moment de la prise de vue, le premier rideau s'ouvre, permettant à la lumière de parvenir au capteur, puis un second rideau se déplace à son tour. Lorsque le temps de pose est rapide, les deux rideaux se suivent de près, formant une fente d'autant plus étroite que le temps de pose est court. La vitesse de translation des rideaux est constante. Néanmoins, quand vous photographiez en Visée par l'écran, l'obturateur reste grand ouvert tandis que l'image s'affiche sur le moniteur de l'appareil.

La durée de l'exposition est exprimée en secondes : 1/60e de seconde, 1/250e de seconde, 8 secondes… Pour les vitesses inférieures à la seconde, on parle implicitement de photos prises au 60e, au 250e… L'obturateur du Canon 600D autorise des temps de pose qui va de 1/4 000e jusqu'à 30 secondes, lorsque le flash n'est pas utilisé. Pour une exposition supérieure à 30 secondes, le mode d'exposition manuel (M) propose une fonction de pose longue appelée « pose B » (pour *bulb*, « poire pneumatique » en souvenir de l'époque lointaine où l'obturateur était actionné car ce moyen). En pose B, l'obturateur reste ouvert aussi longtemps que le déclencheur est enfoncé.

N'OUBLIEZ PAS

La vitesse de synchronisation maximale du flash incorporé du Canon 600D est de 1/200e de seconde. Les vitesses les plus lentes s'étagent de 1/60e à 30 secondes, selon le mode d'exposition. Pour les détails, reportez-vous à la section « Le fonctionnement du flash », plus loin dans ce chapitre.

- **ISO (sensibilité) :** la sensibilité ISO règle la réactivité du capteur à la lumière. Les valeurs ISO (100, 200, 400, 800…) se succèdent selon une progression arithmétique où la sensibilité double à chaque fois. Plus la valeur ISO est élevée, plus la sensibilité à la lumière est élevée, permettant de travailler dans des conditions d'éclairage défavorables ou à une vitesse d'obturation très rapide, ou avec un diaphragme très fermé.

  La sensibilité du capteur ne change pas lorsque vous réglez les ISO. En réalité, ce sont les signaux issus du capteur qui sont amplifiés ou réduits par le circuit électronique de l'appareil photo (un comme le volume d'un poste de radio).

Le Canon 600D permet de sélectionner une sensibilité de 100 à 12 800 ISO, ce qui est énorme, lorsque vous sélectionnez un mode d'exposition avancé. Vous êtes cependant limité à 6 400 ISO si vous activez la fonction Priorité hautes lumières, que nous étudierons plus loin dans ce chapitre. Avec les modes entièrement automatiques, la sensibilité ISO s'étend de 100 à 3 200 ISO seulement, et l'appareil photo la choisit automatiquement (la Priorité hautes lumières n'est pas disponible dans ces modes).

N'OUBLIEZ PAS

Réduite à sa plus simple expression, l'exposition tient à peu de choses :

- Diaphragme et obturateur règlent la quantité de lumière parvenant au capteur.
- La sensibilité ISO règle la réactivité du capteur à la lumière.

Le plus délicat est la manière dont l'ouverture du diaphragme, le temps de pose et la sensibilité ISO affectent l'image hormis l'exposition. Vous devez tenir compte de ces effets secondaires, expliqués à la prochaine section, afin de régler les trois paramètres d'exposition selon ce que vous attendez de votre photo.

Les effets secondaires de l'exposition

Comme l'illustrent les photos de la Figure 5.4, vous pouvez obtenir la même exposition à partir de réglages différents du diaphragme, de la vitesse et de la sensibilité ISO. Bien que cette figure ne montre que deux variantes, le choix des réglages est très vaste, limité seulement par la plage de valeurs de chacun d'eux.

Outre l'exposition, chaque réglage agit sur un aspect différent de l'image :

- **L'ouverture affecte la profondeur de champ.** L'ouverture du diaphragme a un effet direct sur la profondeur de champ, qui détermine la netteté de l'image.

f/13, 1/25 s, 200 ISO f/5.6, 1/125 s, 200 ISO

Figure 5.4 : Diaphragme et vitesse ont une incidence sur la profondeur de champ (la zone de netteté) et le flou de mouvement (dans le jet d'eau).

Quand vous diaphragmez pour réduire l'ouverture, en choisissant une valeur élevée, la profondeur de champ augmente. Observez par exemple l'arrière-plan de la photo gauche de la Figure 5.4, prise à f/13. Il est manifestement plus net que dans la photo de droite, prise avec un diaphragme plus ouvert, de f/5.6 en l'occurrence.

Cependant, le diaphragme n'est qu'un des paramètres qui modifient la profondeur de champ. La distance séparant l'appareil du sujet et la longueur focale de l'objectif jouent également un rôle. La profondeur de champ décroît à mesure que vous vous rapprochez du sujet, ou que vous augmentez la longueur focale de l'objectif (en passant d'un grand-angle à un téléobjectif, par exemple). Nous y reviendrons au Chapitre 6.

- **La vitesse d'obturation agit sur le flou de mouvement.** À une vitesse d'obturation faible, les objets en mouvement sont flous, tandis qu'ils sont nets à une vitesse d'obturation élevée. Comparez l'eau en mouvement dans les photos de la Figure 5.4. Au 1/125e de seconde (à droite), le jet est plus net qu'au 1/25e de seconde (à gauche) où elle forme une traînée. La vitesse d'obturation nécessaire pour figer une action dépend bien sûr de la vélocité du sujet.

Si la photo présente un flou général, comme à la Figure 5.5 où même les objets immobiles sont brouillés, c'est parce que l'appareil photo a bougé au cours de la prise de vue. Ce risque augmente lorsque vous allongez le temps de pose en sélectionnant une vitesse d'obturation plus faible, et en travaillant à main levée. Plus l'exposition est longue, plus l'appareil doit être stable pour éviter le bougé.

Mais que doit-on considérer comme « long » ? Tout dépend de votre maîtrise physique et de l'objectif. Pour des raisons un peu trop techniques pour les approfondir ici, les effets du bougé se manifestent d'autant plus que la focale est longue. Par exemple, vous pourrez travailler à une vitesse d'obturation beaucoup plus faible avec le 18-55 mm de l'objectif livré avec le Canon 600D, qu'avec un téléobjectif de 200 ou 300 mm.

Le mieux, pour connaître la limite à laquelle vous ne pouvez plus photographier à main levée, est de procéder à vos propres tests. Commencez par une vitesse lente, autour du 1/40 s, puis prenez plusieurs photos en augmentant à chaque fois légèrement la vitesse. Si vous avez un zoom, faites un test avec la focale en position grand angulaire, puis répétez-le avec le zoom en position téléobjectif. Comparez ensuite les photos dans un logiciel de retouche, car le flou n'est pas facile à évaluer sur l'écran de l'appareil photo. Voyez au Chapitre 7 comment connaître la vitesse d'obturation de chaque photo lorsque vous les passez en revue.

f/29, 1/5 second, ISO 200

Figure 5.5 : Une vitesse d'obturation lente augmente le risque de flou provoqué par un bougé de l'appareil photo.

Pour éviter ce problème, utilisez un trépied ou calez l'appareil. Comme vous n'aurez pas toujours de trépied sous la main, entraînez-vous à obtenir des images nettes même en tenant l'appareil à la main et notamment grâce au stabilisateur d'image (à condition que votre objectif soit pourvu de cette fonction). Pour l'activer, poussez sur On le commutateur de stabilisation d'image qui se trouve sur l'objectif. Reportez-vous au Chapitre 6 pour savoir comment résoudre les problèmes de mise au point.

- **La sensibilité ISO a une incidence sur le bruit.** Lorsque vous augmentez la sensibilité ISO afin d'augmenter la réactivité du capteur à la lumière, vous augmentez corrélativement le risque de produire du *bruit*. Ce défaut se manifeste par des pixels colorés erratiques qui évoquent quelque peu le *grain* qui caractérise les pellicules à haute sensibilité.

En règle générale, vous devriez utiliser la sensibilité ISO la plus faible – 100 ISO en l'occurrence – afin d'obtenir la meilleure qualité d'image. Mais parfois les conditions d'éclairage ne le permettent pas, vous empêchant aussi d'utiliser le diaphragme et la vitesse désirés.

Figure 5.6 : Augmenter la sensibilité ISO ou la durée de la pose génère un phénomène appelé « bruit ». Il est surtout visible aux agrandissements forts, comme à droite.

Fort heureusement, le Canon 600D ne génère que peu de bruit, à moins de sélectionner une sensibilité ISO élevée. Il faut vraiment y regarder de près pour déceler du bruit dans la Figure 5.6, prise à 800

ISO. Vous pourriez même pousser jusqu'à 1 600 ISO si vous n'affichiez ou n'imprimiez la photo qu'à une taille assez modeste. Comme d'autres défauts, le bruit est d'autant plus apparent que l'agrandissement est élevé. Et c'est dans les aplats qu'il est le plus problématique.

Régler l'exposition

N'OUBLIEZ PAS

Quand vous modifiez l'un des réglages de l'exposition – diaphragme, vitesse ou ISO –, les autres doivent l'être aussi afin de maintenir le même niveau de luminosité de l'image.

Supposons que vous photographiiez un match de football, et que vous remarquiez qu'en dépit d'une exposition globalement acceptable, les joueurs paraissent flous. Si vous augmentez la vitesse d'obturation pour figer leurs mouvements, vous devrez compenser, soit en ouvrant le diaphragme, soit en augmentant la sensibilité ISO. Pour quelle solution opterez-vous ? Cela dépend de votre préférence pour la profondeur de champ étroite produite par un diaphragme plus ouvert, ou de l'acceptation d'une montée probable du bruit causée par une sensibilité ISO plus élevée.

Tous les photographes ont leur propre approche pour choisir l'ouverture du diaphragme, le temps de pose et la sensibilité qui leur convient. Ce sera sans doute le cas pour vous, lorsque vous serez à même d'exploiter les modes avancés. Voici quelques recommandations :

- Utilisez toujours la sensibilité ISO la plus faible, sauf si les conditions d'éclairage vous interdisent d'utiliser l'ouverture et la vitesse désirées si vous n'augmentez pas la sensibilité.
- Si le sujet est en mouvement ou s'il risque de se mettre soudainement à bouger – comme un bébé turbulent ou un animal de compagnie vif – optez pour une vitesse d'obturation élevée afin de le figer. En revanche, sélectionnez une vitesse lente pour obtenir un flou de mouvement savamment contrôlé

et suggérer ainsi la vélocité. Par exemple, pour la photo d'une chute d'eau, un temps de pose long produira de belles traînées vaporeuses.

- Pour des photos d'un sujet immobile, donnez la priorité au diaphragme, en réglant l'ouverture de manière à obtenir la profondeur de champ désirée. Pour un portrait, ouvrez le diaphragme – valeur faible – pour faire ressortir le sujet sur un fond flou. Mais s'il s'agit d'un paysage, optez pour le contraire : fermez le diaphragme au maximum afin de bénéficier de la profondeur de champ la plus étendue possible.

Tout cela peut certes vous paraître un peu compliqué et vous passer par-dessus la tête, mais plus vous utiliserez votre appareil photo, plus ces notions vous paraîtront limpides.

Surveiller le réglage de l'exposition

Quand vous enfoncez le déclencheur à mi-course, le diaphragme, la vitesse et la sensibilité apparaissent à la fois dans le viseur, comme à la Figure 5.7, et sur l'écran Réglages de l'appareil photo (voir Figure 5.8). En mode Visée par l'écran, les paramètres d'exposition apparaissent en bas du moniteur, sous une forme similaire à celle affichée dans le viseur. Un encadré, un peu plus loin, est consacré aux informations affichées lors de la visée par l'écran, une fonctionnalité décrite au Chapitre 4.

N'OUBLIEZ PAS

En mode Visée par l'écran, la vitesse d'obturation est présentée sous la forme d'un nombre entier, même pour les fractions de seconde. Par exemple, le 1/500e de seconde est affiché sous la forme 500 (voir Figure 5.7). Lorsque le temps de pose est supérieur à la seconde, des guillemets apparaissent après le chiffre. Par exemple, 4 indique le quart de seconde, mais 4» signale quatre secondes de pose.

Figure 5.7 : Vitesse, diaphragme et sensibilité sont affichés dans le viseur.

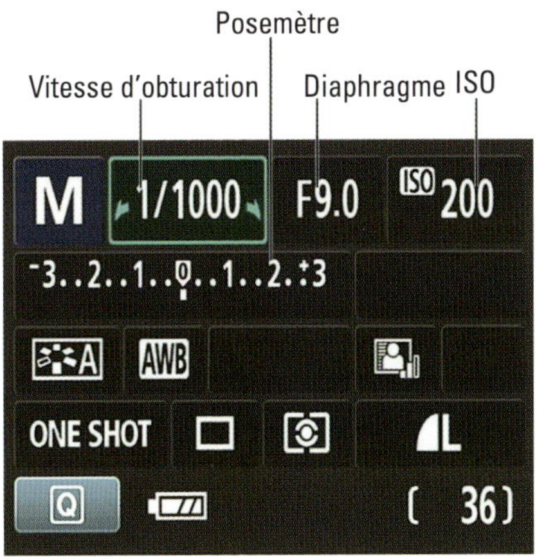

Figure 5.8 : Les réglages de l'appareil photo sont aussi affichés sur le moniteur.

Le viseur, la Visée par l'écran et l'écran Réglages de l'appareil photo comportent un indicateur de niveau d'exposition – en fait, un posemètre – visible dans les Figures 5.8 et 5.9. Ce petit graphique a deux usages selon le mode d'exposition avancé utilisé :

- En mode Manuel (M), l'indicateur agit comme un posemètre classique. La Figure 5.9 montre trois exemples. Lorsque le curseur est centré, comme à l'illustration du milieu, l'exposition est correcte. S'il est à gauche, vers le signe « moins » (-) de l'échelle, la photo sera sous-exposée. S'il est à droite, vers le signe « plus » (+), la photo sera surexposée. Plus le curseur est décentré, plus l'exposition est considérée comme déficiente.

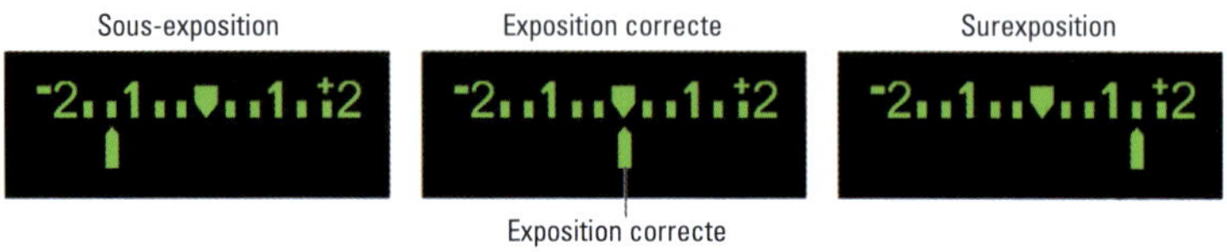

Figure 5.9 : En mode Manuel, le curseur de l'indicateur de niveau d'exposition indique si l'exposition est correcte ou non.

- Dans les autres modes (P, Tv, Av et A-DEP), le posemètre affiche la *correction de l'exposition*. Cette commande permet de fausser l'exposition mesurée par l'appareil photo et de rendre ainsi l'image plus claire ou plus sombre. Quand le curseur est à 0, aucune correction n'est appliquée. Reportez-vous à la section « Corriger la mesure de l'exposition », plus loin dans ce chapitre.

Dans certaines situations, l'appareil photo ne parvient pas à obtenir une exposition optimale dans les modes P, Tv, Av ou A-D. Mais comme le posemètre indique la correction d'exposition à appliquer, l'appareil photo vous alerte des problèmes d'exposition de la manière suivante :

- **Mode Av** (automatique avec priorité au diaphragme) : la valeur de la vitesse clignote, indiquant que l'appareil photo est incapable de sélectionner une vitesse d'obturation produisant une exposition correcte à l'ouverture sélectionnée. Vous devez choisir une autre ouverture de diaphragme ou modifier la sensibilité ISO.

- **Mode Tv** (automatique avec priorité à la vitesse) : la valeur du diaphragme clignote, indiquant que l'appareil photo ne parvient pas à ouvrir ou à fermer suffisamment le diaphragme pour exposer correctement à la vitesse sélectionnée. Vous devez choisir une autre vitesse ou modifier la sensibilité ISO.
- **Mode P** (automatique programmé) : la valeur de la vitesse et celle du diaphragme clignotent ensemble lorsque la lumière ne permet pas de choisir un couple vitesse/diaphragme susceptible d'exposer correctement l'image. Il faut alors de changer la sensibilité ISO ou les conditions d'éclairage.
- **Mode A-DEP** (profondeur de champ automatique) : le diaphragme ou la vitesse peuvent clignoter. Si la vitesse 30» (pour trente secondes) ou 4000 (pour le 1/4 000e de seconde) clignote, la lumière est respectivement trop faible ou trop forte pour que l'appareil puisse trouver un couple diaphragme/vitesse utilisable. Pour compenser un éclairage faible, vous pouvez augmenter la sensibilité ou utiliser le flash ou toute autre source de lumière. Si l'éclairage est trop intense, réduisez la sensibilité si c'est possible. Sinon, voyez si le sujet peut être protégé de la lumière ou déplacé.

  Quand la valeur du diaphragme clignote, l'appareil vous informe que l'exposition sera correcte, mais que le diaphragme ne produira pas la profondeur de champ nécessaire pour que tout soit net (la profondeur de champ et le mode A-DEP sont développés au Chapitre 6).

Choisir le mode de mesure de la lumière

Le *mode de mesure* détermine la partie de l'image que l'appareil photo analyse afin de calculer l'exposition appropriée. Le Canon 600D en possède quatre, décrits ci-après et affichés sur l'écran Réglages de l'appareil par les icônes représentées en marge. Ils ne sont accessibles que dans les modes avancés P, Tv, Av, M et A-DEP, et seulement lorsque la visée conventionnelle, avec le viseur, est utilisée. En mode Visée par l'écran et avec les modes entièrement automatiques, seul le premier de ces quatre modes est utilisable :

- **Mesure évaluative :** l'appareil photo analyse la totalité de l'image puis détermine une exposition globale.

- **Mesure sélective :** l'appareil ne tient compte que de la partie centrale de l'image, couvrant 9 % du viseur. L'illustration de gauche, dans la Figure 5.10, montre approximativement la zone de mesure.

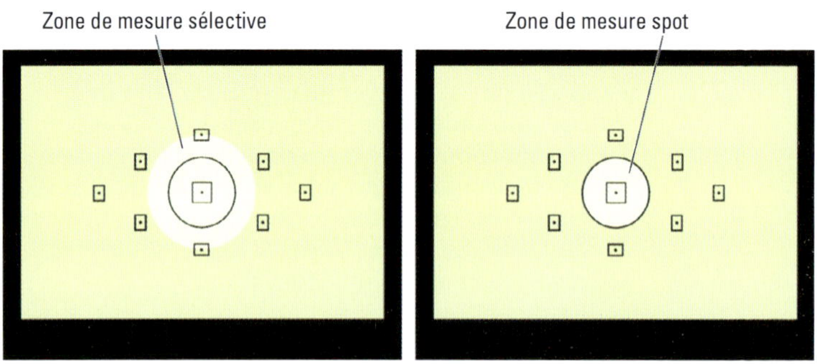

Figure 5.10 : Les zones prises en compte lors d'une mesure sélective et spot.

- **Mesure spot :** ce mode fonctionne comme la mesure sélective, mais seul un cercle de 4 %, au centre du viseur, est pris en compte (voir Figure 5.10).

- **Mesure moyenne à prépondérance centrale :** l'exposition est mesurée sur la totalité de l'image, mais avec une prépondérance pour la partie centrale.

Le plus souvent, la mesure évaluative convient parfaitement, sauf dans le cas d'un sujet sombre sur un fond clair, par exemple, où l'exposition est alors inappropriée. À la Figure 5.11, la luminosité excessive de l'arrière-plan a faussé l'exposition : le tableau de bord de la voiture est trop sombre, alors que celui-ci est censé être le sujet principal de la photo. Il est en revanche correctement exposé grâce à la mesure sélective (pour un sujet de ce genre, la mesure spot aurait fourni un résultat similaire).

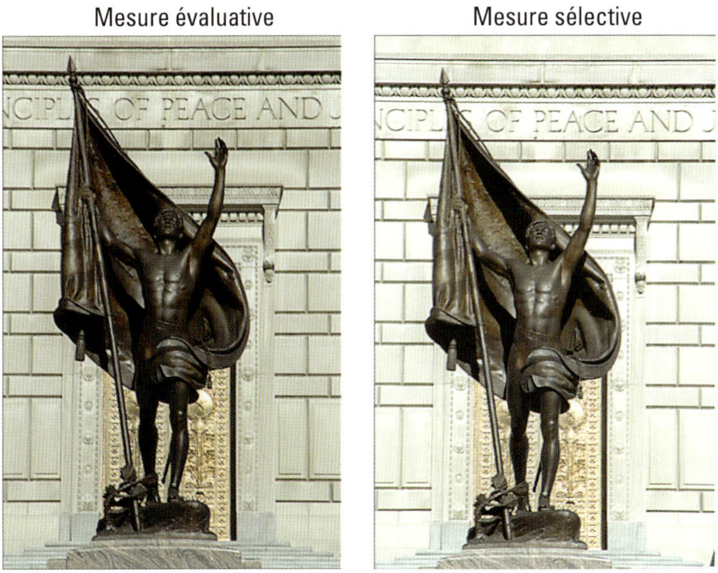

Figure 5.11 : La mesure évaluative sous-expose la statue. Elle est correctement exposée avec la mesure sélective.

TRUC

Il va de soi que si l'arrière-plan est très lumineux et le sujet sombre, l'exposition restituant le mieux ce dernier surexpose l'arrière-plan. Vous pouvez essayer d'atténuer cette surexposition en activant la Priorité hautes lumières, une fonction personnalisée étudiée plus loin dans ce chapitre.

Utilisez l'une de ces deux options pour choisir un autre système de mesure de la lumière :

- **Écran Contrôle rapide :** commencez par afficher l'écran Réglages de prise de vue en enfonçant le déclencheur à mi-course et en le relâchant. Appuyez ensuite sur le bouton Contrôle rapide (Q) pour passer en mode Contrôle rapide, et utilisez les touches du joypad pour sélectionner l'icône du mode de mesure, comme montré à gauche à la Figure 5.12. Le réglage sélectionné est mentionné en bas de l'écran. Actionnez la molette principale pour parcourir les quatre modes, ou appuyez sur Set pour afficher la liste des quatre modes, comme à droite dans la figure. Si vous avez opté pour la seconde voie, utilisez les touches du joypad ou la molette principale pour sélectionner l'icône du mode à activer. Appuyez ensuite sur Set pour valider votre décision.

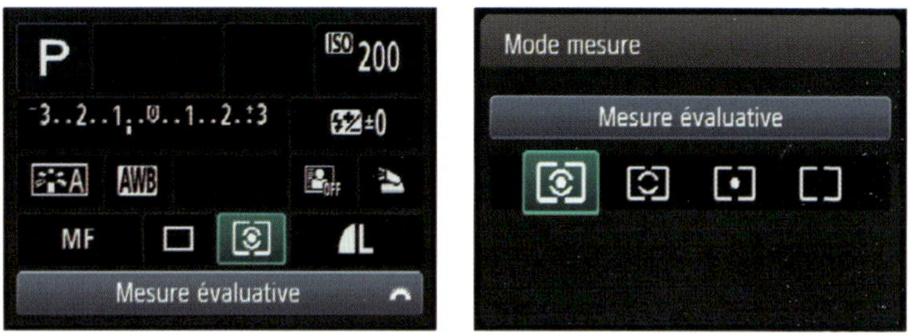

Figure 5.12 : L'écran Contrôle rapide permet de changer rapidement de mode de mesure.

- **Menu Prise de vue 2 :** affichez le menu Prise de vue 2, sélectionnez l'option Mode de mesure, comme à gauche à la Figure 5.13, et appuyez sur Set. Vous accédez ainsi à l'écran de droite. Sélectionnez votre choix et appuyez sur Set pour revenir au menu.

TRUC

En principe, il est préférable de toujours vérifier le mode de mesure avant de photographier et de choisir celui qui correspond le mieux au sujet. Mais en pratique, c'est un peu fastidieux, non seulement parce qu'il faut sélectionner une option, mais aussi parce qu'il faut y penser.

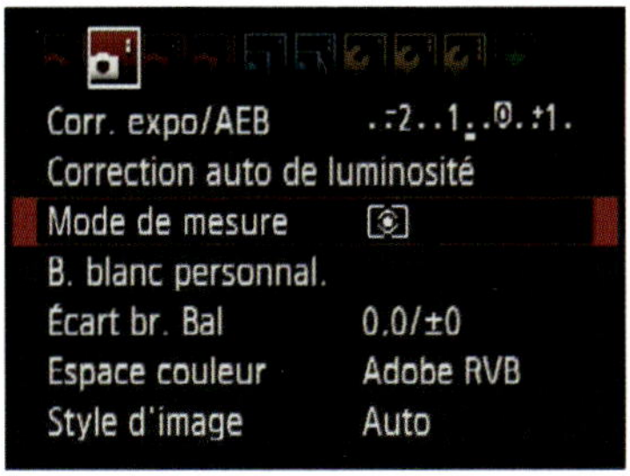

Figure 5.13 : Le mode de mesure peut aussi être modifié à partir du menu Prise de vue 2.

C'est pourquoi, à moins d'être à l'aise avec toutes les commandes de l'appareil photo, il vaut mieux s'en tenir au mode Évaluatif proposé par défaut. Il produit de bons résultats dans la plupart des situations et, après tout, vous verrez bien sur le moniteur si l'exposition est acceptable ou non. S'il le faut, vous referez la photo après avoir sélectionné un autre mode de mesure. En raison de cette facilité, le choix du mode de mesure est bien moins crucial en numérique qu'en argentique.

ISO, diaphragme et vitesse

N'OUBLIEZ PAS

Pour contrôler la sensibilité, le diaphragme et la vitesse, vous devez sélectionner l'un des cinq modes d'exposition avancés P, Tv, Av, M ou A-DEP. Reportez-vous ensuite aux sections appropriées pour connaître les étapes à suivre dans chacun de ces modes.

La sensibilité ISO

Comme expliqué au début de ce chapitre, la sensibilité ISO contrôle la réactivité de l'appareil photo à la lumière, par amplification ou réduction des signaux de sortie du capteur. Lorsqu'elle est élevée, vous pouvez photographier en lumière faible, car le capteur nécessite moins de lumière.

N'oubliez pas l'inconvénient majeur d'une sensibilité ISO élevée, à savoir la montée du bruit.

Dans les modes Scène Intelligente auto, Créatif auto, Flash annulé et dans les modes de scène (Portrait, Paysage…), l'appareil photo contrôle automatiquement la sensibilité ISO. En revanche, les modes d'exposition avancés permettent de choisir les options ISO selon les cas de figure suivants :

- **Vous sélectionnez une sensibilité ISO :** vous avez le choix entre sept sensibilités : 100, 200, 400, 800, 1600, 3200 et 6400 ISO. Une fonction personnalisée nommée Extension sensibilité ISO permet de pousser la sensibilité jusqu'à 12800 ISO, si vous acceptez le fort bruit qui en résulte inévitablement.

  Pour étendre la plage des sensibilités, allez dans le menu Configuration 3, sélectionnez Fonct. personnalisées (C.Fn) et appuyez sur Set. Appuyez sur les touches du joypad pour sélectionner la fonction personnalisée 2, en bas de l'écran, comme à gauche à la Figure 5.14 (le numéro de fonction est affiché en haut à droite de l'écran). Appuyez sur Set pour activer les options, sélectionnez Activée et appuyez de nouveau sur Set.

  Une complication supplémentaire : une autre fonction personnalisée relative à l'exposition, Priorité hautes lumières, affecte la plage des sensibilités ISO disponibles. Quand vous l'activez, vous perdez la possibilité d'utiliser la sensibilité 100 ISO ainsi que les deux sensibilités les plus élevées, 6400 et H (12800). La Priorité hautes lumières est étudiée un peu plus loin.

- **Vous laissez l'appareil photo choisir la sensibilité (ISO automatique) :** vous vous fiez à l'appareil photo pour régler la sensibilité ISO dans les modes d'exposition avancés. Vous disposez d'une option, non accessible dans les modes entièrement automatiques, qui permet d'indiquer à l'appareil d'utiliser la sensibilité la plus élevée :

sélectionnez ISO auto dans le menu Prise de vue 3 (voir Figure 5.15). Par défaut, le 600D propose des sensibilités allant de 100 à 6400 ISO (ainsi que l'ISO auto) en modes de prise de vue avancés. Activez la fonction Extension sensibilité ISO pour obtenir une valeur de sensibilité supplémentaire (de 12800 ISO), nommée H. En mode ISO auto, la fonction Extension sensibilité ISO n'augmente pas la plage : le maximum reste fixé à 6400 ISO.

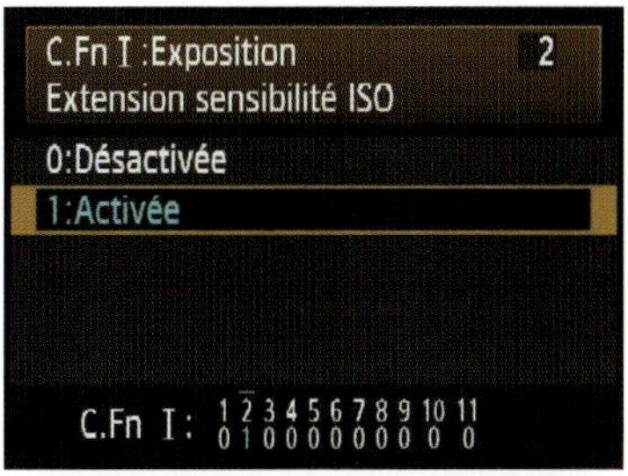

Figure 5.14 : La fonction personnalisée 2 permet de pousser la plage des sensibilités jusqu'à 12800 ISO.

Figure 5.15 : Ce réglage permet de spécifier la sensibilité maximale acceptée par l'appareil en mode ISO auto.

Sur l'écran Réglages de prise de vue, la sensibilité ISO sélectionnée est affichée en haut à droite, comme vous le voyez à gauche à la Figure 5.16. Elle est aussi affichée dans le viseur et lors de la visée par l'écran.

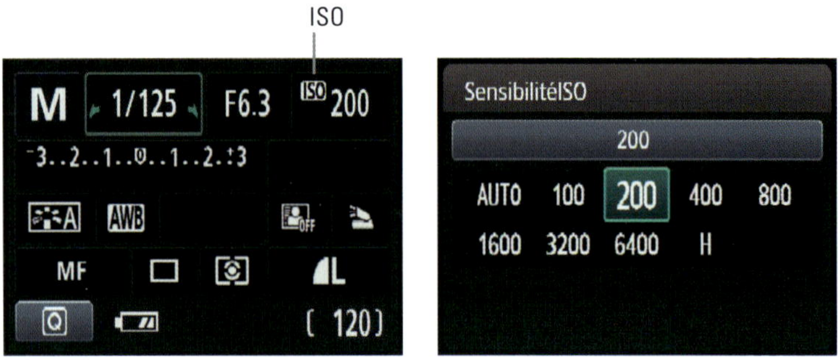

Figure 5.16 : Appuyez sur le bouton ISO, à l'arrière de la molette principale, pour accéder au sélecteur de sensibilité (à droite).

La sensibilité ISO peut être réglée de deux manières :

- **Avec le bouton ISO :** il se trouve juste derrière la molette principale, sur le dessus du boîtier. Après avoir appuyé dessus, l'écran de droite, à la Figure 5.16, est affiché. Effectuez votre choix avec les touches du joypad ou en actionnant la molette principale, et appuyez sur Set.
- **À partir de l'écran Contrôle rapide :** après avoir affiché les Réglages de prise de vue, appuyez sur le bouton Contrôle rapide (Q) pour afficher l'écran Contrôle rapide, puis sélectionnez le réglage ISO. Vous avez ensuite le choix entre actionner la molette principale pour faire défiler les valeurs ISO ou appuyer sur Set pour accéder là aussi à l'écran de droite, à la Figure 5.16. Dans ce cas, sélectionnez la sensibilité désirée et appuyez de nouveau sur Set.

En mode ISO auto, les écrans Réglages de prise de vue et Visée par l'écran affichent Auto comme valeur de sensibilité. Mais si vous appuyez sur le déclencheur à mi-course (afin, notamment, de mesurer l'exposition), cette valeur est aussitôt remplacée par la sensibilité préconisée par l'appareil. Vous pouvez également voir cette valeur dans le viseur. Il peut arriver, lorsque vous visionnez vos photos en mode Lecture d'image, que la sensibilité indiquée ne corresponde à aucune des sept valeurs proposées par l'appareil (320 ISO, par exemple). C'est dû au fait qu'en mode automatique, la plage des valeurs de sensibilité est beaucoup plus précise.

Régler le diaphragme et la vitesse

N'OUBLIEZ PAS

L'ouverture du diaphragme et la vitesse d'obturation ne sont réglables que dans les modes d'exposition P, Tv, Av et M. Pour voir les réglages en cours, commencez par enfoncer le déclencheur à mi-course, ce qui produit les effets suivants :

- L'indicateur de niveau d'exposition – le posemètre – est activé. Si l'autofocus est actif, la mise au point est effectuée.
- Le diaphragme et la vitesse apparaissent dans le viseur ou sur l'écran Réglages de prise de vue, s'il est activé. En mode Visée par l'écran, ils sont affichés sous l'image, à condition d'avoir choisi un affichage indiquant les informations de prise de vue (appuyez sur le bouton Info pour faire défiler les différents affichages).
- En mode Manuel, le posemètre permet de savoir si les réglages sont corrects. Dans les autres modes, un problème d'exposition n'est pas signalé par l'indicateur de niveau d'exposition, mais par le clignotement de la valeur du diaphragme ou de la vitesse (reportez-vous à la section « Surveiller le réglage de l'exposition », précédemment dans ce chapitre).

TRUC

Atténuer le bruit

Le bruit, ce défaut qui se manifeste par des salissures ou des moutonnements colorés dans une photo, a généralement deux origines : un temps de pose long ou une valeur ISO élevée.

Le Canon 600D est doté de deux filtres d'atténuation du bruit qui agissent chacun sur l'une des deux causes du phénomène. Les deux se trouvent dans le menu Fonctions personnalisées. De ce fait, vous ne pouvez les mettre en œuvre qu'avec les modes d'exposition avancés.

Pour contrôler la réduction du bruit lors des expositions longues, accédez au menu Configuration 3, choisissez Fonct. personnalisées (C.Fn), appuyez sur Set et, à l'aide du bouton Droit ou Gauche du joypad, sélectionnez la fonction personnalisée 4, Réduc. bruit expo longue. Appuyez de nouveau sur Set. Les trois paramètres fonctionnent de la manière suivante :

- *Désactivée :* aucune réduction du bruit n'est appliquée. C'est le réglage en cours par défaut.
- *Auto :* l'atténuation du bruit est appliquée lorsqu'une vitesse d'obturation de 1 seconde ou plus est utilisée, et seulement si l'appareil photo détecte le type de bruit provoqué par l'exposition longue.
- *Activée :* la réduction du bruit est systématiquement appliquée à toutes les poses de 1 seconde ou plus. Notez que selon Canon, ce paramètre risque de laisser plus de bruit que les paramètres Désactivée et Auto lorsque la sensibilité est de 1600 ISO ou plus.

Pour la réduction du bruit d'ISO élevé, affichez la fonction personnalisée 5. Ce filtre contient quatre paramètres.

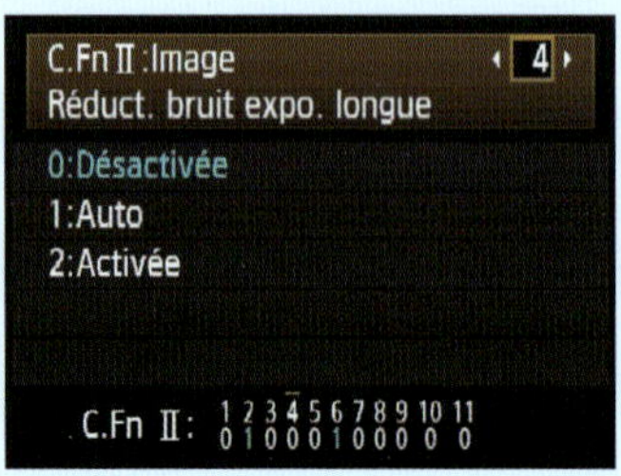

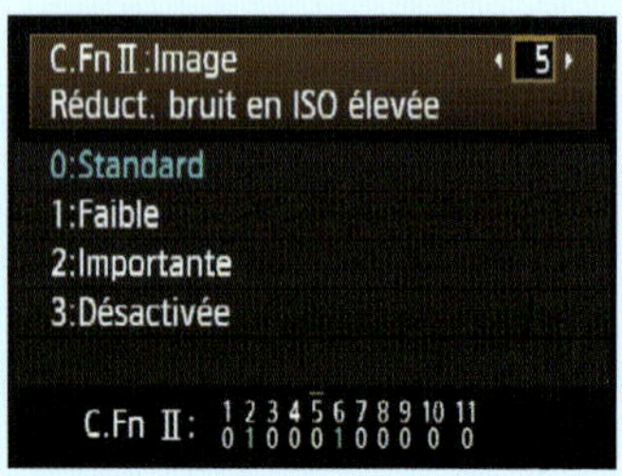

Atténuer le bruit (suite)

- *Standard :* paramètre par défaut.
- *Faible :* atténuation modérée du bruit.
- *Importante :* atténuation plus forte du bruit.
- *Désactivée :* pas de filtrage

L'atténuation du bruit est un concept séduisant, en théorie du moins car les deux filtres présentent quelques inconvénients. Le premier est qu'ils sont appliqués après la prise de vue, au cours du traitement de l'image, avant l'enregistrement sur la carte mémoire. Cela entrave les opérations de prise de vue. La cadence de prise de vue est fortement ralentie, notamment avec l'option Importance de la réduction du bruit d'ISO élevé.

Le second inconvénient est le léger flou qui affecte l'image, provoqué par le lissage des pixels. N'attendez pas une élimination totale du bruit; en revanche, soyez certain que l'image sera sensiblement adoucie. Vous obtiendrez de meilleurs résultats avec les filtres de flou ou d'élimination du bruit que l'on trouve dans les logiciels de retouche, car vous pouvez ne les appliquer qu'aux parties de l'image où le bruit est le plus gênant, c'est-à-dire généralement dans des aplats de couleur, comme un ciel.

En revanche, la réduction du bruit d'exposition longue est mieux gérée par le Canon 600D qu'avec un logiciel de retouche. Le seul reproche qu'on peut lui faire est qu'il double la durée de traitement de toute photo dont le temps de pose est égal ou supérieur à 1 seconde. Autrement dit, lorsque vous effectuez une pose de 30 secondes pour une photo de nuit, il faudra 30 secondes supplémentaires à l'appareil photo pour détecter le bruit puis le soustraire de la photo.

La modification des réglages de l'exposition dépend du mode d'exposition :

- **P (programme automatique) :** l'appareil affiche le couple diaphragme/vitesse recommandé. Actionnez la molette principale pour sélectionner un autre couple.
- **Tv (automatique avec priorité à la vitesse) :** tournez la molette principale pour obtenir une vitesse plus élevée, vers la gauche pour obtenir

une vitesse plus lente. Ce faisant, l'appareil photo règle automatiquement le diaphragme afin que l'exposition reste correcte.

TRUC

Modifier l'ouverture modifie également l'étendue de la profondeur de champ. C'est pourquoi, en mode Priorité à la vitesse, vous devez garder un œil sur la valeur du diaphragme si la profondeur de champ est un paramètre important pour vous. Notez aussi que, dans les conditions d'éclairage extrême, le diaphragme risque de ne pas pouvoir être réglé selon la vitesse sélectionnée. Vous devrez alors choisir une autre vitesse ou, en lumière faible, augmenter la sensibilité ISO.

- **Av (automatique avec priorité à l'ouverture)** : tournez la molette principale vers la droite pour fermer le diaphragme (valeur plus élevée) ou vers la gauche pour l'ouvrir (valeur plus faible). L'appareil photo règle automatiquement la vitesse afin que l'exposition reste correcte.

ATTENTION

Si vous travaillez à main levée, veillez à ce que la vitesse ne soit pas ralentie au point de provoquer un flou de bougé. Si le sujet est véloce, assurez-vous également que la vitesse d'obturation est suffisante pour figer l'action (ou suffisamment lente pour obtenir un flou de mouvement esthétique, si c'est cela que vous recherchez).

- **M (manuel) :** dans ce mode, vous sélectionnez à la fois la vitesse et le diaphragme :
  - *Pour régler la vitesse :* tournez la molette principale vers la droite pour un temps de pose plus rapide, vers la gauche pour un temps de pose plus lent.
  - *Pour régler le diaphragme :* le bouton Correction d'exposition enfoncé (voir Figure 5.17), tournez la molette principale. La mention Av, à côté du bouton, qui signifie *Aperture value*, « valeur de l'ouverture », vous rappelle que c'est ce bouton qui doit être enfoncé pour régler le diaphragme.

Figure 5.17 : Pour régler le diaphragme en mode manuel (M), maintenez le bouton Correction d'exposition enfoncé tout en tournant la molette principale.

N'OUBLIEZ PAS

Dans les modes M, Tv et Av, le réglage en cours de modification apparaît sur fond violet, avec une flèche incurvée de part et d'autre. Dans le manuel, ces flèches sont appelées « pointeurs de molette principale ». Elles rappellent que vous utilisez la molette pour régler. Par exemple, en mode M (manuel), la vitesse d'obturation est affichée sur fond violet, mais dès que vous appuyez sur le bouton Av, elle est remplacée par celle du diaphragme, comme à la Figure 5.18.

Vous pouvez aussi recourir à la technique du Contrôle rapide pour effectuer les réglages en modes M, Tv et Av. Procéder ainsi est particulièrement utile avec le mode manuel M, car vous pouvez régler le diaphragme sans avoir à vous demander sur quel bouton vous devez appuyer. Essayez : après avoir affiché l'écran Réglages de prise de vue, appuyez sur le bouton Contrôle rapide

(Q) pour afficher l'écran Contrôle rapide. Utilisez ensuite les touches du joypad pour sélectionner les réglages à modifier. Par exemple, à la Figure 5.18, l'ouverture est sélectionnée, ainsi que le mentionne le texte en bas de l'écran. Actionnez à présent la molette principale pour régler la valeur, enfoncez le déclencheur à mi-course et relâchez-le pour quitter le mode Contrôle rapide.

Figure 5.18 : Dans les modes M, Tv et Av, la vitesse et le diaphragme peuvent être réglés à partir de l'écran Contrôle rapide.

N'oubliez pas que dans les modes P, Tv, Av et A-DEP, les réglages effectués par l'appareil photo sont fondés sur ce qu'il estime être l'exposition correcte. Si vous ne les approuvez pas, vous avez le choix entre deux options : soit passer en mode manuel (M) et sélectionner le couple vitesse/diaphragme correspondant à l'exposition désirée, soit, si vous désirez rester dans l'un des modes automatiques, corriger l'exposition comme nous l'expliquons à la prochaine section.

Les outils de correction de l'exposition

En plus des classiques réglages du diaphragme, de la vitesse et de la sensibilité ISO, le Canon 600D est doté de divers outils permettant de résoudre les problèmes d'exposition les plus délicats.

Corriger la mesure de l'exposition

Quand l'appareil photo est en mode P, Tv, Av ou A-DEP, vous bénéficiez de l'exposition automatique tout en vous réservant la possibilité de la régler plus finement. Si vous estimez que la photo sera trop sombre ou trop claire, vous recourrez à la correction d'exposition, parfois appelée correction IL (IL sont les initiales de « indice de lumination » ; sur le matériel photo, la mention en anglais EV, *Exposure Value*, « valeur d'exposition » est souvent utilisée).

Cette commande oblige l'appareil à sous-exposer ou surexposer légèrement la photo, en faussant sciemment la mesure qu'il a effectuée. Elle est très facile à comprendre et à maîtriser :

- La correction d'exposition est exprimée en IL, comme dans +1,0 IL. Sur le Canon 600D, la plage de corrections s'étend de +5,0 IL à -5,0 IL.
- Un réglage de 0,0 IL équivaut à pas de correction.
- Chaque valeur entière d'IL correspond à un réglage normalisé de la vitesse (1/60e, 1/125e, 1/250e…) ou du diaphragme (f/4, f/5.6, f/8, f/11…). L'intervalle entre chacune de ces valeurs correspond à un doublement ou une division par deux de la quantité de lumière parvenant au capteur. Par exemple, en corrigeant de +1.0 IL, vous doublez la quantité de lumière captée.
- Pour éclaircir l'image, vous appliquez une correction positive. Plus elle est élevée, plus la photo est surexposée.
- Pour assombrir l'image, vous appliquez une correction négative. Plus elle est élevée, plus la photo est sous-exposée.

TRUC

La correction d'exposition est particulièrement utile lorsque la luminosité du sujet est très différente du reste de la photo, comme à la Figure 5.19. À cause du ciel très lumineux, l'appareil photo a déterminé une exposition trop sombre pour le palmier. Une correction de +1,0 IL a permis de rééquilibrer l'exposition de l'image.

Figure 5.19 : Pour éclaircir le sujet, appliquez une correction d'exposition positive.

Une manière de corriger cette mesure erronée de la lumière consiste à choisir un autre mode de mesure, comme nous l'avons expliqué précédemment dans ce chapitre. Ici, la photo a été prise en mode évaluatif, dans lequel la mesure de la lumière est effectuée sur la totalité de l'image. Opter pour une mesure sélective (ou spot) n'aurait certainement pas fait l'affaire, car le centre de l'image est sombre. Mais en général, corriger l'exposition vaut mieux que changer de mode de mesure. En la conservant et en appliquant une compensation de +1,0 IL, nous avons obtenu la photo de droite, mieux équilibrée.

N'OUBLIEZ PAS

Plusieurs possibilités s'offrent à vous pour corriger l'exposition. Néanmoins, suivant la solution choisie, vous pourrez ou non appliquer une correction plus importante que +/–2,0 IL. Dans la plupart des cas, une telle plage suffira, tandis qu'un écart de correction supérieur conviendra aux photos à plage dynamique étendue.

Pour rester dans l'écart classique de 2 valeurs, vous avez le choix entre deux façons de procéder pour corriger l'exposition :

- **Le bouton de correction de l'exposition :** maintenez ce bouton enfoncé tout en réglant la correction avec la molette principale. Remarquez la mention « +/- » sur le bouton. Elle vous rappelle que ce bouton sert à augmenter ou réduire la correction de l'exposition (quand à la mention « Av », comme expliqué précédemment, ce sont les initiales de *Aperture value,* valeur du diaphragme).

  Si l'écran Réglages de prise de vue est affiché, le posemètre devient actif lorsque le bouton de correction est enfoncé, ainsi que le montre la Figure 5.20. La correction de l'exposition est indiquée dans tous les modes d'exposition avancés, hormis M (manuel). Lorsque vous actionnez la molette principale, un petit repère carré se déplace sous l'échelle du posemètre. Par exemple, à la Figure 5.20, la correction est de +1,0 IL. Cette correction est également indiquée dans le viseur.

Correction de l'exposition

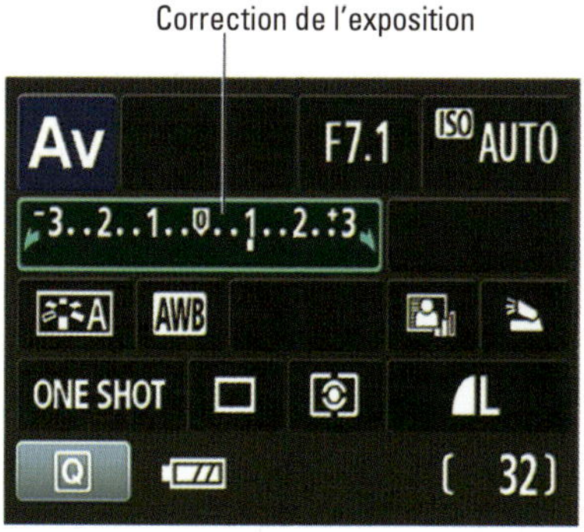

Figure 5.20 : Dans tous les modes d'exposition avancés, excepté M, la correction de l'exposition est indiquée sur le posemètre par un repère.

- **L'écran Contrôle rapide :** l'écran Réglages de prise de vue affiché, appuyez sur le bouton Contrôle rapide (Q) pour passer à l'écran Contrôle rapide. Sélectionnez ensuite le posemètre puis déplacez le repère de correction avec la molette.

Appuyez sur le déclencheur à mi-course pour quitter l'écran Contrôle rapide.

À la différence du contrôle par l'écran LCD, qui indique la correction d'exposition exacte sur un posemètre gradué de –5 à +5, le viseur affiche une échelle plus restreinte, comprise entre–3 et +3. Si vous dépassez la limite de cette échelle à l'aide de la molette principale, comptez bien chaque clic effectué avec cette dernière afin de savoir où vous en êtes, car le viseur ne donne aucune indication de la valeur une fois franchie l'une ou l'autre des limites.

Pour afficher le posemètre avec la gamme complète des corrections s'étendant de –5,0 à +5,0 IL, optez pour l'une de ces deux solutions :

- **Le menu Prise de vue 2 :** accédez à ce menu et choisissez l'option Corr. expo/AEB. Appuyez sur Set pour afficher les commandes à droite, dans la Figure 5.21. Réglez la correction avec les touches Gauche et Droite du joypad. Appuyez ensuite sur Set pour quitter. Si vous avez modifié la correction d'exposition avec le menu Prise de vue, vous devrez appuyer sur le bouton Set pour enregistrer ce changement : en effet, déclencher à mi-course ne permettra pas de mémoriser ce nouveau réglage.

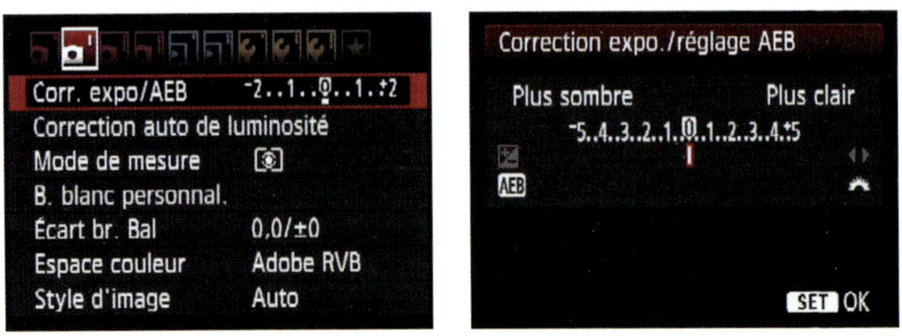

Figure 5.21 : Les menus permettent de corriger l'exposition jusqu'à 5,0 IL de plus ou de moins.

- **L'écran de Contrôle rapide :** sélectionnez le posemètre (à gauche dans la Figure 5.21) et appuyez sur le bouton Set pour afficher l'écran de droite, dans la même figure. Le posemètre est gradué de –5,0 à +5,0 IL.

Quand vous corrigez de plus de 2 IL en plus ou en moins, le repère de correction sous le posemètre n'est plus visible et un petit triangle à l'extrémité de l'échelle vous signale ce dépassement. Vous devrez accéder au menu de la Figure 5.21 pour connaître la valeur exacte de la correction.

La manière par laquelle l'appareil photo assombrit ou éclaircit l'image dépend du mode d'exposition :

- En mode Av (priorité à l'ouverture), l'appareil règle le temps de pose, à charge pour vous de choisir le diaphragme. Vérifiez la vitesse d'obturation finale pour vous assurer qu'elle n'est pas devenue trop lente pour photographier à main levée et risquer, soit un bougé, soit un flou de mouvement.
- En mode Tv (priorité à la vitesse), c'est l'inverse : vous sélectionnez la vitesse et l'appareil photo adapte l'ouverture en conséquence.
- En modes P (automatique programmé) et A-DEP (profondeur de champ automatique), l'appareil photo décide s'il doit régler le diaphragme, la vitesse ou les deux pour s'accommoder de la correction de l'exposition.

Ces explications sont valables si vous avez sélectionné une sensibilité ISO, et pour le réglage automatique de la sensibilité. Si vous avez opté pour le réglage ISO automatique, l'appareil photo agira plutôt sur les ISO.

Sachez cependant que l'appareil photo ne peut régler le diaphragme que dans une certaine mesure, selon la plage des ouvertures de l'objectif. Si vous arrivez à l'extrémité de cette plage, vous devrez trouver un autre couple vitesse/diaphragme ou choisir une autre sensibilité ISO.

Une dernière remarque, extrêmement importante, à propos de la correction de l'exposition : quand vous éteignez l'appareil photo et que vous le rallumez, l'exposition n'est pas ramenée au point neutre (0,0 IL). La correction que vous aviez définie reste en vigueur dans les modes P, Tv, Av et A-DEP jusqu'à ce que vous en changiez.

Échelle des IL : Quel intervalle ?

Par défaut, de nombreux réglages du Canon 600D sont basés sur des intervalles par tiers d'IL, ou palier, comme +0,3 ou +0,7 IL. Cette pratique est héritée du crantage de la bague de diaphragme des objectifs, qui est de 1/3 de valeur de diaphragme pour les objectifs de bonne qualité, et de 1/2 pour les objectifs bas de gamme (pour la petite histoire, sachez que des objectifs de chambre grand format sont crantés par quarts).

Vous pouvez paramétrer crantage par 1/2 valeur si vous le désirez. Pour cela, sélectionnez l'option Fonct. Personnalisées (C.Fn) dans le menu Configuration 3, appuyez sur Set, puis choisissez la fonction 1. Sélectionnez ensuite Palier 1/2 et appuyez sur Set.

L'échelle du posemètre sera désormais un peu différente dans les écrans Réglages de prise de vue et Visée par l'écran car, au lieu d'être graduée par tiers, elle le sera par quarts. En revanche, elle ne change pas dans le viseur, mais le repère d'exposition est affiché sous la forme d'une double ligne lorsque vous corrigez l'exposition par demi valeurs, comme +0,5 IL ou +1,5 IL et ainsi de suite.

Améliorer le contraste avec la Priorité hautes lumières

Lorsque des parties de la scène sont très sombres ou très claires, obtenir l'exposition correcte peut s'avérer très difficile. Lorsque vous posez pour les ombres, les hautes lumières sont souvent surexposées, comme à gauche sur la Figure 5.22. Le réverbère, au premier plan, est certes bien rendu, mais à l'arrière-plan les édifices sont légèrement délavés et manquent de détails, notamment le clocher de l'église.

Sans Priorité hautes lumières — Avec Priorité hautes lumières

Figure 5.22 : La fonction Priorité hautes lumières peut éviter la surexposition dans les tons très clairs.

La fonction Priorité hautes lumières permet, dans ce cas, d'obtenir une meilleure image. Ses effets sont visibles à droite, dans la Figure 5.22. La différence est subtile, mais si vous examinez attentivement l'immeuble blanc et le clocher, elle ne vous échappera pas. Les fenêtres sont discernables, le clocher a pris des couleurs et le bleu du ciel est un peu plus intense.

N'OUBLIEZ PAS

Par défaut, cette fonctionnalité est désactivée, ce qui peut sembler aberrant après avoir constaté les améliorations apportées à la Figure 5.22. Pour quelle raison ? La réponse réside dans le fait que pour pouvoir opérer, la fonction Priorité hautes lumières est obligée de restreindre la sensibilités à une plage de 200 à 6 400 ISO.

Ne pas disposer des sensibilités élevées n'est pas une grande perte car la montée du bruit à ces valeurs extrêmes n'incite guère à les utiliser. Mais sous un éclairage intense, la sensibilité de 100 ISO risque de manquer, obligeant à fermer le diaphragme plus que désiré ou de travailler à une vitesse plus élevée que prévu.

La fonction Priorité hautes lumière désactive la fonction de correction automatique de la luminosité, car cette dernière, qui tente d'améliorer le contraste de l'image, est incompatible avec la Priorité hautes lumières.

Procédez comme suit pour activer la fonction Priorité hautes lumières :

1. **Sélectionnez l'un des modes d'exposition avancés.**

   La Priorité hautes lumières ne fonctionne que dans les modes P, Tv, Av, M et A-DEP.

2. **Accédez au menu Configuration 3.**

3. **Sélectionnez Fonct. personnalisées (C.Fn), comme à gauche de la Figure 5.23, et appuyez sur Set.**

   Vous accédez aux fonctions personnalisées du Canon 600D.

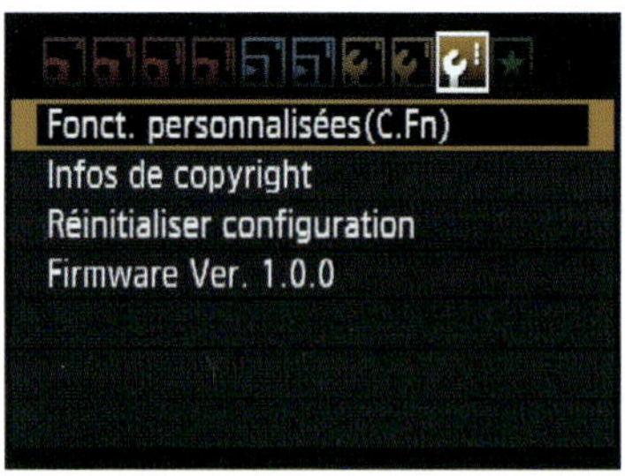

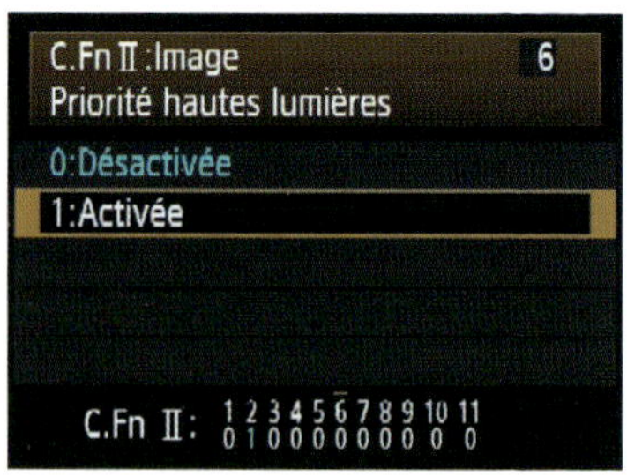

Figure 5.23 : La Priorité hautes lumières correspond à la fonction personnalisée 6 accessible par menu Configuration 3.

4. **Appuyez sur la touche Droite du joypad jusqu'à ce que vous ayez atteint la fonction personnalisée 6, Priorité hautes lumières. Appuyez ensuite sur Set.**

   Le numéro de la fonction personnalisée est affiché en haut à droite.

5. **Appuyez sur la touche Haut ou Bas du joypad pour atteindre la fonction Activée.**

6. **Appuyez sur Set.**

   L'option Activée (à droite, à la Figure 5.23), fait que la Priorité hautes lumières est à présent opérationnelle. Elle le restera jusqu'à ce que vous la désactiviez dans ce même menu.

Notez, à titre indicatif, que quand la Priorité hautes lumières est activée, le symbole D + est affiché près de la sensibilité ISO, dans les Réglages prise de vue, comme le révèle la Figure 5.24. Le même symbole se trouve près du réglage ISO dans le viseur ainsi que parmi les réglages des modes Visée par l'écran et Lecture.

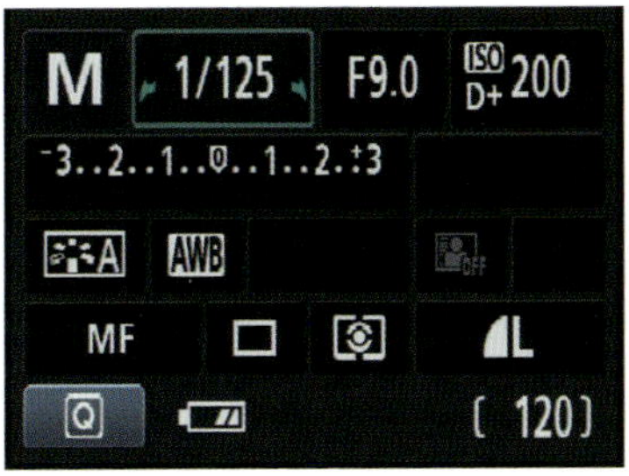

Figure 5.24 : La mention D + indique que l'option Priorité hautes lumières est active.

La Correction automatique de luminosité

Quand vous sélectionnez un réglage Qualité produisant un fichier d'image JPEG – et non Raw –, l'appareil photo s'efforce d'améliorer l'image lors de son traitement graphique. À la différence de la Priorité hautes lumières, qui se concentre sur les détails les plus lumineux de l'image, la Correction automatique de luminosité s'intéresse aux zones aussi bien sombres que lumineuses pour améliorer la tonalité globale de l'image. C'est particulièrement efficace quand le sujet contient d'importantes zones d'ombre qui, sans Correction automatique de luminosité, seraient restées indiscernables.

Dans les modes entièrement automatiques ainsi que dans le mode Créatif auto, vous ne contrôlez pas les réglages. Et en mode manuel (M), la correction automatique de luminosité n'est pas disponible. En revanche, dans les cinq autres modes – P, Tv, Av, M et A-DEP –, vous pouvez décider d'activer l'option Correction automatique de luminosité. Vous pouvez aussi demander une application plus forte de la correction qu'avec le réglage par défaut. La Figure 5.25 montre comment cette fonction peut donner plus de vigueur à une photo un peu terne.

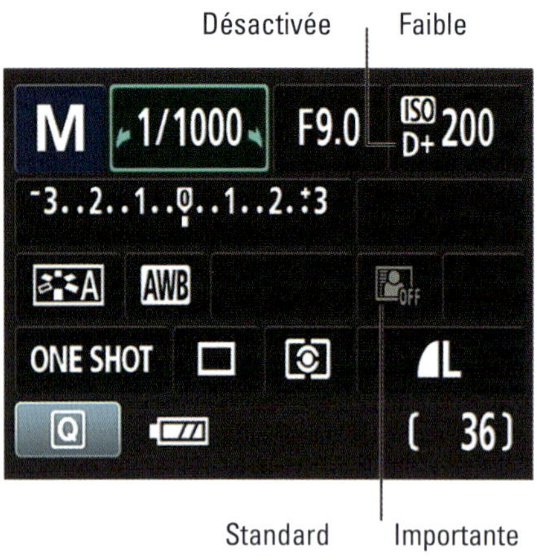

Figure 5.25 : La Correction automatique de luminosité a rendu cette photo un peu plus vigoureuse grâce à un meilleur contraste.

Au vu de l'amélioration apportée à la photo de la Figure 5.25 par la Correction automatique de luminosité, vous pourriez penser qu'il serait dommage de désactiver cette fonction. Il faut cependant tenir compte de quelques points importants :

- Le niveau de correction, d'une photo à une autre, varie considérablement selon le sujet. Dans cet exemple en particulier, la différence entre la correction Importante et Désactivée est plutôt évidente. Mais ce filtre ne produit pas toujours un résultat aussi clair. Dans ce même exemple, il est difficile de discerner une grande différence entre Désactivée et Faible.

- Bien que le filtre ait amélioré cette photo, il peut arriver qu'il n'apporte rien. Supposons par exemple que vous vouliez photographier un sujet éclairé à contre-jour pour obtenir un effet de silhouette ou obtenir une image à faible contraste. Dans les deux cas, il n'est pas souhaitable que l'appareil photo intervienne inopportunément dans la prise de vue.
- Comme le filtre est appliqué après la prise de vue, juste avant que la photo ne soit enregistrée sur la carte mémoire, il peut ralentir la cadence de prises de vue en rafale. Ceci compte aussi pour l'option Priorité hautes lumières.
- Dans certaines conditions d'éclairage, l'option Correction automatique de la luminosité peut provoquer une montée du bruit.

ATTENTION

Sachez aussi que la correction automatique de luminosité peut amoindrir l'efficacité de certaines autres fonctions d'exposition. Désactivez-la chaque fois que vous n'obtenez pas le résultat escompté quand vous utilisez l'une des fonctionnalités suivantes :

- La correction d'exposition, étudiée précédemment.
- La correction du flash, étudiée plus loin dans ce chapitre.
- Le bracketing d'exposition automatique, étudié lui aussi plus loin dans ce chapitre.

Par défaut, l'appareil photo applique la correction Standard. Pour procéder à des essais avec d'autres valeurs de correction, accédez au menu Prise de vue 2, sélectionnez Correction automatique de luminosité (à gauche sur la Figure 5.26). Appuyez ensuite sur la touche Set. Vous disposez de quatre choix, comme le montre la Figure 5.26 à droite : Standard, qui est le niveau de correction par défaut, Faible, Importante et Désactivée. Sélectionnez votre préférence et appuyez de nouveau sur Set pour valider le choix. Il reste en vigueur jusqu'à ce que vous reveniez dans ce menu pour le changer. Vous pouvez aussi accéder à ce réglage par l'écran Contrôle rapide. Dans ce cas, remarquez les petites barres à droite de l'icône : elles représentent le niveau de correction. Si la correction est désactivée, le mot *Off* est affiché.

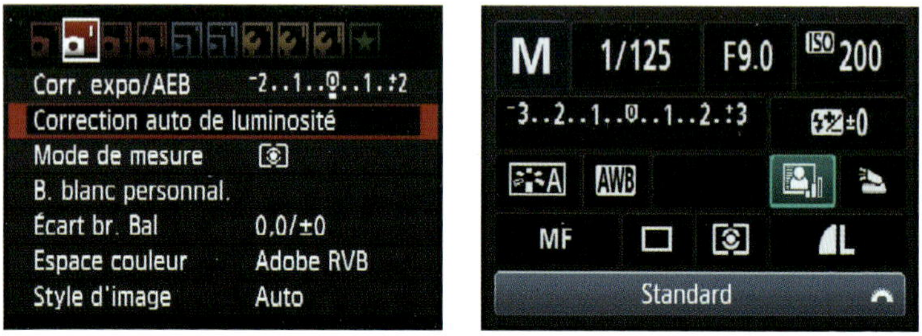

Figure 5.26 : Le réglage de la correction automatique de luminosité s'effectue au travers du menu Prise de vue 2 ou dans l'écran Contrôle rapide.

TRUC

Si vous ne savez pas quel niveau de correction automatique de la luminosité est le plus approprié, ou si vous vous inquiétez des inconvénients de ce filtrage, prenez plutôt les photos en Raw. Dans ce format, aucun traitement n'est appliqué aux photos, que le filtre soit actif ou non. Par la suite, vous pourrez appliquer la correction de la luminosité avec l'application Canon Digital Photo Professional, le logiciel fourni avec l'appareil photo, au moment de la conversion de la photo au format Raw dans un format standard.

Corriger le vignettage avec la fonction Correction éclairage périphérique

En raison d'arides paramètres optiques qu'il serait bien trop ennuyeux de développer dans ces pages, certains objectifs assombrissent les bords de la photo. L'image est plus lumineuse au milieu qu'en périphérie. Cette déperdition de la lumière vers les bords porte le doux nom de vignettage. L'importance du phénomène dépend de la qualité de l'objectif, de l'ouverture du diaphragme et de la focale.

Le Canon 600D est doté d'une fonction nommée Correction éclairage périphérique destinée à compenser le vignettage en dosant la lumière aux bords de la photo, comme le montre la Figure 5.27. À gauche, les coins sont assombris. À droite, la correction de l'éclairage périphérique a été activée.

Sans correction de l'éclairage périphérique   Avec correction de l'éclairage périphérique

Figure 5.27 : La correction de l'éclairage périphérique tente de corriger le vignettage produit par certains objectifs.

La fonction Correction de l'éclairage périphérique est disponible quel que soit le mode d'exposition, y compris les modes entièrement automatiques. Mais votre attention doit être attirée sur quelques points :

- **La correction n'est applicable qu'aux photos prises au format JPEG :** pour les photos en Raw, vous appliquerez et réglerez cette fonction au moment de traiter le fichier Raw avec le logiciel Canon Digital Photo Professional. La place nous manque pour exposer toutes ses fonctionnalités, mais vous trouverez les détails dans son manuel, fourni sous forme de fichier PDF dans l'un des CD accompagnant l'appareil photo.

- **Pour que l'appareil photo puisse appliquer la correction appropriée, les données à propos de l'objectif utilisé doivent se trouver dans le microprogramme interne – le** *firmware* **– de l'appareil photo.** Vous pouvez vérifier si l'objectif est reconnu en accédant au menu Prise de vue 1 et en sélectionnant l'option Correct. éclairage périph., comme à gauche à la Figure 5.28. Appuyez ensuite sur Set pour accéder à l'écran de droite. Si le type d'objectif monté est indiqué, comme dans la Figure 5.28, et que la mention Données de correction disponibles est affichée, cela signifie que la fonction est activée par défaut.

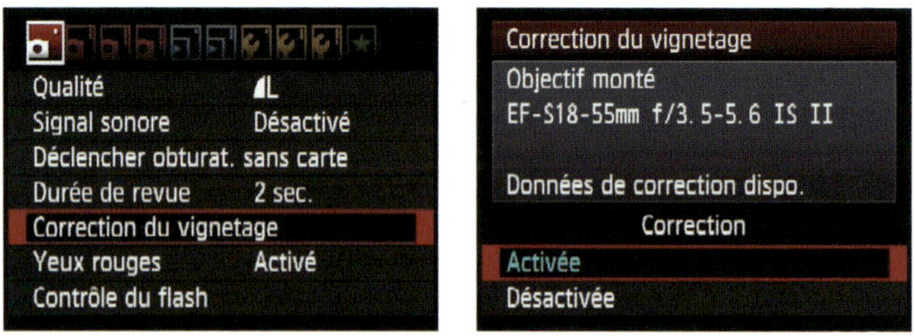

Figure 5.28 : Si l'appareil photo possède les données concernant l'objectif, vous pouvez activer la fonction de correction.

Si l'objectif que vous utilisez n'est pas reconnu, vous pouvez communiquer ses caractéristiques à l'appareil photo. Canon appelle cela « enregistrer l'objectif ». Vous effectuez cette opération en reliant l'appareil photo à l'ordinateur avec le câble USB et en utilisant ensuite le logiciel EOS Utility présent sur l'un des CD livrés. Reportez-vous au manuel d'EOS Utility pour les détails de la procédure.

- **Si vous utilisez un objectif qui n'est pas de la marque Canon, la société Canon recommande de ne pas activer la correction de l'éclairage périphérique, même si l'appareil photo signale que les données de correction sont disponibles.** Vous pourrez néanmoins appliquer cette correction avec Digital Photo Professional, si vous avez photographié en Raw. La désactivation de la fonction Correct. éclairage périph., s'effectue en choisissant Désactivée, à droite à la Figure 5.28.

ATTENTION

- **Dans certaines circonstances, la correction peut accroître la montée du bruit dans les coins de la photo.** Le réglage de l'exposition peut le rendre plus apparent. De plus, lorsque la sensibilité ISO est élevée, le filtre est appliqué avec moins de force, sans doute pour éviter de bruiter plus encore l'image (reportez-vous à la première partie de ce chapitre pour connaître la corrélation entre le bruit et les ISO).

La mémorisation de l'exposition

Pour garantir une exposition toujours correcte, l'appareil photo mesure continûment la lumière jusqu'au moment où le déclencheur est complètement enfoncé pour prendre la photo. Dans les modes automatiques, c'est-à-dire tous les modes sauf M (manuel), les réglages de l'exposition sont réajustés en permanence.

Dans la plupart des situations, ce comportement est parfait, car il garantit une exposition correcte selon l'éclairage au moment même où vous déclenchez. Mais, de temps en temps, vous désirerez conserver le couple vitesse/diaphragme comme dans ce cas de figure : supposons que vous preniez plusieurs vues d'un vaste paysage afin de les fusionner à l'aide de votre logiciel de retouche et obtenir ainsi un large panorama. À moins que la lumière ne soit identique sur la totalité du paysage, le posemètre de l'appareil photo appliquera des réglages différents à chacune des photos, selon la luminosité de ce qui est cadré. Il peut en résulter des variations du contraste et de la luminosité, de l'une des vues à une autre.

Le moyen le plus efficace d'éviter ces variations de luminosité sur un panorama consiste à verrouiller l'exposition, activer le mode M (manuel) et utiliser les mêmes vitesse, diaphragme et ISO pour chacune des vues.

Mais si vous préférez rester en mode P, Tv ou Av, les actuels réglages peuvent être verrouillés en procédant ainsi (l'utilisation de cette fonction avec la visée par l'écran est détaillée au Chapitre 4) :

1. **Enfoncez le déclencheur à mi-course.**

   Si l'autofocus est enclenché, la mise au point est elle aussi verrouillée.

2. **Appuyez sur le bouton Mémorisation de l'exposition.**

   L'exposition est à présent mémorisée et le reste pendant quatre secondes, même si vous avez relâché le bouton de mémorisation ou le déclencheur. Pour vous rappeler que la mémorisation de l'exposition est en vigueur, un petit astérisque est affiché dans le viseur ou sur le moniteur, en mode Visée par l'écran. S'il faut mémoriser une nouvelle fois l'exposition, appuyez de nouveau sur le bouton AE.

Un point important à propos de la mémorisation de l'exposition : l'appareil photo établit l'exposition différemment selon le mode de mesure, le mode de mise au point (manuel ou autofocus) et la manière de faire le point en se basant sur les collimateurs d'autofocus (ces options sont décrites en détail au Chapitre 6). Voici un aperçu :

- **Mesure évaluative et sélection automatique de collimateur d'autofocus :** l'exposition est verrouillée sur le collimateur ayant servi à effectuer la mise au point.
- **Mesure évaluative et sélection manuelle du collimateur d'autofocus :** l'exposition est verrouillée sur le collimateur sélectionné.

- **Tous les autres modes de mesure :** l'exposition est basée sur le collimateur d'autofocus central, quel que soit le mode de sélection du collimateur.
- **Mise au point manuelle :** l'exposition est basée sur le collimateur d'autofocus central.

Si toutes ces notions de collimateurs d'autofocus vous semblent obscures, reportez-vous au Chapitre 6 pour avoir des éclaircissements.

TRUC

En associant l'exposition automatique et la mesure spot, vous obtiendrez une bonne exposition des photos dans lesquelles le sujet est décentré et d'une luminosité très différente de celle de l'arrière-plan. Prenons le cas d'une statue sur fond de ciel bleu. Vous sélectionnez d'abord la mesure Spot afin que l'appareil ne mesure la lumière que sur une petite pastille centrale. Centrez d'abord la statue de manière à ce qu'elle se trouve sous le cercle dans le viseur. Enfoncez ensuite le déclencheur à mi-course pour faire la mise au point, puis verrouillez-la avec le bouton Mémorisation de l'exposition. Recadrez ensuite la vue selon la composition que vous désirez obtenir puis prenez la photo.

Le bracketing d'exposition automatique

La fonction de *bracketing d'exposition automatique* sert à prendre plusieurs fois la même photo, mais en étageant les réglages d'exposition. Vous choisissez ensuite celle qui est la mieux exposée.

Lorsque le bracketing est activé, la première photo est prise avec les réglages courants, la deuxième avec des réglages produisant une image un peu plus sombre et la troisième est prise avec des réglages produisant une image un peu plus claire. Vous pouvez préciser l'amplitude de la correction appliquée au cours du bracketing.

TRUC

En plus de permettre de disposer de plusieurs vues exposées un peu différemment, le bracketing sert aussi à fournir les vue d'une photo HDR (*High Dynamic Range,*

« plage dynamique étendue »). Le principe est le suivant : lorsqu'une scène contient à la fois des parties si claires qu'elle risquent d'être grillées et d'autres parties si sombres qu'elle risquent d'être bouchées, le photographe prend une série de vues identiques, mais exposées chacune spécifiquement pour les parties à utiliser. Elles sont ensuite fusionnées à l'aide d'un logiciel qui ne retient que les parties les mieux rendues. Il est ainsi possible de couvrir toute la plage dynamique d'une scène à fort contraste. La Figure 5.29 montre un HDR simple, à deux vues (certaines photos très élaborées sont réalisées à partir de 9, 11 ou 13 vues). Les deux photos d'en haut ont été fusionnées pour obtenir celle d'en bas.

Que le bracketing d'exposition ou le HDR vous tentent ou non, retenez quand même ces quelques points :

- **Mode d'exposition :** le bracketing est utilisable avec n'importe lequel des modes d'exposition avancés P, Tv, Av, M et A-DEP.
- **Flash :** le flash n'est pas disponible.
- **Correction de l'exposition :** il est possible de l'associer au bracketing, si vous le désirez. L'appareil tient compte de la correction pour les photos bracketées.
- **Correction automatique de luminosité :** il est vivement recommandé de ne pas utiliser le bracketing lorsque cette option est active. Comme elle a été conçue pour corriger les photos sous-exposées ou manquant de contraste, elle risque de rendre le bracketing inefficace. Reportez-vous à la section « Désactiver la Correction automatique de luminosité », précédemment dans ce chapitre, pour savoir comment la neutraliser.

Figure 5.29 : La vue la plus claire et la vue la plus foncée ont été fusionnées à l'aide d'un logiciel de HDR pour produire la photo composite (en bas).

Activer le bracketing

Ce préambule clos, voici comment activer le bracketing d'exposition automatique :

1. **Accédez au menu Prise de vue 2 et sélectionnez Corr. expo/AEB, comme à gauche Figure 5.30.**

(NdT : AEB sont les initiales de *Automatic Exposure Bracketing*, « bracketing automatique de l'exposition ».)

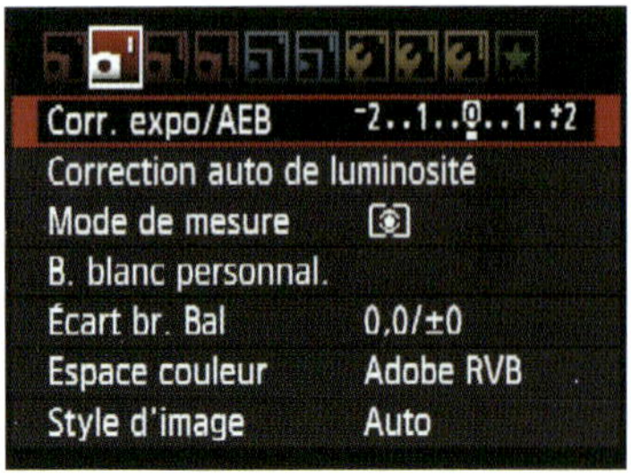

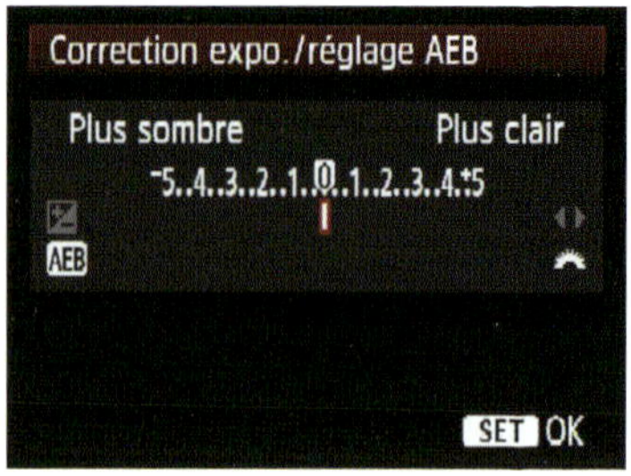

Figure 5.30 : Le bracketing prend trois photos à des expositions légèrement différentes les unes des autres.

2. **Appuyez sur Set.**

   L'écran de droite, à la Figure 5.30, apparaît. Il est de la même nature que celui qui apparaît lorsque vous corrigez l'exposition à partir d'un menu, comme expliqué précédemment dans ce chapitre. En mode Manuel, la correction de l'exposition n'a pas lieu d'être car, pour assombrir ou éclaircir l'image, il suffit de modifier le diaphragme, la vitesse d'obturation ou la sensibilité ISO. C'est pourquoi les graduations de l'échelle de correction ne sont pas visibles.

3. **Actionnez la molette principale pour régler l'intervalle d'exposition entre les prises de vue.**

   Le contenu de l'écran dépend du mode d'exposition sélectionné :

   - *Mode M* : l'écran est semblable à celui de gauche, à la Figure 5.31. Seule l'échelle du bracketing d'exposition est affichée. Les graduations blanches encadrées de rouge représentent l'amplitude du bracketing. Il est au maximum de 2 IL de part et d'autre de l'exposition normale. La première photo est toujours prise avec l'exposition normale. La deuxième est sous-exposée et la troisième surexposée.

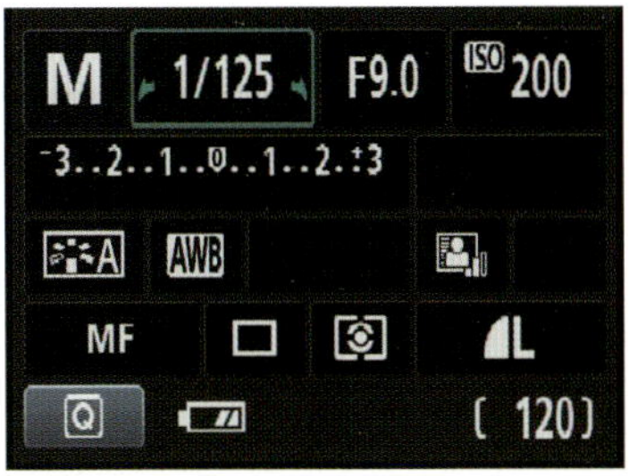

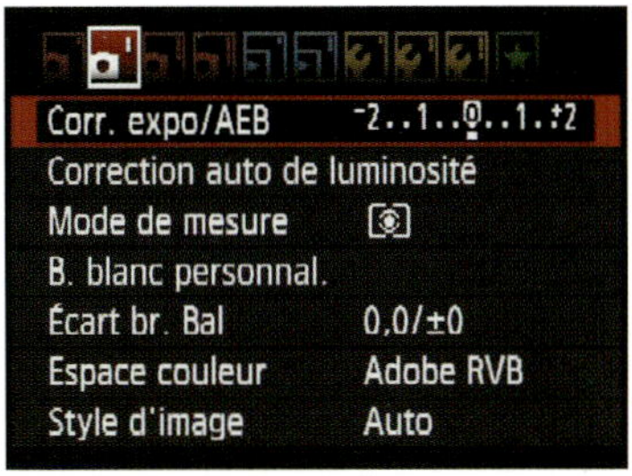

Figure 5.31 : Le réglage du bracketing en mode M (à gauche) et dans les autres modes (à droite).

- *Mode P, Tv, Av ou A-DEP :* dans tous ces modes, l'échelle de la correction de l'exposition et celle du bracketing sont visibles (à droite, sur la Figure 5.31). Cette dernière peut s'étendre pour couvrir jusqu'à 7 IL d'écart, selon le réglage effectué avec la molette principale.

Actionnez la molette afin de régler l'intervalle d'exposition entre les différentes vues.

Veillez à ne pas utiliser les touches du joypad au lieu de la molette, car vous fausseriez l'exposition (les touches règlent en effet la correction de l'exposition).

4. **Appuyez sur Set.**

Le bracketing d'exposition automatique est maintenant actif. Pour vous le rappeler, le posemètre de l'écran Réglages de l'appareil photo montre les trois indicateurs qui viennent d'être positionnés, ainsi que le montre la Figure 5.32. Les mêmes repères se trouvent dans le viseur.

Si vous préférez, vous pouvez aussi activer le bracketing de l'exposition à partir de l'écran Contrôle rapide. L'écran Réglages prise de vue activé, appuyez sur le bouton Contrôle rapide (Q), puis sélectionnez le posemètre à l'aide des touches du joypad. Appuyez de nouveau sur Set pour accéder à un écran possédant les mêmes commandes que l'écran auquel vous accédez par le menu.

Là encore, actionnez la molette pour régler l'intervalle du bracketing. Appuyez ensuite sur Set.

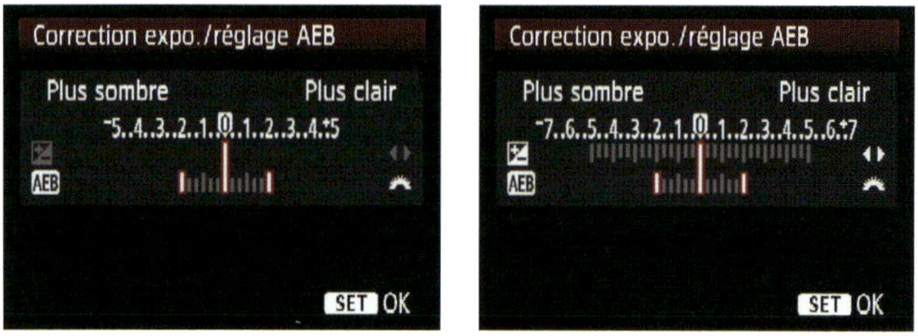

Figure 5.32 : Les trois repères sous le posemètre rappellent que le bracketing d'exposition est actif.

Pour désactiver le bracketing d'exposition, répétez les étapes précédentes mais en repositionnant réduisant cette fois l'intervalle des IL à zéro.

N'OUBLIEZ PAS

Le bracketing est désactivé lorsque vous éteignez l'appareil photo, que vous activez le flash, ou que vous remplacez la batterie ou la carte mémoire. Il n'est pas utilisable en mode Manuel si l'obturateur est en pose B, une option qui conserve l'obturateur ouvert tant que le déclencheur est enfoncé.

À propos des vues bracketées

La manière dont le trio d'exposition est enregistré dépend du mode Acquisition en cours : Vue par vue ou En continu (appuyez sur la touche Gauche du joypad pour accéder à l'écran permettant de sélectionner l'un de ces modes).

- **Le bracketing en mode Vue par vue :** chaque exposition est prise séparément quand vous enfoncez trois fois et complètement le déclencheur.

  TRUC

  Si vous ne savez plus à quelle vue vous en êtes, jetez un coup d'œil au posemètre. Après avoir enfoncé le déclencheur à mi-course pour mémoriser l'exposition, il n'affiche qu'un seul repère au lieu des trois. S'il est à zéro, vous vous apprêtez à prendre la première photo. S'il est à gauche, vous allez prendre la deuxième vue. S'il est à droite, vous allez prendre la troisième vue, qui produit l'image la plus claire.

- **Le bracketing en mode En continu :** les trois vues sont prises d'une seule pression sur le déclencheur. Pour prendre une autre rafale, relâchez et enfoncez de nouveau le déclencheur. Quand le bracketing est actif, l'appareil photo ne photographie pas en rafale comme en mode En continu ; il se contente de ne prendre que les trois photos du bracketing.
- **Modes Retardateur/Télécommande :** les trois vues sont prises après un seul appui sur le déclencheur, comme en mode En continu.

Le flash dans les modes d'exposition avancés

Parfois, agir sur le diaphragme, la vitesse ou la sensibilité ISO ne permet pas d'obtenir une exposition suffisante. Dans ce cas, un surcroît d'éclairage s'impose. Le flash incorporé est alors la solution la plus commode.

- Dans le mode Scène Intelligente auto et avec les modes de scène, c'est l'appareil photo qui décide de l'utilisation du flash ou non.
- Dans le mode Créatif auto, vous pouvez choisir de laisser à l'appareil photo le choix d'utiliser le flash ou non (flash automatique) ou le configurer afin qu'il toujours utilisé, ou au contraire jamais utilisé. Ce choix s'effectue au travers de l'écran Contrôle rapide.
- Dans les modes avancés, c'est toujours vous qui décidez de l'usage du flash. Aucun des modes automatiques ne vous passera la main. Pour déployer le flash, appuyez sur le bouton situé à gauche sur la façade du boîtier. Pour le désactiver, appuyez sur le flash afin de l'escamoter.

- Pour l'utilisation normale du flash dans les modes avancés, laissez la fonction Émission du flash sur Normale. La manière la plus rapide de régler le flash passe par l'écran Contrôle rapide. La Figure 5.33 montre l'icône à sélectionner pour accéder aux réglages.

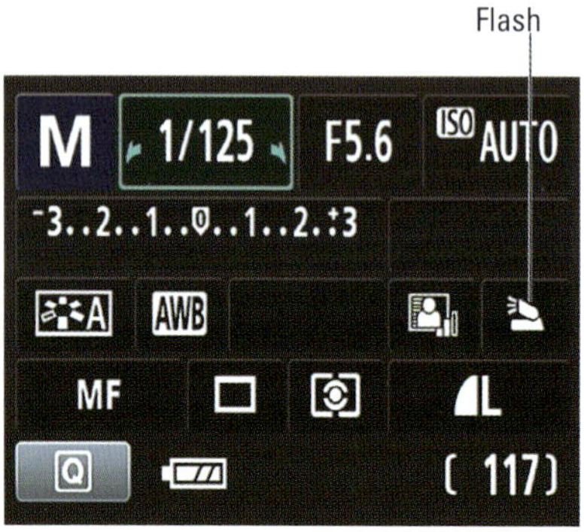

Figure 5.33 : Accédez ici aux fonctions du flash.

- Dans les modes entièrement automatiques, le flash peut être mis en mode Atténuateur des yeux rouges. Accédez au menu Prise de vue 1 et activez ou désactivez l'option Yeux rouges. Lorsqu'elle est en fonction, un pré-éclair est émis pour provoquer la contraction des pupilles du sujet et réduire ainsi le risque de réflexion de l'éclair sur la rétine.
- Avec le flash intégré, la vitesse d'obturation la plus rapide est de 1/200 s. Elle correspond au moment où le premier rideau de l'obturateur est arrivé au bord opposé, mais sans que le second rideau ait commencé sa course.
- Faites attention quand vous utilisez un téléobjectif relativement long (nous parlons ici de sa longueur physique, pas de sa focale). Il risque en effet de masquer une partie de l'éclair, et de projeter ainsi une ombre portée indésirable.

La prochaine section explique plus en détail comment le flash calcule la puissance, ou plus exactement la durée, de l'éclair nécessaire pour exposer la photo. Il s'agit là d'un domaine un peu technique, mais qui vous aidera à comprendre comment le flash éclaire le sujet ainsi que les variations selon le mode d'exposition.

Après cette étude, le reste du chapitre présente les fonctions avancées du flash, y compris la correction et la mémorisation. Vous découvrirez quelques conseils vous permettant d'obtenir de meilleurs résultats. Reportez-vous au Chapitre 2 pour les détails concernant le phénomène des yeux rouges.

Comprendre le flash en un éclair

Quand vous utilisez le flash, l'appareil photo calcule automatiquement la puissance de l'éclair nécessaire pour éclairer le sujet. Le Canon 600D utilise à cette fin un procédé appelé E-TTL II. La lettre « E » est l'initiale de *évaluative,* tandis que TTL sont celles de *Through The Lens,* car la mesure est faite d'après la lumière traversant l'objectif. Enfin, le chiffre romain II indique qu'il s'agit de la seconde mouture de du procédé.

Le flash peut être utilisé de deux manières : comme source d'éclairage principal ou comme éclairage d'appoint. Dans le premier cas, le sujet et l'arrière-plan sont éclairés par le flash. En lumière faible, le sujet est généralement très éclairé tandis que le fond est sombre, comme à gauche à la Figure 5.34.

Avec le flash en appoint, l'arrière-plan est éclairé par la lumière ambiante que le flash complète par une illumination supplémentaire. Il débouche le fond et adoucit souvent l'éclairage du sujet, car l'éclair est moins puissant. L'inconvénient est que si la lumière ambiante est faible, comme en photo de nuit, vous devez utiliser une pose lente pour exposer correctement la photo. De plus, l'appareil et le sujet doivent être immobiles pour éviter du flou de bougé et/ou de mouvement. La vitesse d'obturation pour le flash d'appoint était de 1/30 s, l'appareil fixé sur un trépied (bien que le cerf ne risquât pas de bouger).

Flash comme source de lumière principale — Flash de remplissage

Figure 5.34 : Avec le flash d'appoint, l'arrière-plan est plus clair.

Aucun choix n'est bon ou mauvais. La préférence d'un arrière-plan sombre dépend de votre manière de voir et de rendre la scène. Vous utiliserez alors le flash comme source d'éclairage principal. Mais si l'arrière-plan participe activement au contexte, préserver la lumière ambiante et ajouter juste ce qu'il faut de flash sera préférable.

Comment s'applique cette petite leçon en pratique ? Eh bien, c'est le mode d'exposition (P, Tv, Av, M ou A-DEP) qui détermine si le flash sera utilisé en appoint ou comme éclairage principal. Les modes d'exposition agissent eux aussi sur le réglage automatique du diaphragme et de la vitesse en fonction de la lumière ambiante.

TRUC

Un autre point à propos du flash : bien que bon nombre de gens considèrent qu'il n'est utile que la nuit ou en intérieur, beaucoup de prises de vue en extérieur, notamment les portraits sous une lumière dure, sont améliorées par un éclairage d'appoint. La Figure 5.34 montre une photo prise sur un marché, un matin ensoleillé, sans flash et avec.

Dans tous les modes, l'appareil photo analyse à la fois l'éclairement du sujet et de l'arrière-plan, puis il calcule l'exposition et la puissance du flash de la manière suivante :

- **P :** la vitesse est automatiquement réglée entre le 1/60 et le 1/200 s. Si la lumière ambiante est suffisante, la puissance du flash est réglée de manière à ne produire qu'un éclairage d'appoint. Autrement, le flash est considéré comme la principale source d'éclairage, et la puissance réglée en conséquence. L'arrière-plan peut alors être sombre, comme à gauche Figure 5.34.
- **Tv :** le flash se comporte par défaut comme un éclairage d'appoint. Après avoir sélectionné la vitesse, l'appareil photo détermine le diaphragme nécessaire pour exposer l'arrière-plan avec la lumière ambiante. Il règle ensuite le flash de manière à fournir un éclairage d'appoint pour le sujet.

  Vous pouvez sélectionner une vitesse entre 30 secondes et 1/200e de seconde. Si le réglage du diaphragme clignote, cela signifie que l'appareil photo ne parvient pas à exposer correctement l'arrière-plan à la vitesse que vous avez sélectionnée. Vous pouvez corriger le problème soit avec une vitesse plus lente, soit en modifiant la sensibilité ISO.
- **Av :** là encore, le flash est censé fournir un éclairage d'appoint. Après que vous avez réglé le diaphragme, l'appareil photo sélectionne la vitesse nécessaire pour exposer l'arrière-plan avec la seule lumière ambiante. La puissance du flash est ensuite réglée pour déboucher les ombres du sujet.

  Selon la lumière ambiante et le diaphragme, l'appareil photo choisit n'importe quelle vitesse entre 30 secondes et 1/200 s. Gardez un œil vigilant sur la vitesse lors des prises de vue, afin qu'elle ne tombe pas sous la limite qui vous obligerait à utiliser un trépied ou à demander au sujet de ne pas bouger.

Pour éviter le risque d'une pose lente, accédez au menu Configuration 3, choisissez Fonct. personnalisées et appuyez sur Set. Sélectionnez ensuite Fonct. personnalisée 3, comme à la Figure 5.35. Avec le réglage par défaut, l'appareil opère comme nous venons de le décrire. Mais si vous sélectionnez l'option suivante, 1/200-1/60sec. auto, cette plage de vitesse sera systématiquement sélectionnée pour le flash. Avec la troisième option, la vitesse est réglée au 1/200e lorsque vous utilisez le flash.

Les deux dernières options garantissent que vous pouvez photographier à main levée sans risque de flou de bougé, mais quand la lumière qui baigne la scène est faible, l'arrière-plan peut devenir tout noir car le temps de pose est insuffisant pour enregistrer la lumière ambiante. Avec le réglage 1/200-1/60sec. auto, l'arrière-plan est généralement plus clair qu'avec la vitesse fixe au 1/200e, car l'appareil peut réduire le temps de pose à 1/60e s'il le juge utile.

Figure 5.35 : Vous pouvez imposer une vitesse d'obturation rapide quand le flash est utilisé en mode Priorité à l'ouverture.

- **M** : la luminosité de l'arrière-plan dépend de la vitesse, du diaphragme et de la sensibilité ISO que vous avez sélectionnées. L'appareil photo s'efforce d'illuminer le sujet avec un éclairage d'appoint. La vitesse maximale que vous pouvez sélectionner est le 1/200e, la plus lente le 1/30e.

  Vous pouvez aussi choisir la pose B – vitesse réglée sur Bulb – au cours de laquelle l'obturateur reste ouvert tant que le déclencheur est enfoncé. L'éclair est émis dès le début de l'exposition si dans le menu Réglage fonct. flash intégré, l'option Synchro est réglée sur 1er rideau. Avec l'option 2e rideau, le flash est déclenché au début de l'exposition et une autre fois à la fin de l'exposition. Reportez-vous à la section « Les autres options du flash », plus loin dans ce chapitre, pour les détails sur la synchro flash.

- **A-DEP :** le flash est utilisable dans ce mode, mais la fonction de profondeur de champ automatique est désactivée. Le flash et le système d'exposition fonctionnent comme en mode P. Vous ne pouvez cependant pas choisir librement le diaphragme ou la vitesse. Vous êtes obligé d'accepter l'indice de lumination (l'un des couples diaphragme/vitesse) sélectionné par l'appareil photo.

Si dans l'un de ces modes d'exposition la vitesse ne vous convient pas, vous pouvez la modifier avec la fonction de correction d'exposition au flash, décrite à la prochaine section, ou encore avec la mémorisation de l'exposition au flash, expliquée ensuite. Retenez que la correction d'exposition étudiée précédemment est utilisable dans tous les modes automatiques, notamment pour équilibrer la lumière ambiante et celle du flash, et éclaircir ainsi l'arrière-plan. Diverses possibilités vous sont offertes : la correction d'exposition pour illuminer le fond ou encore la correction d'exposition au flash et la mémorisation d'exposition au flash.

Un dernier point : toutes ces préconisations s'appliquent au flash incorporé. Si vous utilisez un flash externe Canon, vous bénéficiez non seulement d'un contrôle plus étroit de l'éclair, mais vous pouvez aussi sélectionner une vitesse d'obturation plus rapide que celle permise par le flash incorporé.

Modifier la puissance du flash

Quand vous photographiez avec le flash incorporé, l'appareil photo s'efforce de régler sa puissance pour produire une exposition correcte selon l'éclairage ambiant. Mais parfois vous désirerez bénéficier d'un peu plus ou d'un peu moins de lumière que ce que l'appareil a estimé.

La Figure 5.36 montre les avantages de la correction d'exposition du flash. Cet étalage de fruits et légumes a été photographié par temps clair, sous un auvent. La première photo a été prise sans flash, la seconde avec. Remarquez les couleurs plus éclatantes ainsi que le meilleur rendu des détails fins et du modelé.

Sans le flash | Avec le flash

Figure 5.36 : Le flash améliore les photos prises en extérieur.

La puissance du flash peut être réglée à l'aide d'une fonction de *correction d'exposition au flash*. Le principe est le même que celui de la correction évoqué précédemment, sauf qu'elle agit sur la durée du flash et non sur le diaphragme et/ou la vitesse. Dans les deux cas, la correction est cependant exprimée en IL (indice de lumination), sur une plage de +2,0 IL à -2,0 IL.

N'espérez pas de miracle même avec une correction de +2,0 IL. Tous les flashs incorporés ont une portée limitée, de l'ordre de quelques mètres ; ne comptez pas sur lui pour illuminer un sujet lointain (l'Arc de triomphe depuis la contre-allée circulaire ou le Stade France du fond des tribunes, comme on le voit souvent).

Il existe deux moyens de régler la puissance du flash incorporé :

- **Depuis l'écran Contrôle rapide :** c'est sans doute la voie la plus rapide. Après avoir affiché l'écran Réglages prise de vue, appuyez sur le bouton Contrôle rapide (Q) pour accéder à l'écran Contrôle rapide. Sélectionnez ensuite le symbole Correction expo. flash comme à gauche, à la Figure 5.37. Actionnez la molette principale pour augmenter ou réduire la puissance du flash (à droite, Figure 5.37). Ou, si vous désirez plus d'aide, appuyez sur Set pour accéder au second écran de la figure, qui vous rappelle que ce réglage est sans effet si vous utilisez un flash externe (dans ce cas, c'est directement sur le flash externe que vous réglez la puissance). La puissance du flash incorporé peut être réglée avec la molette ou les touches du joypad. Appuyez sur Set une fois que vous aurez fini.

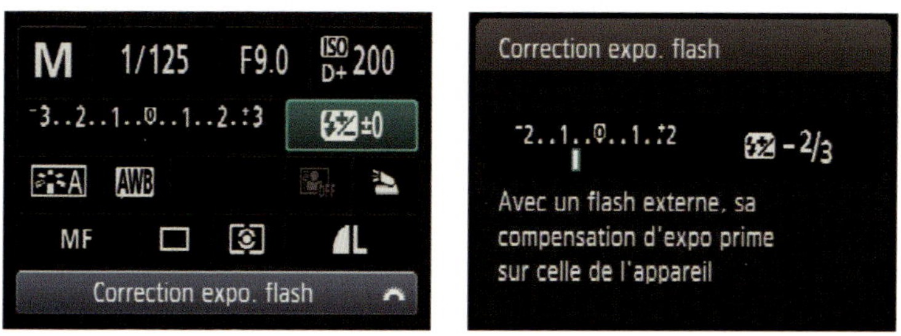

Figure 5.37 : L'écran Contrôle rapide est le moyen le plus rapide pour régler la puissance du flash.

- **Le menu Prise de vue 1 :** sélectionnez l'option Contrôle du flash, appuyez sur Set puis sélectionnez Réglage fonct. flash intégré, comme à gauche dans la Figure 5.38. Sélectionnez Corr exp. et appuyez sur Set. Appuyez ensuite sur la touche Droite ou Gauche du joypad pour régler le flash. Appuyez ensuite sur Set (en bref, la première technique, par l'écran Contrôle rapide, épargne une longue errance dans le dédale de menus).

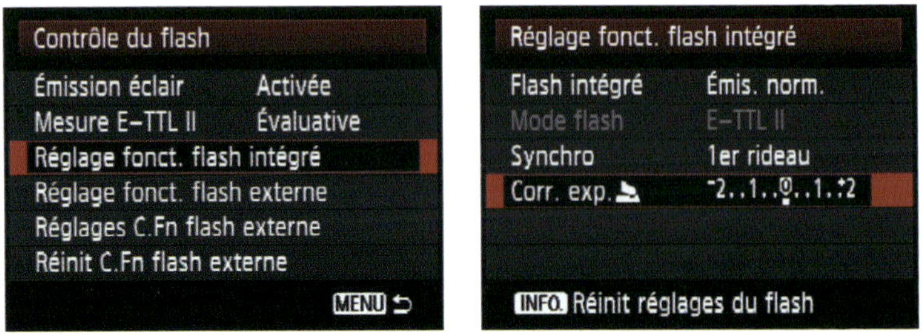

Figure 5.38 : Corrigez le flash avec l'option Corr expo flash.

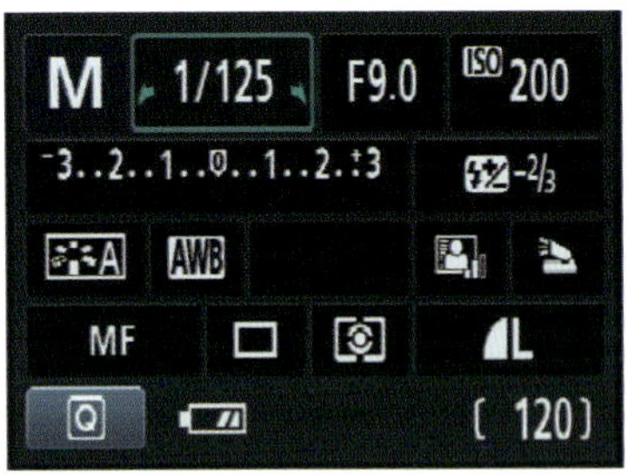

Figure 5.39 : La valeur de la correction du flash n'est affichée que si elle est différente de zéro.

À l'instar de la correction de l'exposition, celle du flash reste en vigueur même après avoir éteint et rallumé l'appareil photo. Pensez à vérifier ce réglage lorsque vous comptez utiliser le flash. De plus, la fonction Correction automatique de luminosité, étudiée précédemment dans ce chapitre, étant susceptible d'interférer avec la correction du flash, il est préférable de la désactiver.

Mémoriser l'exposition du flash

Vous ne l'avez peut-être pas remarqué, mais lorsque vous appuyez sur le déclencheur pour prendre une photo au flash, un bref pré-éclair est émis juste avant l'éclair lui-même. Il sert à calculer la durée du flash nécessaire pour exposer correctement l'image.

Il peut arriver que l'information renvoyée par le pré-éclair ne corresponde pas au sujet, parce que celui-ci est décentré. Pour corriger ce problème, le Canon 600D est doté d'une fonction de *mémorisation de l'exposition au flash*. Elle permet de conserver l'exposition mesurée au centre de l'image.

La mémorisation de l'exposition au flash n'est, hélas, pas disponible en mode Visée par l'écran. Voici comment l'utiliser avec le viseur optique :

1. **Cadrez la photo en centrant le sujet.**

   Le sujet doit se trouver au milieu de l'écran. Vous recadrerez la photo après la mémorisation.

2. **Enfoncez le déclencheur à mi-course.**

   Le posemètre mesure l'éclairage de la scène. Si l'autofocus est actif, la mise au point est effectuée sur le sujet. Le point de confirmation vert apparaît dans le viseur. Vous pouvez maintenant relâcher le déclencheur si vous le désirez.

3. **Le sujet toujours sous un collimateur d'autofocus, appuyez et relâchez le bouton Mémorisation de l'exposition.**

   Ce bouton est représenté ici dans la marge. L'appareil photo émet un pré-éclair tandis que les lettres FEL apparaissent une seconde dans le viseur. Ce sont les initiales de *Flash Exposure Lock*, « verrouillage de l'exposition au flash ». Vous apercevez aussi dans le viseur, à côté de l'icône du flash, l'astérisque identique à celui situé au-dessus du bouton de mémorisation sur le boîtier. Bien sûr, il faut que le flash soit déjà en position ouverte.

4. **Au besoin, refaites la mise au point sur le sujet.**

   En mode Autofocus, maintenez le déclencheur à mi-course (cette étape n'est nécessaire que si vous avez relâché le déclencheur à l'Étape 2). En mode de mise au point manuelle, actionnez la bague de mise au point.

5. **Recadrez l'image à votre convenance.**

   Laissez le déclencheur enfoncé à mi-course pour conserver la mise au point, si vous utilisez l'autofocus.

6. **Enfoncez complètement le déclencheur pour prendre la photo.**

   La photo est prise avec le réglage du flash établi à l'Étape 3.

TRUC

La mémorisation du flash est aussi utile pour les portraits. Le pré-éclair fait parfois ciller le sujet, qui a de ce fait les yeux fermés lorsque le flash se déclenche juste après. La mémorisation de l'exposition au flash permet d'émettre le pré-éclair, puis d'attendre une seconde ou deux afin que le sujet ait le temps de rouvrir les yeux, avant de prendre la photo.

Mieux, le réglage du flash est conservé pendant 16 secondes, permettant de ce fait de prendre une série de photos dans les mêmes conditions sans devoir réémettre de pré-éclair.

Les autres options du flash

Quand le mode P, Tv, Av, M ou A-DEP est actif, le menu Prise de vue 1 contient une option Contrôle du flash. Elle permet de configurer plusieurs aspects du flash incorporé ainsi que le comportement d'un flash externe.

Pour parcourir les options, sélectionnez Contrôle du flash, comme à gauche sur la Figure 5.40, et appuyez sur Set. Vous accédez ainsi à l'écran de droite, dans la figure. Voici un aperçu des options disponibles :

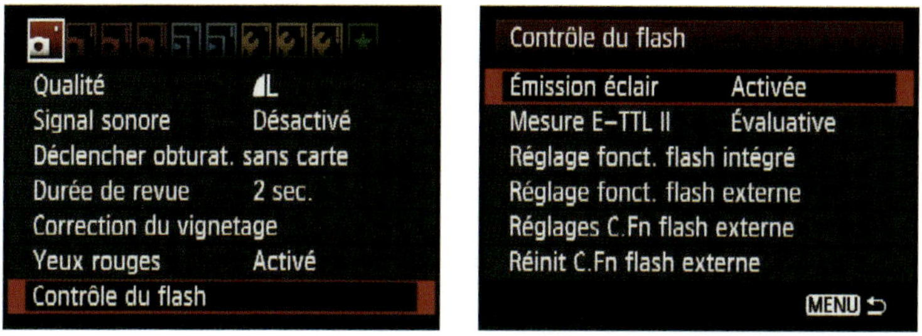

Figure 5.40 : Le menu Prise de vue 1 permet de personnaliser quelques options du flash.

- **Émission éclair :** si vous choisissez Désactivé, le flash ne fonctionne plus. Cette option ne semble guère utile, car pour désactiver le flash il suffit de le laisser en position escamotée.

  Alors, à quoi peut bien servir cette option ? Eh bien, quand vous utilisez la mise au point atténuée sous un éclairage faible, l'appareil a besoin d'une aide pour détecter sa cible. À cette fin, le flash émet parfois un *faisceau d'assistance autofocus* qui se manifeste par une succession de rapides impulsions lumineuses. Si vous désirez exploiter le faisceau d'assistance mais sans que le flash se déclenche, vous devrez désactiver l'émission de l'éclair. Il faudra néanmoins déployer le flash afin que son tube puisse émettre le faisceau. Cette option est aussi utile avec un flash externe.

- **Mesure E-TTL II :** cette option permet de passer de la mesure de l'éclair du flash établie par défaut, à la mesure évaluative qui calcule l'éclair de manière à préserver la lumière ambiante.

  Si vous choisissez l'option Moyenne, le flash est utilisé comme source de lumière principale : la scène toute entière est exposée sans tenir compte de la lumière ambiante. L'éclair est plus puissant, mais l'éclairage qui en résulte est dur et l'arrière-plan sombre.

- **Réglage fonct. flash intégré :** sélectionnez cette option et appuyez sur Set pour accéder aux fonctions du flash incorporé que montre la Figure 5.41. La première option n'est pas disponible pour le flash intégré.

  Les autres options agissent de la manière suivante :

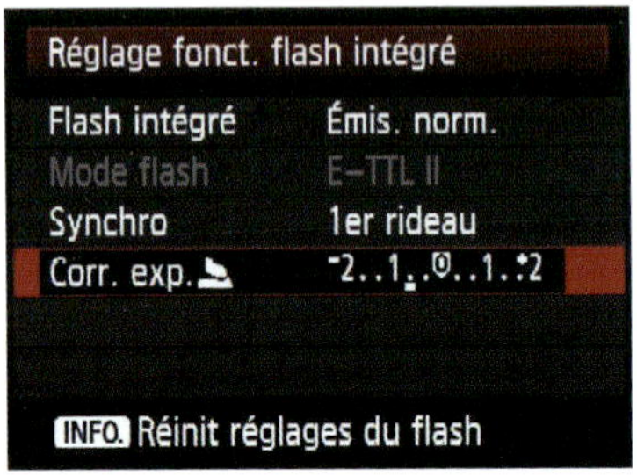

Figure 5.41 : Ces options avancées ne concernent que le flash incorporé.

  • *Synchro* : par défaut, le flash est déclenché dès le début de l'exposition, au départ du premier rideau de l'obturateur. Cette option *1er rideau* est le meilleur choix pour la plupart des sujets. Mais si vous utilisez une vitesse très lente et que vous photographiez un sujet mobile, la synchronisation sur le premier rideau fait que les traînées précèdent le sujet au lieu de se former derrière, ce qui est aberrant.

  • Pour résoudre ce problème, choisissez l'option *2e rideau.* Avec cette synchronisation, les traînées apparaissent derrière le sujet en mouvement. En fait, dans ce mode, le flash envoie deux éclairs : l'un au début du déclenchement, l'autre à la fin de l'exposition.

  • *Corr expo flash :* cette option est un doublon de celle portant le même nom présente dans le menu Prise de vue 2. Pour les détails, reportez-vous à la section précédente, « Modifier la puissance du flash ».

- **Réglage fonct. flash externe :** les trois dernières options de contrôle du flash (voir l'illustration de droite, Figure 5.40) concernent le flash externe. Elles n'ont aucun effet sur les performances du flash incorporé, et ne s'appliquent qu'aux flashs Canon Speedlite de la série EX qui peuvent être commandés à partir du boîtier. Reportez-vous au manuel de ce type de flash pour les détails.

Vous avez sans doute remarqué que, hormis la correction de l'exposition au flash du menu Prise de vue 1, toutes ces options s'adressent à des photographes déjà familiarisés avec l'usage du flash. Les réglages par défaut définis par Canon conviennent toutefois dans la plupart des cas.

Utiliser le flash pour en contrôler d'autres

Vous pouvez utiliser le flash intégré en tant que *flash maître* pour contrôler à distance, sans cordon, des flashs externes esclaves. Vous pouvez même régler la puissance des flashs externes au travers des options de l'appareil photo, et spécifier notamment si le flash intégré doit simplement déclencher les autres flashs ou si sa propre puissance doit être prise en compte.

Une configuration maître/esclave est beaucoup plus souple que trimballer beaucoup de matériel de flash traditionnel et leur filasse. Les flashs externes doivent cependant pouvoir être déclenchés à distance, sans cordon. Vous trouverez la liste des flashs Canon compatibles dans le manuel de l'appareil photo. Pour utiliser cette fonction, vous devrez configurer le déclenchement distant. Les opérations sont expliquées en détails dans le manuel.

6

Mise au point et couleur

Dans ce chapitre :

- Contrôler les performances de l'autofocus.
- Choisir un mode de mise au point automatique.
- Des outils de profondeur de champ.
- La balance des blancs et autres options colorimétriques.

Pour beaucoup de gens, les mots *mise au point* n'ont qu'une seule signification en photographie : le sujet est soit net, soit flou. Mais un photographe – un vrai – sait que la mise au point ne se limite pas à la netteté du sujet. Il faut aussi tenir compte de la *profondeur de champ*, c'est-à-dire l'espace dans lequel les objets sont d'une netteté acceptable. Ce chapitre expose de nouveaux moyens de contrôler la profondeur de champ et présente les options avancées du système d'autofocus – le mécanisme qui règle automatiquement la mise au point – de votre Canon 600D.

De plus, ce chapitre aborde la couleur au travers de la notion de *balance des blancs,* chargée de compenser la dominante de couleur produite par les diverses sources de lumière. Enfin, une section vers la fin de ce chapitre présente les styles d'image, qui permettent de contrôler plus étroitement encore la netteté et les couleurs de vos photos.

Régler les performances de l'autofocus

La mise au point a déjà été abordée dans les Chapitres 1, 2 et 5. Deux aspects du mécanisme de mise au point automatique du Canon 600D sont réglables : la sélection d'un collimateur et le choix entre les différents modes autofocus. Les deux sections qui suivent les expliquent en détail.

Sélectionner un collimateur d'autofocus

Quand vous photographiez dans l'un des modes entièrement automatiques (Scène Intelligente auto, mode de scène…) ou encore en modes Creative auto et A-DEP, tous les neuf collimateurs sont actifs. Cela signifie que le système d'autofocus de l'appareil photo examine chacun d'eux lorsqu'il tente de faire la mise au point. Il effectue ensuite le point sur l'objet le plus proche. Si ce comportement ne correspond pas à ce que vous attendez, vous avez le choix entre deux options :

- La mise au point manuelle.
- L'activation du mode d'exposition P, Tv, Av ou M. Ces modes permettent d'indiquer à l'appareil photo le collimateur d'autofocus qu'il doit prendre en compte.

La mise au point manuelle est abordée au Chapitre 1. Les étapes qui suivent expliquent comment utiliser l'autofocus, autrement dit, la mise au point automatique.

N'OUBLIEZ PAS

Pour que ces étapes soient applicables, nous présumons que le mode Visée par l'écran ou Vidéo n'est pas utilisé. Les particularités de ce mode sont décrites un peu plus loin dans ce chapitre, dans la section fort opportunément nommée « L'autofocus en modes Visée par l'écran et

Vidéo ». Mais, comme certaines des notions de mise au point automatique concernent également la visée par l'écran et la vidéo, familiarisez-vous avec elles avant de changer de mode de visée.

1. **Sélectionnez le mode P, Tv, Av ou M.**

   Ce n'est que dans l'un de ces modes que vous pouvez sélectionner un collimateur d'autofocus.

2. **Enfoncez et relâchez le bouton Sélection du collimateur d'autofocus, montré à la Figure 6.1.**

Sélecteur du collimateur d'autofocus

Figure 6.1 : Pour activer un collimateur, commencez par enfoncer et relâcher le bouton de sélection du collimateur d'autofocus.

Ce faisant, l'écran Sélec. du collimateur AF est affiché sur le moniteur. Il indique si l'appareil photo est actuellement en mode de sélection manuelle ou automatique :

- *Mode de sélection de collimateur automatique* : tous les collimateurs apparaissent en violet dans le viseur, comme le montre la Figure 6.2.

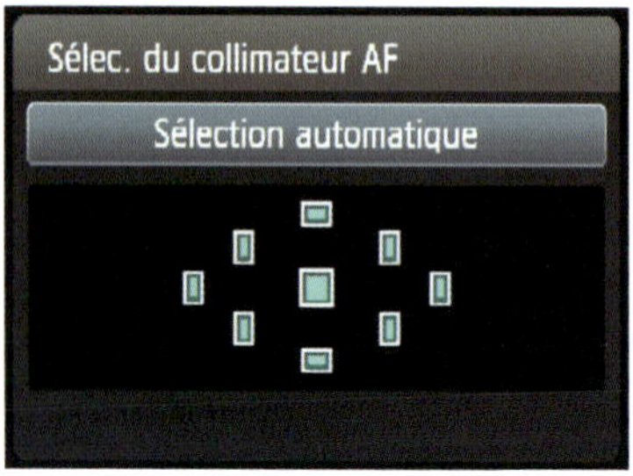

Figure 6.2 : En mode automatique, les neuf collimateurs d'autofocus sont actifs.

- *Mode de sélection de collimateur manuel :* un seul des neuf collimateurs d'autofocus est sélectionné. Dans la Figure 6.3, c'est celui du milieu, mais vous pouvez choisir n'importe lequel des neuf collimateurs.

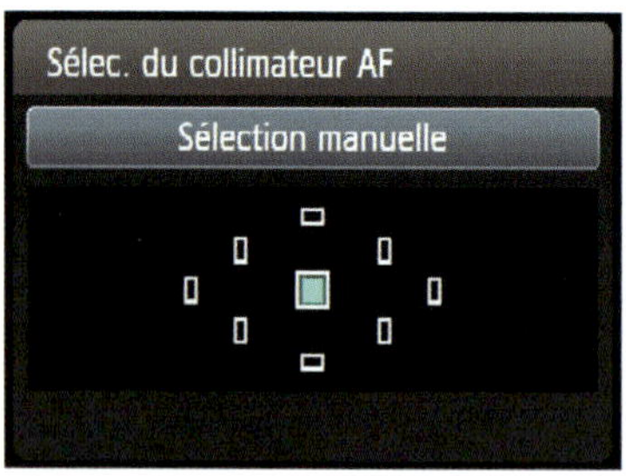

Figure 6.3 : La mise au point automatique peut aussi être effectuée sur un seul collimateur.

Le mode en cours peut être vérifié dans le viseur. Quand vous enfoncez et relâchez le bouton Sélection du collimateur d'autofocus, les neuf collimateurs sont rouges en mode automatique, mais un seul l'est en mode manuel.

3. **Pour choisir un collimateur d'autofocus, mettez l'appareil photo en mode de sélection du collimateur d'autofocus Manuel.**

Vous pouvez le faire de deux manières :

- *En actionnant la molette principale.* C'est l'option la plus commode lorsque l'œil est au viseur.
- *En appuyant sur le bouton Set.* Le bouton fait passer de la sélection automatique du collimateur à la sélection manuelle (avec le collimateur central activé), et inversement.

4. **Sélectionnez le collimateur d'autofocus à utiliser.**

   Là encore, vous avez le choix entre actionner la molette principale ou appuyer sur les touches du joypad. Quand tous les collimateurs deviennent rouges, cela signifie que vous êtes revenu au mode de sélection automatique du collimateur. Actionnez la molette ou appuyez une touche du joypad pour revenir à la sélection d'un point en particulier.

C'est tout. Après avoir sélectionné le collimateur d'autofocus, cadrez la photo de manière à ce que le sujet se trouve dessous, puis enfoncez le déclencheur à mi-course pour faire la mise au point.

Changer de mode autofocus

L'appareil photo est doté de trois systèmes de mise au point automatiques, que vous sélectionnez à l'aide d'une commande appelée Mode autofocus. Les trois choix sont :

- **One-Shot :** dans ce mode, conçu pour la photographie de sujets immobiles, la mise au point est mémorisée dès que le déclencheur est enfoncé à mi-course. Elle le reste tant que le déclencheur est maintenu dans cette position.
- **AI Servo :** l'appareil photo ajuste la mise au point continûment entre le moment où le déclencheur a été enfoncé à mi-course et celui où il a été complètement enfoncé pour prendre la photo. Ce mode facilite la prise de vue de sujets en mouvement.

Pour que le mode AI Servo fonctionne correctement, vous devez cadrer l'image de manière à ce que le sujet reste sous le collimateur d'autofocus actif, si vous travaillez en mode Sélection de collimateur d'autofocus Manuel. En mode Automatique, le sujet doit se trouver dans la zone en losange correspondant aux neuf collimateurs (ces deux modes sont décrits à la section précédente).

Dans les deux cas, l'indicateur de mise au point vert, dans le viseur, clignote rapidement si le suivi de la mise au point n'est plus assuré. Si tout va bien, cet indicateur ne s'allume pas, et vous n'entendez pas le bip indiquant que la mise au point vient d'être faite.

- **AI Focus :** au besoin, ce mode fait automatiquement passer l'appareil photo du mode One-Shot au mode AI Servo. Quand le déclencheur est enfoncé à mi-course, le point est fait sous le ou les collimateurs d'autofocus actifs, comme d'habitude en mode One-Shot. Mais si le sujet bouge, le mode AI Servo est enclenché et règle le point comme il l'estime juste.

La disponibilité de l'un ou l'autre de ces trois modes dépend toutefois du mode d'exposition :

- **Modes P, Tv, Av, M et A-DEP :** n'importe lequel des trois modes autofocus peut être sélectionné.
- **Modes Portrait, Paysage, Portrait nuit et Gros-plan :** seul le mode One-Shot est utilisable.
- **Mode Sport :** le mode AI Servo est systématiquement utilisé.
- **Modes Scène Intelligente auto, Créatif auto et Flash annulé :** ces trois modes utilisent toujours le mode AI Focus.

Si vous avez sélectionné un mode qui permet de choisir parmi les trois modes autofocus, comment savoir pour lequel opter ? Voici quelques conseils : le mode One-Shot est parfait pour les sujets fixes, tandis que AI Servo est plutôt adapté aux sujets en mouvement. Si vous débutez dans le maniement de votre appareil et que vous vous sentez un peu débordé par toutes ses fonctions, préférez le mode AI Focus, le temps de bien vous familiariser avec le 600D : ce mode vous épargnera un réglage supplémentaire.

Quel que soit votre choix, le mode d'autofocus peut être mis en œuvre de deux manières :

- **Depuis l'écran Contrôle rapide :** affichez l'écran Réglages prise de vue (il suffit d'enfoncer le déclencheur à mi-course et de le relâcher), appuyez ensuite sur le bouton Contrôle rapide (Q) et utilisez les touches du joypad pour sélectionner l'icône que montre la Figure 6.4. Le mode d'autofocus est mentionné en bas de l'écran. Actionnez la molette principale pour passer de l'un à l'autre des trois modes.

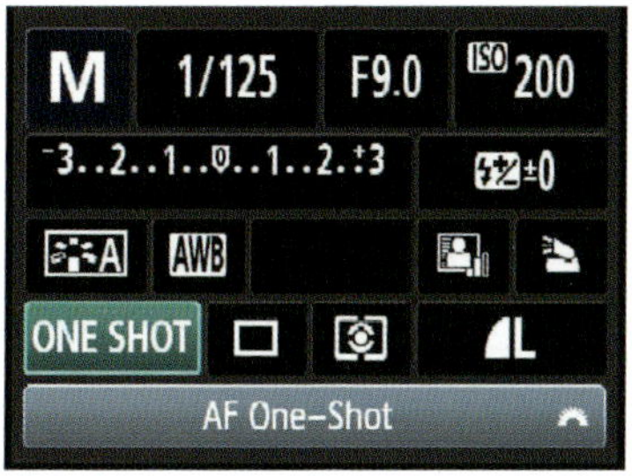

Figure 6.4 : Sélectionnez le mode d'autofocus dans l'écran Contrôle rapide et appuyez sur Set.

Si vous préférez, vous pouvez appuyer sur Set après avoir sélectionné l'icône du mode d'autofocus pour accéder à l'écran de droite, à la Figure 6.4, où les trois choix sont présentés. Sélectionnez-en un avec la molette ou le joypad et appuyez de nouveau sur Set.

- **En appuyant sur la touche AF :** appuyez sur la touche Droite du joypad, marquée AF, comme à la Figure 6.5. Sélectionnez un mode et appuyez sur Set.

Figure 6.5 : Choisissez le mode d'autofocus depuis l'écran Contrôle rapide ou en appuyant sur le bouton AF (touche Droite du joypad).

Effectuer une mise au point sélective

Le Canon 600D permet d'effectuer automatiquement la mise au point sur un sujet, quel que soit l'endroit où il se trouve à l'écran. Cette fonction est utilisable dans tous les modes, excepté le mode M (Manuel). Voici comment :

1. **Assurez-vous que le commutateur sur le fût de l'objectif est en position AF, comme le montre la Figure 6.6.**

   Si vous utilisez un autre objectif que celui du kit, actionnez le commutateur qui active la mise au point automatique.

2. **Sélectionnez l'affichage Visée par l'écran ou Vidéo.**

   - *Visée par l'écran :* appuyez sur le bouton Visée par l'écran.
   - *Vidéo :* tournez le barillet afin de sélectionner l'icône en forme de caméra. La visée par l'écran est aussitôt visible.

3. Sélectionnez le mode d'autofocus Live (à gauche dans la Figure 6.7)

Commutateur de mise au point manuelle/automatique
Commutateur de stabilisation d'image

Figure 6.6 : Le sélecteur de mise au point manuelle ou automatique (autofocus) se trouve en haut. Celui d'en bas enclenche ou débraye la stabilisation de l'image.

Un cadre de sélection rectangulaire blanc apparaît au milieu de l'écran.

4. À l'aide des touches du joypad, déplacez le cadre de manière à encadrer le sujet sur lequel vous désirez faire la mise au point (à droite, dans la Figure 6.7).

Pour recentrer rapidement le cadre de mise au point, appuyez sur la touche Effacer, en bas à droite de l'appareil photo.

Figure 6.7 : Sélectionnez le mode d'autofocus Live (à gauche). Placez ensuite le cadre de mise au point sur un collimateur d'autofocus de votre choix (à droite).

5. **Enfoncez le déclencheur à mi-course pour effectuer la mise au point.**

   Dans tous les modes d'exposition, excepté M (Manuel), l'appareil photo tente de faire la mise à point et de régler l'exposition. Dès que ces paramètres sont établis, l'indicateur de mise au point devient vert et un signal sonore (bip) retentit.

   Si l'appareil photo ne parvient pas à effectuer la mise au point, la solution la plus rapide consiste à la régler manuellement.

4. **Appuyez de nouveau sur le bouton Contrôle rapide afin de quitter ce mode.**

La mise au point est conservée tant que le déclencheur est maintenu enfoncé à mi-course. Si vous filmez de la vidéo, vous pouvez relâcher le déclencheur et appuyer ensuite sur le bouton Visée par l'écran pour commencer et arrêter de filmer. La mise au point ne change pas tant que vous ne réappuyez pas sur le déclencheur.

Vous pouvez appuyer sur le bouton de sélection des collimateurs d'autofocus pour agrandir l'image, tout comme dans le mode d'autofocus Rapide (Quick). Utilisez la même procédure que dans les étapes précédentes. La seule différence est que vous n'avez pas à déplacer le cadre de mise au point jusque sur le sujet.

Mode Direct (Live) et détection des visages

Conçu pour le portrait, ce mode d'autofocus permet à l'appareil photo de détecter un visage dans l'image cadrée et de faire automatiquement la mise au point dessus. Si cette détection a réussi, le visage est aussitôt entouré d'un cadre de mise au point.

Après avoir sélectionné, dans l'écran Contrôle rapide, le mode Direct avec détection de visage, un puissant algorithme de reconnaissance de formes tente de trouver tout ce qui peut ressembler à un visage dans le viseur ou sur l'écran. S'il trouve un visage, il l'entoure d'un cadre, comme à droite dans la Figure 6.8. S'il en trouve plusieurs, des petits triangles apparaissent de part et d'autre du cadre de mise au point ; ils vous informent que vous pouvez passer d'un visage à un autre avec les boutons Droit et Gauche du joypad afin de sélectionner la personne sur laquelle vous désirez effectuer la mise au point.

Figure 6.8 : Le mode de détection des visages recherche un visage et effectue la mise au point dessus.

L'absence de cadre signifie que l'appareil photo n'a pas réussi à détecter un visage. La mise au point sera effectuée au centre de l'écran. Vous pouvez choisir un autre mode d'autofocus, si vous le désirez.

Pour effectuer la mise au point sur un visage détecté, enfoncez le déclencheur à mi-course. Le cadre de mise au point qui devient vert et un bip sonore signalent que la netteté a été établie. Si l'autofocus ne parvient pas à faire la mise au point, le cadre devient orange.

Appuyez à fond sur le déclencheur pour prendre la photo. Ou alors, en vidéo, relâchez le déclencheur (la mise au point reste mémorisée) et appuyez sur le bouton Visée par l'écran pour commencer et arrêter de filmer.

La détection des visages ne permet pas d'agrandir l'image de visée pour vérifier la mise au point, comme avec les deux autres modes d'autofocus.

Régler la profondeur de champ

Maîtriser la *profondeur de champ* est indispensable à tout photographe d'art. Elle est présentée aux Chapitres 2 et 5. Voici quelques conseils et astuces supplémentaires la concernant.

Focale et profondeur de champ

Avec l'ouverture du diaphragme et la distance, la focale est le troisième facteur déterminant pour régler la profondeur de champ. Il s'agit de la distance entre l'objectif et le capteur. De cette distance dépend l'angle de prise de vue. Plus elle est élevée, plus l'angle est fermé (téléobjectif), et donc plus la profondeur de champ est importante ; plus elle est faible, plus l'angle est ouvert (grand-angulaire), et donc plus la profondeur de champ est réduite.

Tout objectif est caractérisé par sa longueur focale ou, dans le cas d'un zoom, par sa plage de focales. Exprimée en millimètres, la longueur focale détermine l'angle de prise de vue, la taille et l'éloignement apparents des objets, ainsi que la profondeur de champ. Selon une convention bien ancrée, une focale de 50 mm est dite « standard » (NdT : uniquement pour un capteur plein format 24 x 36 mm ; la focale « standard » étant approximativement la diagonale de la surface sensible, elle diffère selon la taille du capteur. Celle du Canon 600D étant de 22,3 x 14,9 mm, la focale standard est d'environ 27 mm). La plupart des compacts proposent une focale apparentée à la focale standard, offrant le même angle. Elle est parfaite pour les instantanés que la plupart des gens aiment prendre.

Un objectif dont la focale est inférieure à la focale dite « standard » est un objectif grand-angulaire, car son angle de prise de vue (et sa profondeur de champ) est plus étendu, ce qui en fait un outil idéal pour la photo de paysage. En revanche, une focale sensiblement plus longue que la focale standard – environ 50 mm – se caractérise par un angle et une profondeur de champ plus étroits. Ce type d'objectif est appelé *longue focale*. Lorsqu'il est rendu plus compact par de complexes formules optiques (nombreuses lentilles de différentes sortes), on parle de *téléobjectif*. Le sujet étant grossi – il paraît plus proche et plus grand –, le téléobjectif est apprécié des photographes animaliers et de sports.

Notez que les longueurs focales mentionnées ici et dans tout le livre sont des « équivalents 24 x 36 ». En raison de la taille du capteur, inférieure à 24 x 36 mm, un objectif standard utilisé avec le Canon 600D cadre plus serré, car la surface du capteur est plus réduite.

Le *facteur de conversion* ou – terme plus utilisé –, le *coefficient de capteur*, varie selon la taille du capteur équipant l'appareil photo. Celui du Canon 600D est approximativement de 1,6. De ce fait, l'objectif 18-55 mm vendu avec le boîtier est en réalité, comparé à la photo sur film, un « équivalent 29-88 mm ». Notez que si la partie de l'image photographiée est plus restreinte, la profondeur de champ, elle, n'est pas affectée, ni la relation spatiale des objets. Prenez l'habitude, lorsque vous évaluez des objectifs, de convertir leur focale en « équivalent 24 x 36 ».

Utiliser le mode A-DEP

En plus des modes d'exposition avancés que proposent la plupart des reflex numériques, le Canon 600D en offre un autre nommé A-DEP (*Automatic Depth of Field*, « profondeur de champ automatique »), que montre la Figure 6.9.

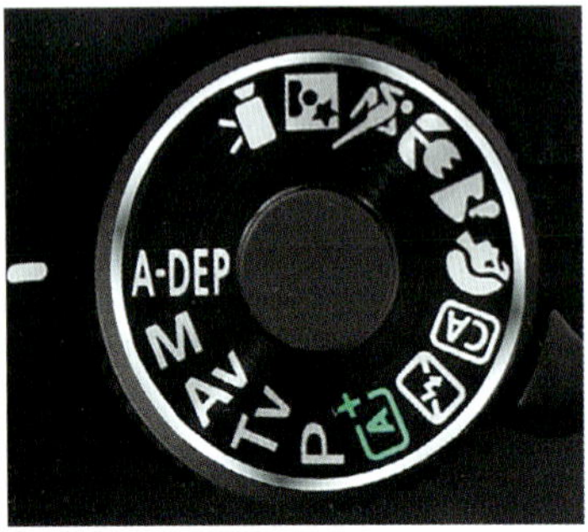

Figure 6.9 : Le mode A-DEP règle automatiquement la profondeur de champ.

Ce mode un peu particulier a été conçu pour vous aider à obtenir une profondeur de champ suffisante pour que tous les objets soient nets. L'appareil photo y parvient en analysant la distance de tous les objets par rapport à l'objectif, et en choisissant l'ouverture produisant la profondeur de champ requise. Il règle ensuite la vitesse.

Le mode A-DEP n'est certes pas la panacée, et il impose quelques restrictions qui ne conviennent pas à certains sujets. Voici ce que vous devez savoir :

- **En lumière très faible, la vitesse d'obturation sélectionnée par l'appareil photo peut être trop lente pour des prises de vue à main levée.** Vérifiez la vitesse dans le viseur, après avoir enfoncé le déclencheur à mi-course et fait la mise au point.
- **Si la valeur du diaphragme clignote dans le viseur, cela signifie que l'appareil photo ne parvient pas à obtenir le couple diaphragme/vitesse nécessaire pour garantir la netteté de tous les objets.** Dans ce cas, l'appareil règle le diaphragme en fonction de la lumière disponible.

- **Si la vitesse clignote dans le viseur, cela signifie que l'éclairage est soit trop fort, soit trop faible pour exposer la photo, quel que soit le couple diaphragme/vitesse.** Si l'éclairage est excessif, vous pouvez réduire la sensibilité ISO, si elle n'est pas déjà à 100, ou déplacer le sujet à l'ombre. En lumière faible, augmentez la sensibilité ISO ou utilisez un éclairage supplémentaire.
- **Le flash est utilisable même si le mode A-DEP est sélectionné, mais dès que le flash est mis en service, l'appareil photo cesse de calculer la profondeur de champ.** Il en va de même en mode Visée par l'écran. Dans les deux cas, l'appareil se contente de proposer le couple diaphragme/vitesse qui exposera correctement la photo. La profondeur de champ ne sera pas forcément celle que vous attendez.

Ces limitations exprimées, nous vous recommandons, une fois que vous aurez pleinement assimilé la notion de profondeur de champ et ses effets sur la photo, de renoncer au mode A-DEP et de lui préférer la priorité à l'ouverture (mode Av). Il vous suffira ensuite de choisir l'ouverture produisant la profondeur de champ désirée, et ce tout en bénéficiant en prime du flash et du mode Visée par l'écran.

Vérifier la profondeur de champ

Quand vous regardez dans le viseur et que vous enfoncez le déclencheur à mi-course, vous n'obtenez qu'une indication partielle de la profondeur de champ. Vous voyez les effets de la focale et de la distance objectif/sujet, mais comme le diaphragme n'est pas fermé à la valeur sélectionnée (cela ne se produira que brièvement au cours de l'exposition), le viseur ne montre pas la zone de netteté et les zones de flou.

Vous devez pour cela appuyer sur le bouton de contrôle de la profondeur de champ que montre la Figure 6.10. Il se trouve sous le bouton de déverrouillage de l'objectif.

Figure 6.10 : Appuyez sur ce bouton pour visualiser la profondeur de champ.

Pour visualiser la profondeur de champ dans le viseur, maintenez le déclencheur à demi enfoncé et, de l'autre main, appuyez sur le bouton Contrôle de la profondeur de champ. Le diaphragme se ferme à la valeur sélectionnée (la visée s'assombrit, ce qui est normal).

Le contrôle étant en cours, vous pouvez relâcher le déclencheur et actionner la molette principale pour voir comment le réglage du diaphragme modifie la profondeur de champ (la seule exception est le mode A-DEP, qui interdit toute action sur le diaphragme).

N'OUBLIEZ PAS

Notez que le contrôle de la profondeur de champ est inopérant dans les modes P, Tv, Av ou A-DEP si le couple diaphragme/vitesse n'est pas adéquat pour exposer correctement la photo. Vous devrez corriger l'exposition avant de pouvoir tester la profondeur de champ.

Contrôler la couleur

Comparées à certaines notions comme la résolution, le diaphragme, la vitesse et la profondeur de champ, celles concernant la couleur paraissent faciles. D'abord, parce que les problèmes de couleur ne sont pas fréquents et que lorsqu'ils surgissent ils sont rapidement corrigés en réglant la balance des blancs. Ensuite, parce que les notions de couleurs n'exigent que l'apprentissage de deux termes nouveaux, dans un domaine qui relève cependant plus de la haute technologie que de l'art.

Le reste de ce chapitre est consacré à la balance des blancs, ainsi qu'à deux options permettant de modifier le rendu des couleurs. Pour modifier la couleur des photos après la prise de vue, vous devrez faire appel à un logiciel, comme celui livré avec votre appareil photo.

Corriger la couleur avec la balance des blancs

Toute source de lumière produit une dominante de couleur. Les tubes fluorescents qui éclairent de nombreux lieux publics produisent une dominante bleu-vert, et si, lors d'un dîner aux chandelles, les amoureux ont un beau teint chaud si flatteur, c'est à cause de la chaude lumière rouge-jaune.

Du point de vue scientifique, la couleur de la lumière est en fait une température de couleur exprimée en kelvins, du nom de son auteur, Sir William Thomson, lord Kelvin (1824-1907). L'échelle Kelvin (voir Figure 6.11) est mesurée à partir du zéro absolu, soit -273,15 °C.

Lorsqu'un photographe parle d'éclairage « chaud » ou « froid », il fait allusion à la position de la couleur sur l'échelle Kelvin, et non à sa température en termes calorifiques. Les termes « chaud » et « froid » décrivent en réalité l'apparence de la lumière. La lumière chaude produite par les bougies ou les ampoules à incandescence se trouve dans la partie rouge-jaune du spectre, en bas de l'échelle

Kelvin représentée à la Figure 6.11. Une lumière froide, elle, se trouve en haut de l'échelle.

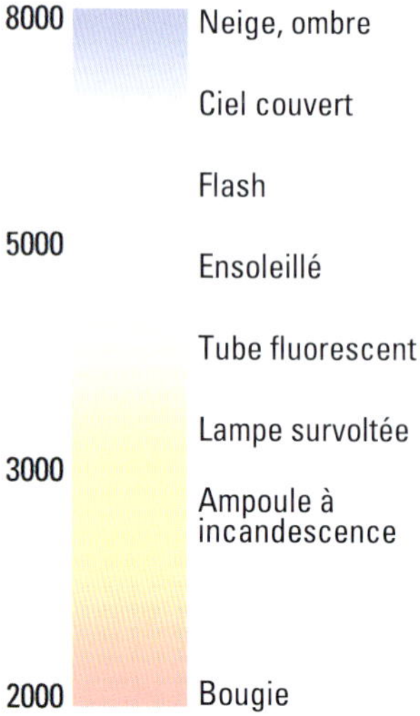

Figure 6.11 : Chaque lumière émet une couleur spécifique.

La plupart d'entre nous ne décèlent pas les fluctuations de la couleur de la lumière, car notre système de vision les compense à notre insu. Hormis dans des conditions d'éclairage particulières, une nappe nous paraît blanche, qu'elle soit vue à la lumière d'une bougie, sous un éclairage fluorescent ou éclairée par une ampoule domestique.

L'appareil photo, lui, compense la couleur de la lumière par une fonctionnalité appelée *balance des blancs*. Pour rester simple, disons qu'elle neutralise la lumière afin que le blanc soit toujours du blanc, ce qui entraîne par la même occasion une restitution fidèle des autres couleurs. Si l'appareil photo détecte une lumière chaude, il décalera les couleurs vers l'extrémité froide du spectre. S'il détecte une lumière froide, il les décalera vers l'extrémité chaude.

À l'instar de notre vision, l'appareil photo est aussi capable de corriger automatiquement la balance du blanc, ce qui est fort commode dans bien des situations. Vous pouvez ainsi ne pas vous en soucier et vous concentrer sur d'autres aspects de l'image. Mais si la scène est éclairée par plusieurs sources produisant chacune une autre dominante, le mécanisme de balance des blancs peut s'y perdre, produisant une dominante indésirable, comme à gauche sur la Figure 6.12.

Figure 6.12 : À gauche, de multiples sources ont produit une dominante jaune, avec la balance des blancs automatique. À droite, le réglage Tungstène a résolu le problème.

Les problèmes de balance des blancs les plus ardus se produisent lorsque le sujet est éclairé par diverses sources lumineuses, de température de couleurs différentes. La statuette de la Figure 6.12 a été photographiée en étant éclairée à la fois par des lampes photo au tungstène et par la lumière naturelle du jour filtrant d'une fenêtre. La température de couleur des lampes photo est sensiblement la même que celle d'une ampoule à incandescence domestique, tandis que la lumière naturelle du jour est beaucoup plus bleue. Avec la balance des blancs automatique (à gauche sur la figure), l'appareil photo a réagi à la lumière du jour – dont la dominante est bleutée – et a réchauffé les teintes, d'où la coloration jaunâtre. Pas de problème : nous avons fait passer la balance des blancs de AWB (*Automatic White Balance*, « balance des blancs automatique ») à Tungstène. L'illustration de droite de la Figure 6.12 montre les couleurs ainsi corrigées.

ATTENTION

La sélection manuelle de la balance des blancs est malheureusement impossible dans les modes tout automatique, bien que la couleur puisse être corrigée dans une certaine mesure avec le réglage Prise de vue selon l'éclairage ou la scène. Si vous décelez une dominante sur l'image que montre l'écran, vous devrez passer en mode P, Tv, Av, M ou A-DEP. La balance des blancs est en revanche réglable pour le mode Vidéo.

Régler la balance des blancs

Vous ne pouvez sélectionner une balance des blancs que dans les modes avancés P, Tv, Av, M et A-DEP. En ce qui concerne le réglage, vous avez le choix entre ces deux méthodes :

- **Le bouton WB (touche Haut du joypad) :** appuyez sur cette touche pour accéder directement à l'écran de gauche de la Figure 6.13. Sélectionnez ensuite l'option désirée et appuyez sur Set.

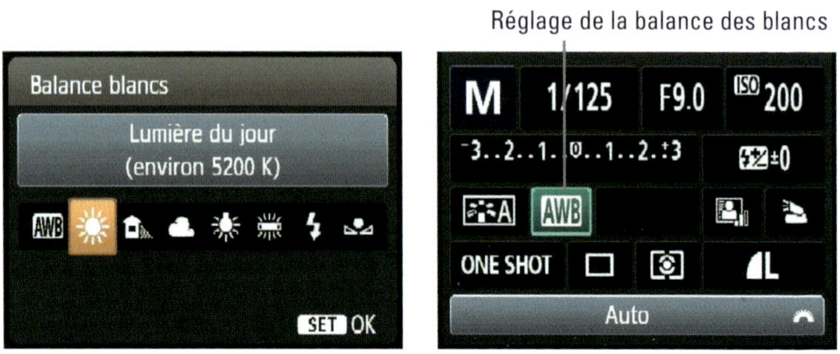

Figure 6.13 : La balance des blancs peut être réglée depuis l'écran Contrôle rapide ou en appuyant sur la touche Haut (marquée WB) du joypad.

Sur cet écran – et comme avec Réglages prise de vue et Contrôle rapide – les diverses balances des blancs sont représentées par les icônes énumérées au Tableau 6.1. Il n'est pas nécessaire de les mémoriser car, lorsque vous les parcourez, le nom de l'option sélectionnée est affiché. Pour certains réglages, l'écran affiche la température de couleur exprimée en Kelvin (K). Reportez-vous à la Figure 6.11 pour vous familiariser avec ces notions. Appuyez sur Set après avoir sélectionné l'option désirée.

Tableau 6.1 : Les différentes balances des blancs.

Symbole	*Réglage*
	Automatique
	Lumière du jour
	Ombragé
	Nuageux
	Lumière tungstène
	Lumière fluorescente blanche
	Flash
	Personnalisé

- **L'écran Contrôle rapide :** l'écran Réglages prise de vue affiché, appuyez sur le bouton Contrôle rapide (Q) pour afficher l'écran Contrôle rapide. Sélectionnez l'icône de la balance des blancs (AWB), visible à droite dans la Figure 6.13. Ce réglage est rappelé en bas de l'écran ; vous pouvez parcourir ses diverses options à l'aide de la molette principale.

Pour voir tous les réglages en même temps, appuyez sur Set au lieu d'actionner la molette. Vous accédez ainsi à l'écran de gauche, à la Figure 6.13. Effectuez le choix avec la molette principale ou les touches du joypad.

- Voici quelques recommandations concernant la balance des blancs :
- Si la scène est éclairée par plusieurs sources lumineuses, choisissez le réglage correspondant à la plus puissante d'entre elles. Soit dit en passant, le réglage Tungstène est généralement le plus approprié pour l'éclairage par des ampoules domestiques. En revanche, sélectionner l'option appropriée pour des ampoules à basse consommation peut s'avérer délicat parce que leur température de couleur varie sensiblement d'un modèle à un autre. Dans ce cas, l'option Personnalisée vous permet de définir votre propre réglage, comme vous le découvrirez d'ici peu.
- La balance des blancs sélectionnée reste en vigueur jusqu'à ce que vous l'ayez changée. Pour éviter d'utiliser un réglage inapproprié par la suite, prenez l'habitude de rétablir la balance des blancs automatique (AWB, *Automatic White Balance*) immédiatement après avoir fini de photographier le sujet qui avait exigé un autre réglage de la balance des blancs.
- Vous ne savez pas bien quelle balance des blancs choisir ? Passez temporairement à la visée par l'écran. Vous aurez un assez bon aperçu de ses effets sur l'image. Au besoin, passez en mode Contrôle rapide et réglez la balance des blancs (inutile d'appuyer sur le bouton WB car il ne fonctionne pas en mode Visée par l'écran).

Personnaliser la balance des blancs

Si aucune des balances des blancs prédéfinies ne parvient à corriger parfaitement la couleur, vous pouvez définir votre propre réglage. Pour cette technique, vous avez besoin d'un papier ou d'un carton gris neutre ou absolument blanc (et surtout pas du papier ivoire, nacré ou de toute autre teinte). Des cartons d'un blanc parfait et d'un gris à 18 %, normalisés pour l'étalonnage du blanc, sont en vente dans les boutiques de matériel photo.

Placez la carte de référence grise ou blanche de manière à ce qu'elle reçoive le même éclairage que celui utilisé pour la photo. Procédez ensuite ainsi :

1. **Sélectionnez le mode P, Tv, Av, M ou A-DEP.**

   Un réglage personnalisé ne peut pas être créé dans l'un des modes entièrement automatiques. Vous pouvez cependant sélectionner le réglage personnalisé créé pour le mode Vidéo.

2. **Sélectionnez la balance des blancs automatique.**

   La section précédente explique comment procéder.

3. **Mettez l'appareil photo en mode de mise au point manuelle puis faites le point sur la carte de référence.**

   Sur l'objectif vendu en même temps que l'appareil photo, mettez le commutateur sur MF puis actionnez la bague de mise au point.

4. **Cadrez la vue de manière à ce que la carte emplisse toute la partie centrale.**

   Autrement dit, veillez à ce qu'au moins le collimateur d'autofocus et les six collimateurs qui l'entourent soient sur la carte.

5. **Assurez-vous que l'exposition soit correcte.**

   Enfoncez le déclencheur à mi-course pour vérifier l'exposition. Au besoin, réglez la sensibilité ISO, le diaphragme ou la vitesse pour corriger le problème, comme expliqué au Chapitre 5.

6. **Prenez la photo de la carte de référence.**

   L'appareil photo se basera sur cette image pour établir la balance des blancs personnalisée.

7. **Affichez le menu Prise de vue 2 et sélectionnez B. blanc personnal., comme à gauche sur la Figure 6.14.**

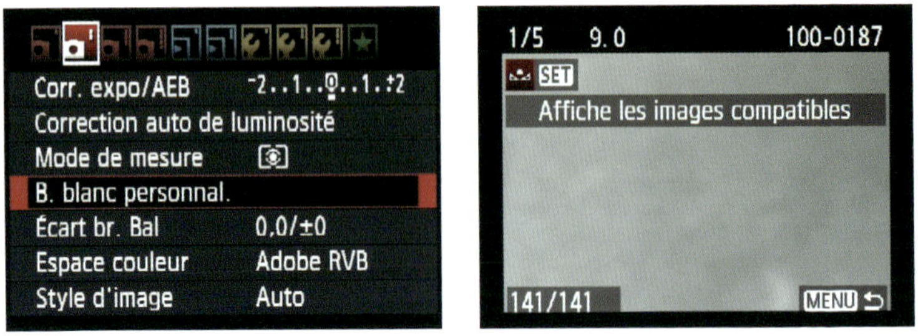

Figure 6.14 : La personnalisation de la balance des blancs s'effectue dans le menu Prise de vue 2.

8. **Appuyez sur Set.**

   Vous voyez maintenant l'écran de droite de la Figure 6.14. La photo que vous venez de prendre – ici, un carton gris – est visible dans la vignette. Si ce n'est pas le cas, appuyez sur la touche Gauche ou Droite du joypad pour parcourir les photos.

9. **Appuyez de nouveau sur Set pour afficher l'image comme base de référence pour la balance des blancs.**

   Le message visible à gauche, Figure 6.15, vous demande de confirmer que vous désirez définir une balance des blancs personnalisée d'après la photo.

10. **Appuyez sur la touche Droite ou Gauche du joypad pour sélectionner l'option OK. Appuyez ensuite sur Set.**

    Vous voyez à présent l'écran de droite, Figure 6.15. Le message vous informe que la balance des blancs a été enregistrée. La petite icône représente la balance des blancs personnalisée.

11. **Appuyez une dernière fois sur Set pour finaliser la personnalisation de la balance des blancs.**

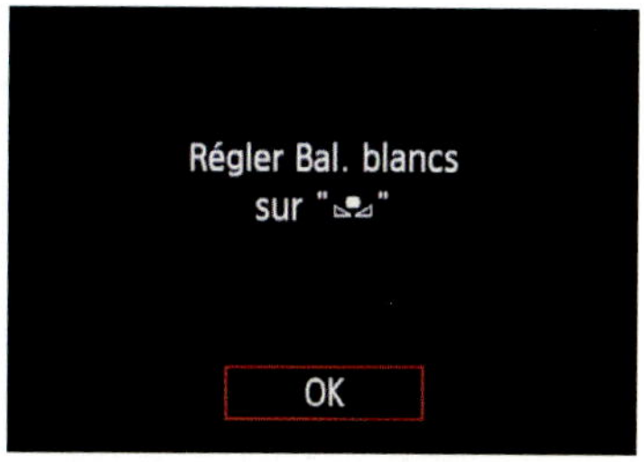

Figure 6.15 : Ce message indique que la balance des blancs personnalisée est sur le point d'être enregistrée.

La balance des blancs personnalisée est utilisée tant que vous ne la modifiez pas. De ce fait, chaque fois que vous photographierez dans les mêmes conditions d'éclairage, il vous suffira d'appuyer sur le bouton WB ou d'utiliser le Contrôle rapide pour accéder à la balance des blancs personnalisée et de sélectionner l'option Personnalisé.

Affiner la balance des blancs

Voici maintenant une autre possibilité de corriger la couleur. Le Canon 600D permet de décaler la balance des blancs vers l'extrémité chaude ou froide du spectre chromatique. Le résultat s'apparente au vissage d'un filtre coloré sur l'objectif.

Procédez comme suit pour accéder à l'option de correction de la balance des blancs :

1. **Sélectionnez le mode P, Tv, Av, M ou A-DEP.**

   La correction de la balance des blancs n'est possible que dans l'un de ces modes.

2. **Accédez au menu Prise de vue 2 et choisissez Écart br. Bal, comme à gauche sur la Figure 6.16.**

3. **Appuyez sur Set pour afficher l'écran de droite (Figure 6.16).**

   L'écran contient une grille dont les diagonales représentent des paires chromatiques : G-M pour

Green-Magenta, « vert-magenta » et B-A pour *Blue-Amber*, « bleu-ambre ». Le petit rectangle blanc indique la correction de balance des blancs, autrement dit l'écart. Elle est nulle lorsqu'il est centré.

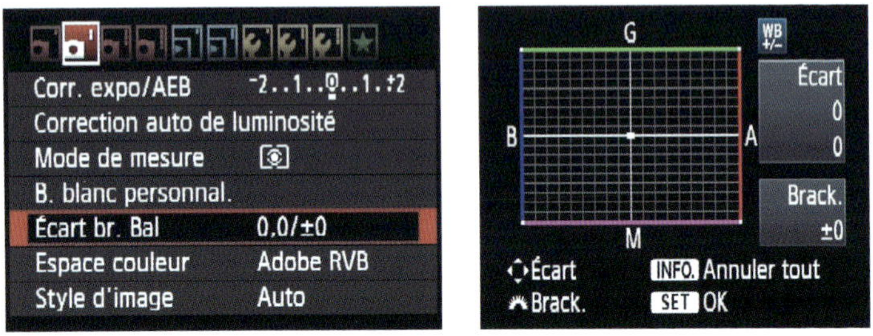

Figure 6.16 : La correction de la balance des blancs permet de contrôler la couleur de diverses manières.

4. **À l'aide des touches du joypad, déplacez l'indicateur dans la direction de l'écart à appliquer.**

   Ce faisant, la zone Écart indique le décalage de couleur appliqué. Par exemple, Figure 6.17, il est de trois unités vers l'ambre, d'une vers le magenta.

   Si vous connaissez les classiques filtres de correction de couleur, vous savez qu'ils sont de différentes densités. Cette densité est exprimées en mireds (NdT : Micro-Reciprocal Degree, « degré microréciproque »). Le quadrillage de la balance des blancs est construit autour de ce principe. Chaque pas du quadrillage correspond à un changement de densité de 5 mireds.

5. **Appuyez sur Set pour appliquer la modification et revenir au menu.**

   Après avoir corrigé la balance des blancs, un petit signe « +/- » apparaît à côté du symbole de la balance des blancs, dans l'écran Réglages prise de vue, comme à gauche à la Figure 6.18. Il rappelle que la balance des blancs est modifiée. Le même symbole apparaît aussi dans le viseur, juste à côté de la sensibilité ISO.

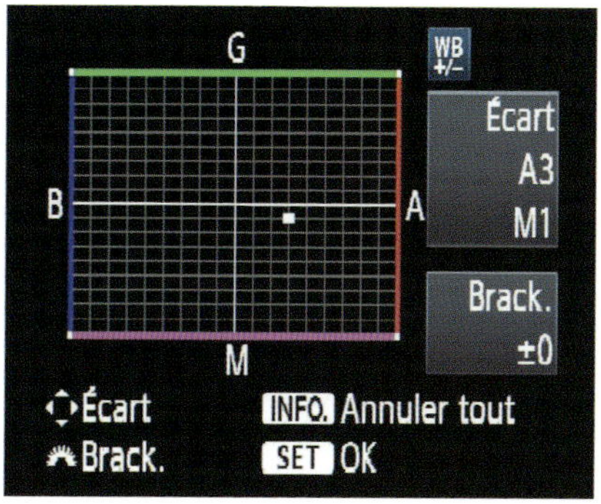

Figure 6.17 : Déplacez l'indicateur avec le joypad pour décaler la balance des blancs.

Vous pouvez vérifier les valeurs de correction dans le menu Prise de vue 2, ainsi que le révèle l'illustration de droite à la Figure 6.18. Un décalage de 2 pas vers A (ambre) et de 2 pas vers M (Magenta) a été défini.

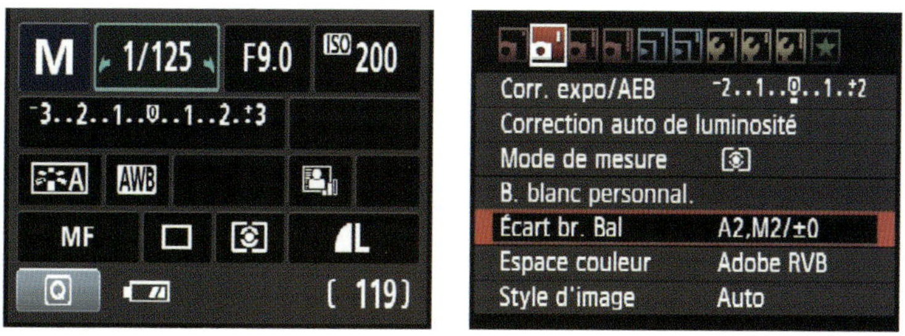

Figure 6.18 : Le symbole +/- indique que la balance des blancs a été corrigée.

La correction reste en vigueur pour tous les modes d'exposition avancés, et elle est appliquée quelle que soit la balance des blancs sélectionnée. Vous devez donc absolument vérifier ce paramètre sur le moniteur ou dans le viseur avant une séance de prises de vue, afin de ne pas obtenir une colorimétrie faussée.

6. **Pour annuler la correction de la balance des blancs, répétez les Étapes 1 à 3, ramenez l'indicateur au centre de la grille et appuyez sur Set.**

   Déplacez l'indicateur à l'aide du joypad. Assurez-vous que dans Écart les valeurs soient toutes deux à zéro.

   Une autre façon de procéder consiste à appuyer sur le bouton Info après l'affichage de la grille. Cette action annule aussi, du même coup, le bracketing de l'exposition, une fonctionnalité expliquée à la prochaine section. Après avoir appuyé sur Info, n'oubliez pas d'appuyer sur Set pour valider votre choix.

TRUC

En photographie argentique, il est courant de placer un filtre de correction sur l'objectif (NdT : ou sur la source d'éclairage) pour réchauffer ou refroidir les couleurs. Pour un portrait, par exemple, un filtre réchauffant donne une belle teinte dorée à un visage. Ces effets de filtre peuvent être imités en modifiant la balance des blancs comme nous venons de le décrire. Faites des effets en la décalant un tout petit peu vers l'ambre et le magenta pour réchauffer, ou vers le bleu et le vert pour refroidir.

Le bracketing de la balance des blancs

Vous avez découvert au Chapitre 5 le bracketing de l'exposition, qui permet de prendre une photo à trois expositions différentes. Le même principe peut être appliqué à la balance des blancs. Grâce à cette fonctionnalité, l'appareil photo prend trois vues en décalant légèrement la température de couleur.

Le bracketing de la balance des blancs est particulièrement utile lorsque vous devez photographier une scène éclairée par des sources de différents types comme un mélange d'éclairage fluorescent, de lumière du jour et de flash. Le bracketing contribuera à faire en sorte qu'une des photos au moins soit assez proche de ce que vous désirez.

N'OUBLIEZ PAS

Notez cependant ces quelques remarques :

- Parce que trois photos sont prises, le bracketing réduit la cadence de prises de vue en mode En continu. Et, bien sûr, le stockage de trois variantes de la photo sur la carte mémoire occupe davantage de place.
- Le bracketing de la balance des blancs a été conçu sur le même modèle que la correction de la balance des blancs, à savoir sur deux paires chromatiques : vert-magenta et bleu-ambre.
- Quand le bracketing de la balance des blancs est actif, la première photo est toujours prise avec un réglage neutre, ou du moins considéré comme tel. Les deuxième et troisième photos sont enregistrées en appliquant l'écart soit sur l'axe vert-magenta, soit sur l'axe bleu-ambre de la grille colorimétrique.

Si tout cela vous semble clair comme du jus de boudin, jetez un coup d'œil à la Figure 6.19. Ces photos ont été réalisées avec un seul éclairage incandescent auquel a été ajoutée la lumière de la bougie. Le bracketing de la balance des blancs a été réglé sur l'axe bleu-ambre. De ce fait, la première photo est neutre, la deuxième tire très légèrement vers le bleu et la troisième vers l'ambre.

Figure 6.19 : Une photo neutre, une autre présentant un écart vers le bleu et une autre un écart vers l'ambre.

Voici comment mettre en œuvre le bracketing de la balance des blancs :

1. **Choisissez un mode d'exposition avancé P, Tv, Av, M ou A-DEP.**
2. **Accédez au menu Prise de vue 2 et sélectionnez Écart br. Bal (à gauche, Figure 6.20).**
3. **Appuyez sur Set pour afficher le quadrillage à droite dans la Figure 6.20.**

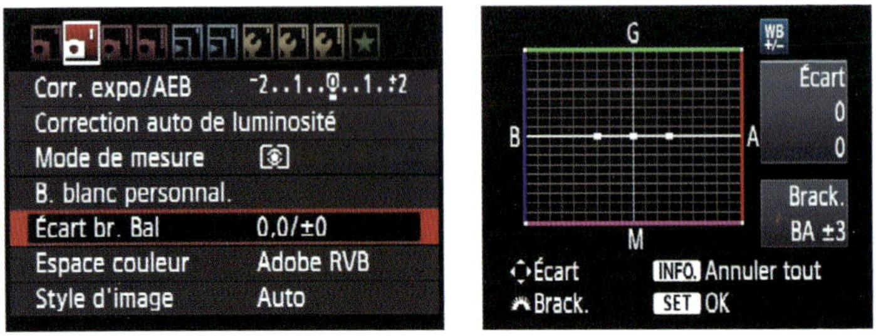

Figure 6.20 : Ces réglages ont été utilisés pour le bracketing de la photo de la bougie.

L'écran est identique à celui de la correction de la balance des blancs, décrit précédemment.

4. **Actionnez la molette principale pour définir l'amplitude et la direction de l'écart du bracketing.**

   Actionnez la molette de la manière suivante, selon que vous désirez un bracketing bleu-ambre (axe horizontal) ou vert-magenta (axe vertical) :

   - *Bracketing sur l'axe bleu-ambre :* tournez la molette vers la droite.
   - *Bracketing sur l'axe magenta-vert :* tournez la molette vers la gauche.

   En actionnant la molette, trois indicateurs apparaissent sur la grille, correspondant chacun à l'une des photos qui seront prises. L'écart maximal est de plus et moins trois niveaux de réglage.

La zone Brack. indique l'écart. Par exemple, Figure 6.21, l'écran révèle un bracketing de plus et moins trois niveaux sur l'axe bleu-ambre. Ces réglages ont été utilisés pour la Figure 6.21. Comme vous le constatez, même avec un écart maximal, la différence de couleurs d'une photo à l'autre est faible.

TRUC

Pour obtenir un effet vraiment très spécial, vous pouvez combiner le Bracketing de la balance des blancs avec la Correction de la balance des blancs. Réglez l'écart avec le joypad, puis l'intervalle entre les photos avec la molette principale.

5. **Appuyez sur Set pour appliquer les réglages et revenir au menu.**

   Le symbole du bracketing visible Figure 6.21 apparaît dans l'écran Réglage de l'appareil photo, accessible en appuyant sur Info lorsqu'un menu est affiché. Il indique que le bracketing de la balance des blancs est actif.

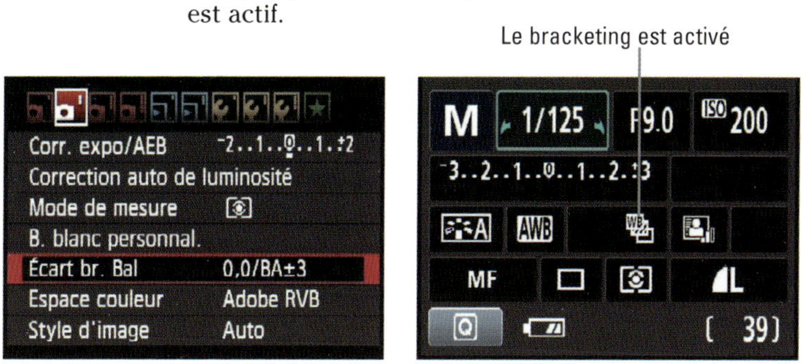

Figure 6.21 : À droite, le symbole "WB", au milieu de l'écran, indique que le bracketing de la balance des blancs est actif.

N'OUBLIEZ PAS

Le bracketing est actif tant que l'appareil photo n'a pas été éteint. Vous pouvez l'annuler en retournant au quadrillage de la Figure 6.20, ensuite, vous pouvez soit tourner la molette principale jusqu'à ce qu'un seul indicateur soit visible, soit appuyer sur Info. Dans les deux cas, appuyez sur Set pour finir de désactiver le bracketing.

Une balance des blancs personnalisée est plus sûre, pour obtenir un rendu fidèle des couleurs, que le réglage fin à chaque prise de vue. Si vous photographiez en Raw, vous pouvez vous dispenser de régler finement la balance des blancs car cette dernière est réglable finement au moment de sa conversion en fichier standard, dans l'ordinateur.

Espace de couleur : sRVB contre Adobe RVB

Par défaut, les couleurs des photos que vous prenez s'inscrivent dans un espace colorimétrique appelé sRVB, abréviation de « Rouge Vert Bleu standard » (ces trois couleurs sont les couleurs primaire du système chromatique utilisé en infographie). Le mode sRVB a été créé pour assurer une certaine fidélité des couleurs lors de l'affichage à l'écran ou de l'impression des images produites par un scanner ou par un appareil photo numérique. Il s'agissait de créer un spectre chromatique commun, exploitable par tous les équipements d'imagerie numérique.

Le spectre de couleurs sRVB laisse cependant de côté des couleurs portant affichables à l'écran et imprimables, du moins par certains équipements. C'est pourquoi le Canon 600D offre la possibilité de le remplacer par le mode Adobe RVB, dont le spectre de couleurs affichages et imprimables – ou *gamut,* dans le jargon de l'imagerie numérique – est plus vaste. La Figure 6.22 montre l'étendue des deux spectres.

L'option que vous choisirez dépend de ce que vous avez l'intention de faire de vos photos. Si vous comptez les tirer sur papier sans les modifier avec un logiciel de retouche, l'espace colorimétrique sRVB est conseillé parce qu'il produit des couleurs vives que beaucoup de gens aiment bien. Des services d'impression par Internet exigent des photos en sRVB.

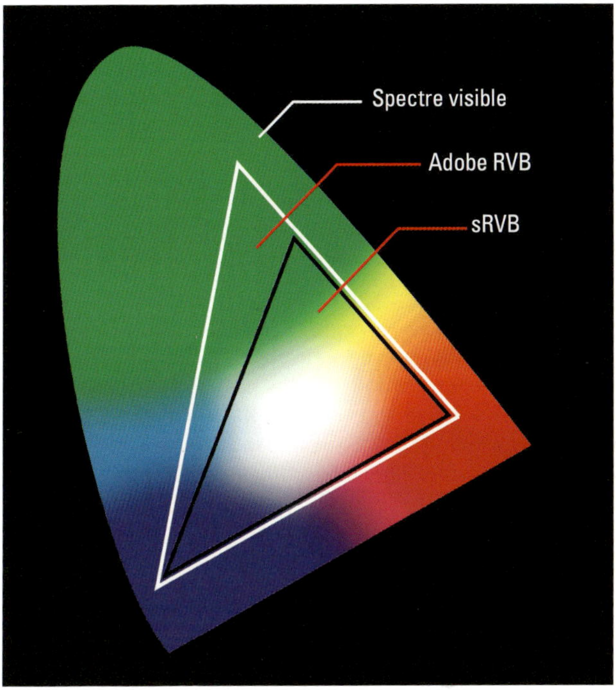

Figure 6.22 : Le spectre Adobe RVB comprend des couleurs absentes dans le spectre sRVB.

Mais si vous êtes un puriste qui tient à travailler les couleurs et tirer les photos, optez pour l'espace colorimétrique Adobe RVB. C'est ce lui que j'ai choisi car je ne vois vraiment pas pourquoi je devrais accepter une limitation des couleurs (même si certaines, rares, risquent néanmoins de n'être pas imprimable dans l'espace Adobe RVB). Il vous faut un logiciel capable de gérer l'espace colorimétrique Adobe RVB, et doté de quelques commandes élémentaires de gestion des couleurs.

Pour enregistrer les couleurs dans l'espace colorimétrique Adobe RVB plutôt que sRVB, allez dans le menu Prise de vue 2, ainsi que le montre la Figure 6.23.

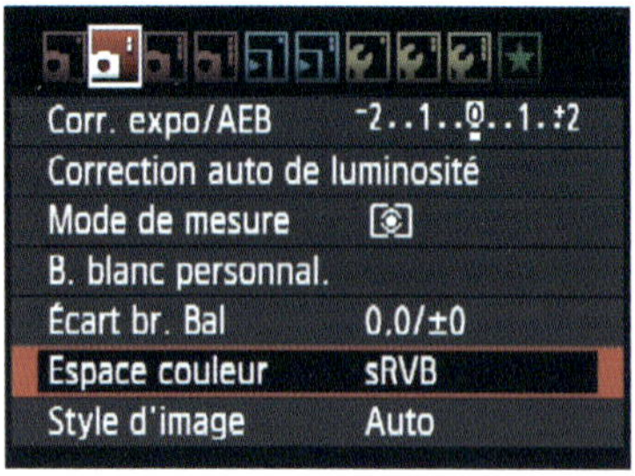

Figure 6.23 : Conservez l'espace colorimétrique sRVB si vous ne connaissez pas les subtilités de la gestion des couleurs.

N'OUBLIEZ PAS

Le choix de l'espace colorimétrique n'est possible que dans les modes d'exposition avancés P, Tv, Av, M et A-DEP. Dans tous les autres modes, l'appareil photo impose l'espace sRVB. De plus, l'espace colorimétrique n'est appliqué qu'aux photos en JPEG. En Raw, c'est lors du traitement des photos dans l'ordinateur que vous sélectionnez l'espace colorimétrique.

TRUC

Après avoir transféré les photos dans l'ordinateur, il est très facile de connaître leur espace colorimétrique d'après leur nom de fichier. Le nom des photos dont l'espace colorimétrique est Adobe RVB commence par un signe de soulignement, comme dans _MG_0627.jpg. En revanche, le nom de fichier des photos prises avec l'expace sRVB commence par la lettre « I », comme dans IMG_0627.jpg.

Les styles d'image

En plus de toutes les fonctionnalités de mise au point et de colorimétrie évoquées dans ce chapitre, le Canon 600D propose des styles d'image permettant de régler encore plus finement la couleur, la saturation, le contraste et l'accentuation de la netteté.

Le Canon 600D offre les styles d'image de base suivants :

- **Auto :** c'est l'option par défaut. L'appareil photo analyse la scène et détermine le style d'image le plus approprié. Par exemple, lorsque vous sélectionnez le mode de scène Portrait, le style d'image Portrait est automatiquement sélectionné. Et pour le mode scène Paysage, l'appareil photo sélectionne – qui l'eût cru ? – le style d'image Paysage. Pour tous les autres modes de scène, c'est le style d'image Standard qui est appliqué.

- **Standard :** la photo est prise avec les caractéristiques qui, selon les ingénieurs de chez Canon, conviennent à la majorité des sujets.
- **Portrait :** ce mode réduit légèrement la netteté afin de donner de la douceur à la peau. La saturation des couleurs est légèrement accentuée. Quand vous sélectionnez le mode d'exposition Portrait, l'appareil photo applique automatiquement ce style d'image.
- **Paysage :** par pure convention, ce style met en valeur les bleus et les verts, et augmente la saturation ainsi que la netteté, d'où des photos plus éclatantes. Ce style est automatiquement appliqué lorsque vous sélectionnez le mode d'exposition Paysage.
- **Neutre :** ce style réduit légèrement le contraste et la saturation. **Fidèle** : le rendu des couleurs est aussi proche que possible de la manière dont vous les percevez.
- **Monochrome** : ce réglage produit des photos en noir et blanc. En infographie, on utilise le terme *niveaux de gris*, le noir et blanc étant réservés à un mode où l'image ne contient que du noir et du blanc, sans aucun gris.

TRUC

Si, pour l'option Qualité dans le menu Prise de vue 1, vous sélectionnez le format Raw (ou Raw + Grande ou Fine), la photo est affichée en noir et blanc lorsque vous la lisez. Mais, lors de la conversion Raw, vous aurez le choix entre continuer avec la version à niveaux de gris (noir et blanc) ou enregistrer une version en couleurs. Mieux, vous pourrez traiter et enregistrer la photo une fois en noir et blanc et une fois en couleurs.

ATTENTION

Si la photo n'a pas été prise au format Raw, vous ne pourrez plus l'obtenir en couleurs par la suite. Autrement dit, l'image restera définitivement en noir et blanc.

- **Déf. ut. 1-3** (défini par l'utilisateur 1, 2 et 3) : vous créez et enregistrez votre propre style d'image. Nous verrons cela à la fin de ce chapitre.

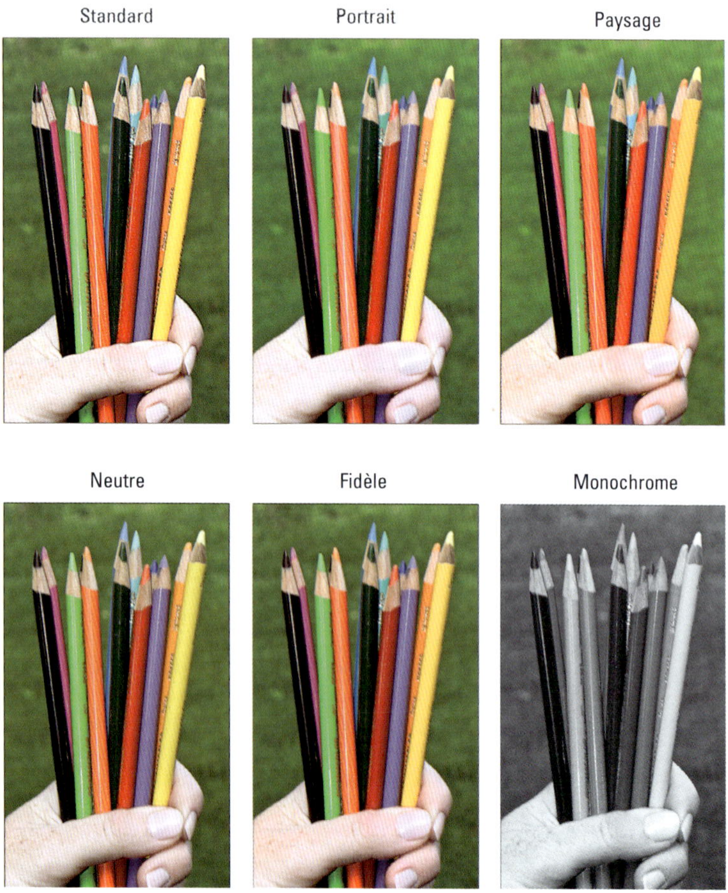

Figure 6.24 : Chaque style d'image rend la photo à sa manière.

Le rendu par les différents styles d'image dépend du sujet ainsi que du réglage de l'exposition et de l'éclairage. La Figure 6.24 montre une série de photos prises avec chaque style. Comme vous le voyez, les différences sont assez ténues, hormis l'option Monochrome bien sûr.

À l'instar d'autres paramètres, le contrôle dont vous disposez sur les styles d'image dépend du mode d'exposition :

- **En mode Scène Intelligente auto et dans les modes de scène automatiques (Créatif auto, Flash annulé et les modes de scène)** l'appareil choisit le style d'image.
- **Dans un mode d'exposition avancé (P, Tv, Av, M ou A-DEP),** vous pouvez non seulement sélectionner l'un des styles d'image prédéfinis, mais aussi les régler et créer jusqu'à trois styles d'image personnalisés.
- **Le mode Vidéo** permet de sélectionner n'importe quel style d'image, y compris un style personnalisé. Vous voulez filmer en noir et blanc ? Choisissez le style d'image Monochrome avant de filmer.

En ce qui concerne les photos, vous pouvez choisir le style d'image de trois manières :

- **Depuis l'écran Contrôle rapide :** l'écran Réglages de prise de vue étant affiché, appuyez sur le bouton Contrôle rapide (Q) pour afficher l'écran Contrôle rapide. Sélectionnez ensuite l'icône Style d'image, comme à gauche à la Figure 6.25. Actionnez la molette principale ou les touches Droite et Gauche du joypad pour parcourir les différents styles.

  Les chiffres sous le nom du style représentent les quatre caractéristiques propres au style en question : l'accentuation de la netteté, le contraste, la saturation et la tonalité des couleurs

  Pour voir tous les styles d'image disponibles, appuyez sur Set pour afficher l'écran montré à droite, à la Figure 6.25. Sélectionnez le style voulu et les quatre valeurs apparaissent sous son nom. Appuyez sur Set pour valider.

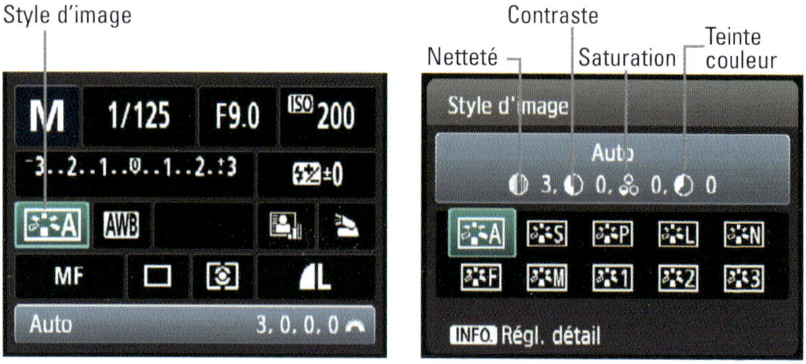

Figure 6.25 : Sélectionnez le style d'image, soit depuis l'écran Contrôle rapide, soit en appuyant sur la touche Bas du joypad.

- **Par le bouton Style d'image (touche Bas du joypad) :** appuyez dessus pour afficher le même écran qu'à droite, à la Figure 6.25. Là encore, sélectionnez une option et appuyez sur Set.
- **Par le menu Prise de vue 2 :** sélectionnez l'option Style d'image (à gauche à la Figure 6.26) et appuyez sur Set pour accéder à la liste des styles (à droite, Figure 6.26). Sélectionnez-en un et appuyez sur Set.

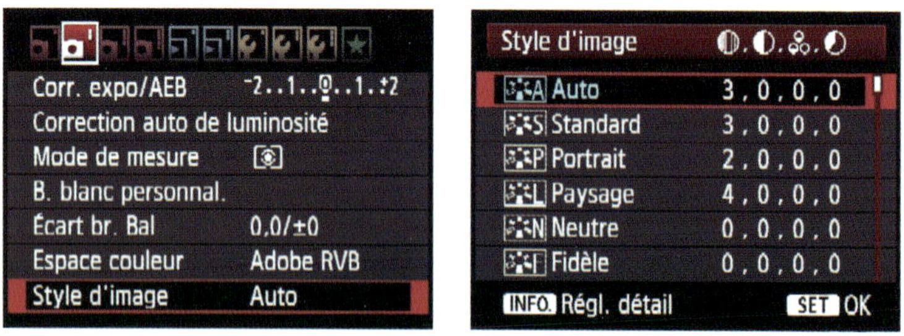

Figure 6.26 : Les options des styles d'images sont accessibles par le menu Prise de vue 2.

Pour le tournage d'une vidéo, le style d'image peut être sélectionné, soit par le menu Prise de vue 2, soit depuis l'écran Contrôle rapide. Reportez-vous au Chapitre 4 pour obtenir des éclaircissements sur cette seconde option, car elle fonctionne un peu différemment d'avec les photos.

Cette étude des styles d'image est très élémentaire. Il existe cependant quelques styles d'image avancés que voici :

- Pour chaque style, il est possible de modifier l'intensité des paramètres de netteté, de contraste, de saturation et de tonalités des couleurs. Après avoir sélectionné un style de couleur, appuyez sur le bouton Info pour afficher l'écran de droite, à la Figure 6.26. Sélectionnez l'un des réglages, appuyez sur Set et modifiez la valeur avec les touches Gauche et Droite du joypad. Ceci fait, appuyez sur Menu pour quitter l'écran.
- Vous pouvez mémoriser vos styles personnalisés. Le processus est le même que pour la modification d'un style, sauf qu'au lieu de partir d'un style existant, vous choisissez l'une des trois options Déf. ut. visible dans l'illustration de droite, à la Figure 6.27.

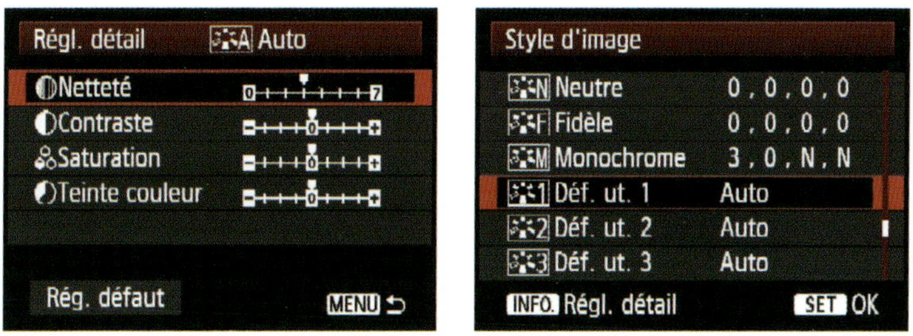

Figure 6.27 : Vous pouvez modifier les paramètres d'un style d'image prédéfini (à gauche), ou créer les vôtres (à droite).

- Le CD fourni avec l'appareil contient un programme appelé Picture Style Editor qui vous permet de créer vos propres styles d'image, que vous transférerez ensuite dans l'appareil photo au travers d'une carte mémoire. Je m'en voudrais de ne pas signaler que des passionnés de Canon échangent leurs propres styles d'image sur le Web (mais aux risques et périls de l'utilisateur, comme chaque fois que l'on télécharge des fichiers provenant d'inconnus).

TRUC

Sauf si vous avez envie de vous amuser avec des styles d'images atypiques, je vous conseille de vous en tenir au style d'image par défaut : Auto. Tout d'abord parce que vous avez à vous soucier de bien d'autres paramètres, comme l'ouverture du diaphragme, la vitesse d'obturation, la mise au point automatique, *etc.* Pourquoi se compliquer l'existence avec d'autres réglages, surtout si leur effet est minime ? Ensuite, si vous tenez vraiment à vous coltiner les caractéristiques des styles d'image, vous feriez bien mieux de photographier au format Raw (CR2) et de procéder à ces réglages avec le logiciel de conversion Raw. Livré avec l'appareil photo, Canon Digital Photo Professional permet même d'ajouter n'importe lequel des styles d'image à vos fichiers Raw, et de comparer leurs effets. L'appareil photo indique dans le fichier Raw le style d'image utilisé à la prise de vue, mais ces réglages ne sont en aucun cas gravés dans le marbre, ni même dans le sable : vous pouvez les paramétrer à votre guise (notez que le style d'image sélectionné affecte l'aperçu JPEG utilisé pour les vignettes des photos en Raw, dans Digital Photo Professional et dans d'autres logiciels de retouche).

C'est pourquoi, dans ce livre, nous nous en sommes tenus à une brève introduction aux styles d'image, préférant accorder de la place à des fonctions que nous estimons plus utiles, comme la personnalisation de la balance des blancs présentée précédemment. Mais si les styles d'image vous tentent, reportez-vous au manuel, qui les décrit en détail.

Troisième partie

Ranger les photos

Dans cette partie...

La carte mémoire est pleine de photos. Et maintenant ? L'unique chapitre de cette partie vous explique comment les transférer dans l'ordinateur, puis comment les organiser à votre convenance afin que vous puissiez les retrouver rapidement quand vous voudrez les regarder, les imprimer ou les envoyer à vos proches par courrier électronique.

7

Transfert, traitement et impression

Dans ce chapitre :

- Transférer les photos dans l'ordinateur.
- Traiter des photos au format Raw.
- À propos de l'impression.

Pour beaucoup de photographes débutants – et même expérimentés –, le transfert des fichiers dans l'ordinateur et leur localisation dans le disque dur paraissent compliqués. En fait, les questions que nous posent les participants à des stages de photo portent sur ces sujets plus que sur tous les autres.

À vrai dire, expliquer comment transférer et classer les photos n'est pas facile. Le problème est que fournir des instructions précises, pas à pas, est quasiment impossible, car elles dépendent étroitement des logiciels installés dans votre ordinateur, et de savoir si vous utilisez un PC sous Windows ou un Mac.

Ce chapitre aborde néanmoins le transfert et le classement des photos à l'aide des logiciels gratuits (NdT : ne soyons pas naïfs, leur coût est pris en compte dans le prix de vente de l'appareil photo) livrés avec le Canon 600D. Après vous être familiarisé avec eux, vous devriez pouvoir adapter les étapes à d'autres logiciels du même genre.

NdT : les manipulations décrites dans ce chapitres présument que vous avez installé dans l'ordinateur les logiciels qui se trouvent sur le CD intitulé EOS Solution Disk. Si cela n'a pas encore été fait, c'est le moment. Insérez le CD dans lecteur de votre ordinateur et suivez les instructions.

Transférer les photos dans l'ordinateur

Vous avez le choix entre deux méthodes pour transférer les photos de la carte mémoire de l'appareil photo jusque dans l'ordinateur :

- **Connecter l'appareil photo directement à l'ordinateur.** Vous devez utiliser pour cela le câble USB vendu avec l'appareil photo. L'ordinateur doit aussi comporter une prise USB, un *port* USB, en jargon technique (voir Figure 7.1).

Figure 7.1 : L'appareil photo peut être connecté à l'ordinateur à l'aide du câble USB fourni par Canon.

- **Transférer les photos à l'aide d'un lecteur de cartes mémoire.** Beaucoup d'ordinateurs sont équipés d'un lecteur de cartes mémoire intégré. Si le vôtre accepte les cartes de type SD (*Secure Digital*), il suffit d'extraire la carte mémoire de l'appareil photo et de l'insérer directement dans l'ordinateur, au lieu de brancher un câble. Si vous utilisez des cartes SDHC (*SD High Capacity*), voire le nouveau standard SDXC (*SD eXtended Capacity*), assurez-vous que votre lecteur est à même de les lire.

Une autre option consiste à acheter un lecteur de cartes indépendant, comme celui de la Figure 7.2, fabriqué par Delkin. Il accepte divers types de cartes, y compris Secure Digital. Là encore, vérifiez bien sur la notice, avant l'achat, que le lecteur est capable de lire les cartes mémoire de très grande capacité. Examinez aussi votre imprimante : beaucoup sont équipées d'un lecteur de cartes.

Figure 7.2 : Le lecteur de cartes est un accessoire de transfert très commode.

TRUC

Un lecteur de cartes présente l'avantage non négligeable d'économiser la batterie de l'appareil photo (car lors d'un transfert, l'appareil doit rester allumé pendant toute la durée de l'opération).

Mais si vous préférez transférer par le câble, la prochaine section explique comment faire. La section « Démarrer le transfert », un peu plus loin, explique comment utiliser un lecteur de cartes mémoire.

Relier l'appareil photo à l'ordinateur

ATTENTION

Vous devez respecter une procédure bien précise pour connecter l'appareil photo à l'ordinateur. Autrement, vous risqueriez d'endommager l'appareil ou la carte mémoire.

Notez aussi que pour assurer un transfert dans de bonnes conditions, Canon recommande l'un des systèmes d'exploitation suivants :

- Windows 7.
- Windows Vista.
- Windows XP avec le Service Pack 3.
- Mac OS X 10.5 ou ultérieur.

Si vous utilisez un autre système d'exploitation (NdT : comme Linux, par exemple), visitez les pages Services & Support, sur le site de Canon (`www.canon.fr`), pour connaître les dernières mises à jour et la compatibilité avec les divers systèmes. Il reste aussi la solution de transférer les photos avec le lecteur de cartes.

Cela dit, voici les étapes à suivre pour faire communiquer l'appareil photo et l'ordinateur :

1. **Évaluez la charge de la batterie.**

   ATTENTION

   Si le niveau est faible, rechargez la batterie avant de continuer. Tomber en panne de batterie au cours du transfert peut en effet provoquer des problèmes, notamment la perte de photos. Une solution consiste à acheter l'alimentation secteur optionnelle pour le Canon 600D.

2. **Allumez l'ordinateur et attendez que la phase de démarrage soit terminée.**
3. **Assurez-vous que l'appareil photo est éteint.**
4. **Insérez la plus petite des prises du câble USB dans le port USB de l'appareil.**

Banchez le câble USB ici.

Figure 7.3 : Le port USB est caché sous cette trappe latérale.

Le port USB (siglé AV/Out/Digital) se trouve sous l'une des trappes en caoutchouc, sur le côté gauche de l'appareil photo, comme le montre la Figure 7.3. Soulevez délicatement la trappe et insérez la prise dans le connecteur.

5. **Branchez l'autre extrémité du câble au port USB de l'ordinateur.**

   Pour garantir la régularité et la fiabilité du transfert, veillez à brancher le câble à un port se trouvant à même l'unité centrale, et non sur le clavier, ou sur un répartiteur (un accessoire permettant de brancher plusieurs équipements USB à un même port USB).

6. **Allumez l'appareil photo.**

   L'écran Réglages prise de vue apparaît brièvement, affichant le message « Busy » (occupé). Le moniteur devient ensuite noir et le voyant d'accès, à droite du bouton d'effacement, clignote, indiquant que l'appareil photo communique avec l'ordinateur.

Reportez-vous à la prochaine section pour les autres étapes du transfert.

Démarrer le transfert

Après avoir soigneusement connecté l'appareil photo à l'ordinateur ou inséré la carte mémoire dans le lecteur de cartes, la prochaine étape dépend du système d'exploitation de l'ordinateur et du logiciel qui y est installé.

Voici les procédures les plus courantes et comment les mettre en œuvre :

- **Sur un PC tournant sous Windows 7, une boîte de dialogue comme celle de la Figure 7.4 apparaît.** Elle propose différents choix pour télécharger les photos. La première option propose une méthode de transfert : double-cliquez dessus pour la lancer. Si elle ne vous convient pas, cliquez sur Modifier le programme et choisissez parmi les logiciels installés dans l'ordinateur. Si vous avez installé les logiciels de Canon, une option EOS Utility devrait être proposée dans le bas du premier écran : double-cliquez dessus pour utiliser ce programme.

TRUC

NdT : si la boîte de dialogue de la Figure 7.4 n'apparaît pas, cliquez sur le bouton Démarrer de Windows 7, puis sur le bouton Périphériques et imprimantes. Double-cliquez ensuite sur l'icône Canon EOS 600D. Si elle n'est pas visible, enfoncez le déclencheur à mi-course et elle apparaîtra aussitôt.

Figure 7.4 : Windows 7 affiche ces options après avoir détecté le Canon 600D.

- **Un logiciel pour photos affiche automatiquement un assistant de transfert d'images.** Par exemple, si vous avez installé le logiciel Canon, la fenêtre Canon EOS Utility ou celle de la carte mémoire peut apparaître. Ou encore, si vous avez installé d'autres logiciels, comme Photoshop Elements, son module de téléchargement peut démarrer. Sur un Mac, le logiciel iPhoto peut démarrer spontanément le programme Transfert d'images (ce dernier est aussi utilisable indépendamment d'iPhoto).

Généralement, le module de transfert qui apparaît est associé au logiciel le plus récemment installé. Chaque nouveau programme s'efforce en effet de supplanter celui qui avait la main.

TRUC

Si vous ne voulez pas qu'un programme de transfert soit démarré chaque fois que vous insérez une carte mémoire ou connectez l'appareil photo, il devrait être possible de désactiver la fonction d'autodémarrage. Consultez le manuel du logiciel pour savoir comment procéder.

- **Il ne se passe rien.** Pas de panique (enfin, pas trop...). Si le lecteur de cartes ou l'appareil photo est correctement connecté, tout se passe sans doute bien. En fait, quelqu'un – vous peut-être – a bêtement désactivé le démarrage automatique du téléchargeur. Démarrez votre logiciel photo si vous en avez un, puis transférez les images à l'aide de la commande appropriée Elle se trouve en général dans le menu Fichier. Vous n'avez pas encore de logiciel photo ? Ce n'est pas un problème. Vous découvrirez plus loin dans ce chapitre comment procéder avec les outils logiciels de Canon.

  Une autre option consiste à ouvrir l'Explorateur Windows ou le Finder du Mac, et à y transférer les fichiers par un glisser-déposer depuis la carte mémoire. Le procédé est exactement le même que quand vous faites glisser des fichiers d'une clé USB ou d'un CD vers le disque dur de l'ordinateur.

Comme signalé au début de ce chapitre, il est impossible de fournir des instructions pas à pas pour tous les utilitaires de transfert. Dans les prochaines sections, nous détaillons le logiciel de Canon pour le transfert et le classement des photos.

Le principe est le même pour d'autres logiciels, mais vérifiez quand même la procédure dans leur manuel. La plupart d'entre eux fournissent les informations nécessaires dans le menu d'aide.

Télécharger les photos avec les outils Canon

TRUC

Le CD livré avec le Canon 600D contient divers logiciels pour le transfert, le classement et la retouche des photos. Pour le transfert des photos, nous vous suggérons d'utiliser les outils étudiés dans les deux prochaines sections : EOS Utility et MemoryCard Utility, qui sont sont des composants de ZoomBrowser (Windows) et ImageBrower (Mac OS).

Transférer les photos avec EOS Utility

Suivez ces étapes pour transférer les photos directement de l'appareil photo vers l'ordinateur avec EOS Utility :

1. **Connectez l'appareil photo (éteint) à l'ordinateur.**

   Les détails sont expliqués dans la première partie de ce chapitre.

2. **Allumez l'appareil photo.**

   Au bout d'un petit moment, EOS Utility apparaît automatiquement. Si ce n'est pas le cas, démarrez le logiciel comme n'importe quel autre. La Figure 7.5 montre la version Windows 7 de l'interface. Celle du logiciel pour Mac, nommé ImageBrowser, lui ressemble beaucoup.

3. **Cliquez sur l'option Sélectionner et télécharger des images.**

   Cette option permet de choisir les photos à transférer. Après avoir cliqué dessus, vous accédez à la fenêtre de la Figure 7.6. Là aussi, il s'agit de la version Windows, mais la fenêtre est identique sur un Mac.

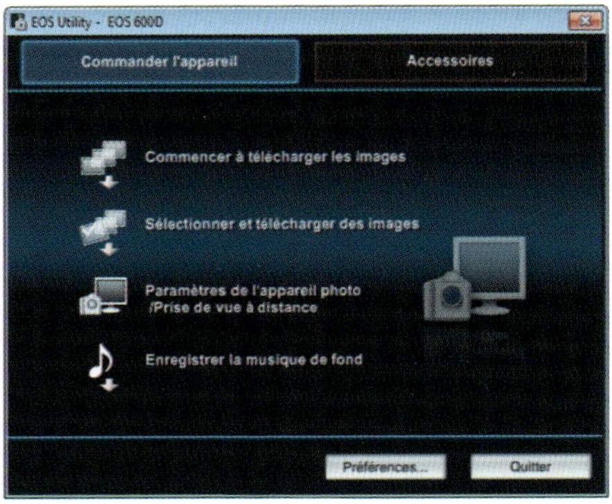

Figure 7.5 : EOS Utility est un logiciel de transfert de photos de l'appareil vers l'ordinateur.

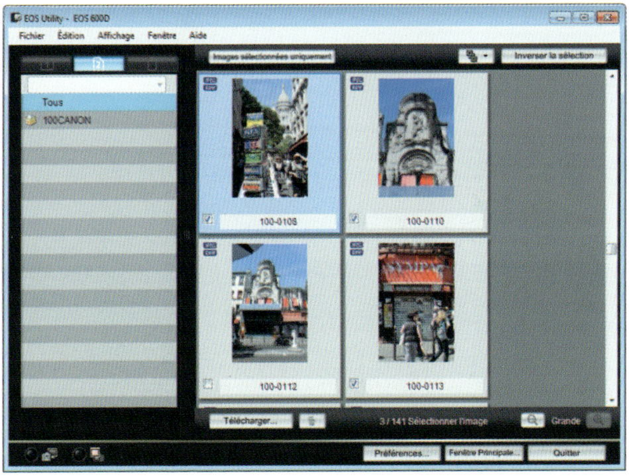

Figure 7.6 : Sélectionnez les vignettes des photos à transférer.

Les photos présentes dans la carte mémoire apparaissent dans la partie centrale et droite. Cliquez sur l'une des loupes, en bas à droite, pour agrandir ou réduire les vignettes.

4. **Sélectionnez les photos à copier dans l'ordinateur.**

   Une case se trouve en bas à gauche de chaque vignette. Cochez celle de chacune des photos à transférer. Une fois encore, la version sur Mac est identique.

   Pour sélectionner instantanément toutes les photos, appuyez sur Ctrl + A (Windows) ou z + A (Mac). Ou alors choisissez Édition > Sélectionner les images > Sélectionner tout. Pour télécharger toutes les images sauf quelques-unes, sélectionnez-les toutes, puis désélectionnez celles dont vous ne voulez pas.

5. **Cliquez sur le bouton Télécharger, en bas des vignettes (ou choisissez Fichier > Télécharger).**

   Une boîte de dialogue indique le dossier dans lequel les photos seront transférées (voir Figure 7.7). Les mêmes options sont proposées sur le Mac.

Figure 7.7 : Le bouton Dossier de destination permet de choisir le dossier dans lequel les photos seront transférées.

Par défaut, les fichiers sont stockés dans un sous-dossier de Images ou Mes images, selon votre version de Windows, ou dans le dossier Images du Mac. Vous pouvez en réalité les transférer dans n'importe quel dossier de votre choix. Mais la plupart des logiciels de retouche recherchent d'abord les photos à l'emplacement proposé par défaut. L'accepter est donc une sage précaution.

6. **Vérifiez l'emplacement de stockage des photos ou choisissez-en un autre.**

Si vous désirez stocker les photos ailleurs, cliquez sur le bouton Dossier de destination et choisissez un dossier ou créez-en un.

7. **Cliquez sur OK pour commencer le transfert.**

   Une barre de progression indique l'avancement des opérations. Chaque photo apparaît brièvement dans une fenêtre d'aperçu.

8. **Le transfert terminé, éteignez l'appareil photo.**

   Vous pouvez à présent débrancher le câble USB.

C'est la procédure simple. Mais nous attirerons cependant votre attention sur quelques points :

- **Le paramétrage des préférences du transfert :** tant que l'appareil photo est connecté et allumé, vous pouvez cliquer sur le bouton Préférences, en bas d'EOS Utility (voir Figure 7.6), et configurer divers aspects du transfert des photos.
- **Le démarrage automatique des autres logiciels Canon :** le téléchargement terminé, EOS Utility peut démarrer automatiquement Canon Digital Photo Professional ou ZoomBrowser (Windows) ou ImageBrowser (Mac OS) afin que vous puissiez immédiatement travailler sur les photos.
- **Quitter EOS Utility :** l'utilitaire ne se ferme pas spontanément à la fin du transfert. Vous devez cliquer sur le bouton Quitter.

L'utilitaire Memory Card Utility

Le transfert des photos depuis une carte mémoire s'effectue avec un autre utilitaire de Canon nommé Zoombowser EX Memory Card Utility. Procédez comme suit pour l'utiliser :

1. **Insérez la carte mémoire dans le lecteur de cartes.**

   Si le logiciel Canon est le dernier logiciel photo que vous avez installé, et que d'autres programmes ne tentent pas de se substituer à lui, la fenêtre de la Figure 7.8 apparaît immédiatement dès l'insertion de la carte dans le lecteur. La figure montre la version Windows. Celle du Mac est identique, sauf que la barre de titre porte le nom ImageBrowser, qui est l'équivalent pour Mac de ZoomBrowser EX.

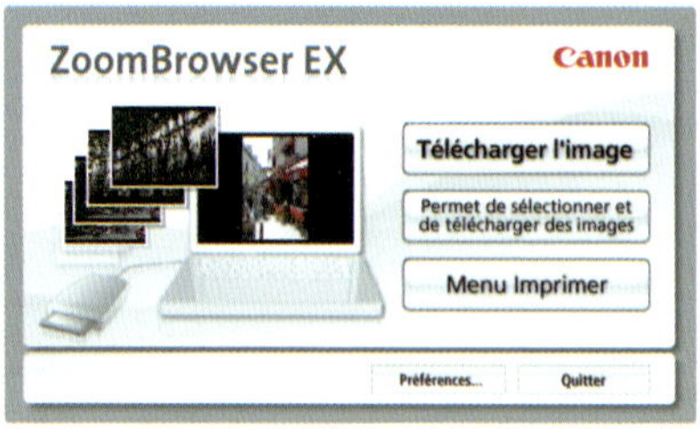

Figure 7.8 : L'utilitaire MemoryCard Utility permet de transférer des photos depuis un lecteur de cartes.

Si la fenêtre n'apparaît pas, vous avez le choix entre ces options :

- *Windows* : démarrez le logiciel ZoomBrowser EX MemoryCard Utility à partir du menu Démarrer, en choisissant Tous les programmes > Canon Utilities > ZoomBrowser EX Memory Card Utility > Canon Utilities > Canon ZoomBrowser EX Memory Card Utility.

NdT : comme le panneau Démarrer n'est pas très large, deux options Canon ZoomBrowser EX Memory Card sont visible. La première est en réalité Canon ZoomBrowser EX Memory Card Utility Désintaller. Évitez de cliquer dessus.

- NdT : Windows peut aussi afficher la boîte de dialogue Exécution automatique que montre la Figure 7.9. Dans ce cas, cliquez sur l'option Télécharger/Afficher les images avec Canon ZoomBrowser EX.

- *Mac* : démarrez l'application Canon Camera Window. Elle devrait détecter la carte mémoire et afficher l'utilitaire MemoryCard Utility.

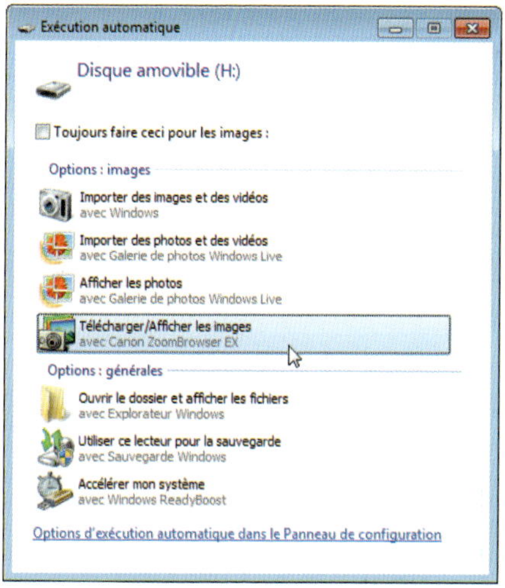

Figure 7.9 : Windows est capable de détecter une carte mémoire pleine de photo et de proposer le téléchargement avec Zoombowser EX Memory Card Utility.

2. **Cliquez sur le bouton Permet de sélectionner et de télécharger des images.**

   La fenêtre du navigateur apparaît. La Figure 7.10 montre celle sous Windows 7, mais sous Mac elle est quasiment identique.

3. **Sélectionnez les photos à transférer.**

   Pour cela, procédez ainsi :

   • Pour sélectionner la première photo, cliquez sur sa vignette.

   • Pour en sélectionner d'autres, maintenez la touche Ctrl (Windows) ou z (Mac) enfoncée tout en cliquant sur des vignettes.

   • Pour sélectionner instantanément toutes les photos sous Windows, cliquez sur le bouton Sélectionner, dans la barre d'outils, et choisissez Sélectionner tout. Sur un Mac, le menu s'appelle Sélection d'images et se trouve en bas de la fenêtre. Ou alors, ce qui est plus simple, appuyez sur Ctrl + A (Windows) ou z + A (Mac).

Figure 7.10 : Sélectionnez ici les photos à transférer dans l'ordinateur.

4. **Cliquez sur le bouton Télécharger l'image.**

   Dans la version Windows il est en haut à gauche, et dans la version Mac OS, en bas à gauche.

   Une boîte de dialogue apparaît. Elle indique dans quel dossier le téléchargeur de photos placera les fichiers, et le nom qu'il donnera au fichier de stockage, comme le montre la Figure 7.11 (NdT : dans cette illustration, le dossier Pictures apparaît sous le nom Images dans le menu Démarrer et dans l'Explorateur Windows).

   Si les choix du programme ne vous conviennent pas, cliquez sur le bouton Modification des paramètres. Choisissez un autre dossier dans la boîte de dialogue qui vient de s'ouvrir. Cette même boîte de dialogue permet de renommer les noms des fichiers lors de la copie. Cliquez sur OK une fois que vous avez fini.

5. **Cliquez sur le bouton Démarrer le téléchargement.**

   Les fichiers sont recopiés dans l'ordinateur. Le téléchargement terminé, l'utilitaire MemoryCard se ferme, puis ZoomBrowser EX (Windows) ou ImageBrowser (Mac OS) apparaît, affichant les photos transférées.

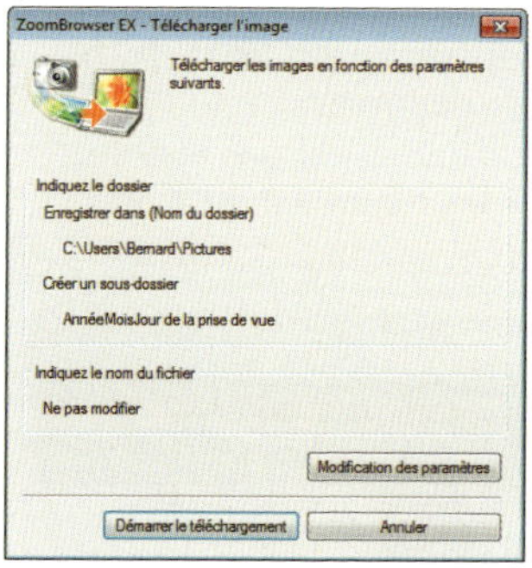

Figure 7.11 : Cliquez sur le bouton Modification des paramètres pour choisir un autre dossier de destination.

Traiter des photos au format Raw (CR2)

Vous avez vu au Chapitre 3 ce que sont les photos au format Raw. Rappelons qu'il s'agit d'un format de fichier d'image contenant des données brutes (en anglais, *raw* signifie « brut »), non traitées par le processeur d'image de l'appareil photo.

Bien qu'il soit possible d'imprimer directement des fichiers Raw à partir de Digital Photo Professional, le logiciel fourni par Canon, il est impossible de les confier tels quels à un labo ou à un service d'impression. Il faut en effet les traiter préalablement afin de les convertir dans un format d'image standard, comme JPEG ou TIFF. Vous effectuerez cette conversion avec Digital Photo Professional.

Après avoir téléchargé les photos dans l'ordinateur, procédez de la manière suivante :

1. **Démarrez Digital Photo Professional, cliquez sur la photo Raw à traiter et dans la barre de menus, choisissez Affichage > Modifier dans la fenêtre Modifier image.**

   La photo apparaît dans la fenêtre d'édition que montre la Figure 7.12. L'apparence exacte de la fenêtre peut varier selon le paramétrage du logiciel. Si la palette de réglage de droite n'est pas visible, choisissez Affichage > Palette d'outils pour la faire apparaître.

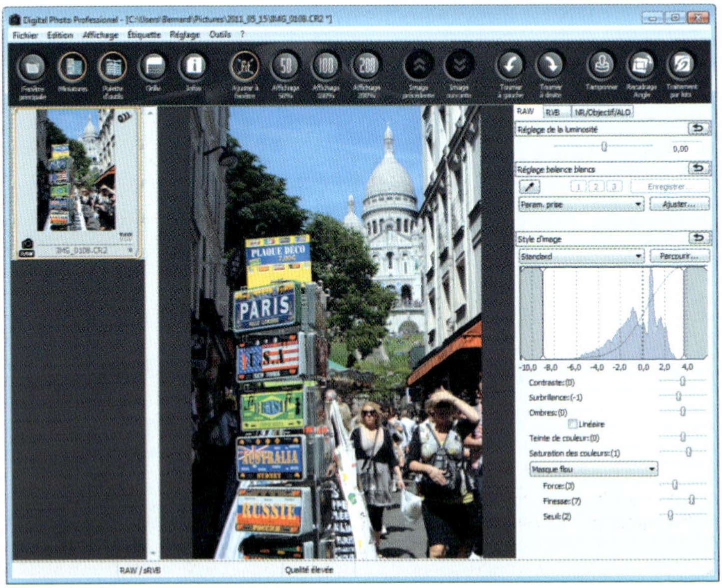

Figure 7.12 : Le logiciel Digital Photo Professional sert, entre autres, à traiter les photos au format Raw.

2. **Réglez l'image avec les outils de la palette.**

   La palette d'outils contient trois onglets truffés de commandes. Vous trouverez le mode d'emploi complet dans l'aide du logiciel, mais voici cependant quelques recommandations :

- *Onglet Raw :* cet onglet contient les commandes servant à parfaire l'exposition, la balance des blancs, la couleur et la netteté. Dans la Figure 7.12, la balance des blancs est Param. prise, « paramètre de prise de vue », c'est-à-dire le réglage qui était en vigueur au moment de la prise de vue. Vous pouvez aussi cliquer sur la pipette, juste au-dessus, puis cliquer dans l'image sur un élément qui devrait être blanc, noir ou gris afin de supprimer une dominante de couleur. L'option Style d'image permet d'appliquer à la photo en Raw l'un des styles d'image de l'appareil photo.

TRUC

Si vous avez pris la photo en mode Visée par l'écran et que le rapport d'image est différent de 3 :2, une vignette de la photo apparaît en bas du panneau Raw. En fait, toutes les photos au format Raw sont prises au rapport 3 :2 puis recadrées au rapport que vous avez choisi. Un rectangle à l'intérieur de la vignette délimite la partie de la photo qui sera retenue. Si ce recadrage pose problème, vous pouvez déplacer le rectangle afin de cadrer différemment la photo.

- *Onglet RVB :* vous réglez, à cet endroit, l'exposition en utilisant une courbe de tonalités (voir Figure 7.13). Elle vous est familière si vous avez déjà utilisé des logiciels de retouche. Des glissières permettent de régler la luminosité, le contraste, la teinte, la saturation et l'accentuation de la netteté. Notez que les commandes sous l'onglet RVB sont conçues pour le réglage des photos aux formats JPEG et TIFF plutôt que Raw.

- *Onglet : NR/Objectif/ALO :* dans ce panneau, NR sont les initiales de *Noise Reduction,* « réduction du bruit » et ALO sont celles de *Auto Lighting Optimiser,* « Correction automatique de la luminosité ». Outre ces deux fonctions, cet onglet

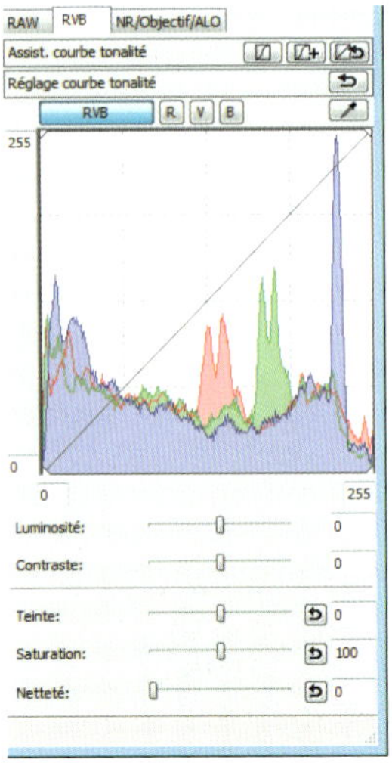

Figure 7.13 : Toutes ces commandes règlent le rendu des couleurs.

permet aussi de corriger le vignettage et dans certains cas, les aberrations chromatiques et la légère déformation engendrée par l'objectif. Cliquez sur le bouton Ajuster pour accéder à ces réglages.

Vous pouvez à tout moment rétablir l'aspect d'origine de la photo en choisissant Réglage > Revenir aux paramètres de prise.

3. Choisissez Fichier > Convertir et enregistrer.

La boîte de dialogue d'enregistrement de fichier apparaît (Figure 7.14). Elle ressemble à la boîte standard, avec cependant quelques options supplémentaires.

4. Configurez les options d'enregistrement :

- *Type :* choisissez Exif-TIFF 8bits. La photo est enregistrée au format TIFF, qui préserve l'ensemble des données de la photo. Ne choisissez surtout pas le format JPEG, car il dégrade l'image à cause de son algorithme de compression à pertes de données, comme expliqué au Chapitre 3.

Un bit est la plus petite unité informatique. C'est une valeur binaire qui vaut 0 ou 1. Plus le nombre de bits utilisé pour le codage des couleurs est élevé, plus le nombre de couleurs susceptibles d'être représentées est élevé.

- *Paramètre Sortie, Résolution :* cette option n'a aucun effet sur le nombre de pixels de la photo. Elle fixe seulement la résolution à laquelle une imprimante tirera la photo. Une valeur de 200 à 300 ppp (point par pouces) est suffisante pour

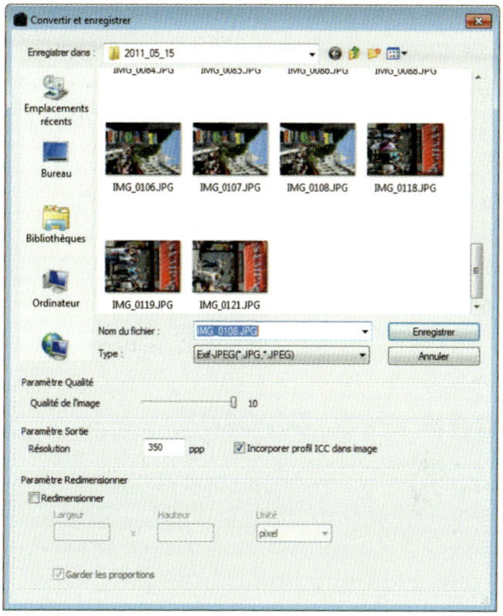

Figure 7.14 : La boîte d'enregistrement des photos de Digital Photo Professional (version Windows).

un tirage en grand format d'excellente qualité.

- *Incorporer profil ICC dans l'image* : l'appareil photo permet de définir un espace colorimétrique sRVB ou Adobe RVB, comme nous l'avons vu au Chapitre 6. Cochez cette case pour inclure le profil colorimétrique dans le fichier. Ainsi, lorsque vous ouvrirez la photo dans un logiciel de retouche capable d'appliquer un profil colorimétrique, les couleurs seront plus fidèles (ICC sont les initiales de *International Color Consortium,* l'organisme qui a créé les standards colorimétriques).

- *Redimensionner* : ne cochez pas cette case afin que le fichier conserve la totalité de ses pixels.

5. **Nommez le fichier de la photo, sélectionnez le dossier de destination puis cliquez sur Enregistrer.**

   Une jauge montre l'avancement du traitement de l'image. Lorsqu'il est terminé, cliquez sur le bouton Quitter (Windows) ou Terminer (Mac OS).

6. **Cliquez sur le bouton Fenêtre principale pour retourner à l'ensemble des photos.**

7. **Quittez Digital Photo Professional.**

   Une boîte de dialogue vous informe qu'une ou plusieurs images au format CR2 ont été modifiées et demande si vous désirez enregistrer.

8. **Cliquez sur Oui – ou sur Oui pour tout – afin d'enregistrer les modifications dans le fichier Raw.**

Les paramètres Raw sont conservés avec la photo originale. Vous pouvez ainsi la copier sans devoir refaire tous les réglages.

Ces étapes ne donnent qu'un aperçu du traitement des photos au format CR2. Si la prise de vue au format Raw vous intéresse, ne manquez pas de lire l'aide de Digital Photo Professional pour vous familiariser avec toutes les commandes et exploiter tous les avantages de ce format très prisé des photographes exigeants.

Préparer l'impression des photos

Les photos produites par le Canon 600D peuvent être tirées en très grand format, soit en les confiant à un service spécialisé, soit en les tirant chez soi avec une imprimante à jet d'encre à sublimation thermique.

Ceci dit, imprimer soi-même les photos exige quelques connaissances et un peu de préparation, comme expliqué ci après.

Vérifiez le nombre de pixels avant d'imprimer

La taille à laquelle une photo peut être tirée dépend de la résolution, c'est-à-dire du nombre de pixels en largeur et en hauteur. Voici quelques recommandations :

- **Choisissez la bonne résolution avant de prendre la photo :** sélectionnez-la dans l'option Qualité du menu Prise de vue 1 ou à partir de l'écran Contrôle rapide.
- **Pour l'impression, choisissez une résolution d'impression d'au moins 200 ppp (points par pouce).** La résolution d'impression est une solution sensiblement différente de la résolution d'écran évoquée précédemment. Elle concerne non pas le nombre de pixels lumineux de l'écran mais, pour une imprimante à jet d'encre, le nombre de minuscules

gouttelettes d'encre (ou points) projetées sur le papier. Une résolution de 300 ppp peut parfois être recommandée, mais au-dessus de 360 ppp, le gain qualitatif est modeste.

Si vous tirez vos photos à partir d'une borne d'impression ou *via* un service de développement par Internet, la borne ou le logiciel déterminera la résolution native de vos photos et suggérera la taille d'impression la plus appropriée.

Que faire si la taille de la photo, en nombre de pixels, est insuffisante ? Vous avez le choix entre ces solutions :

- **Ne rien faire et accepter la qualité d'impression inférieure.** Dans ce cas, les pixels sont simplement grossis pour emplir toute la surface du papier, produisant un inesthétique effet appelé *pixellisation.* Il se manifeste par un crénelage – effet d'escalier – des lignes courbes ou obliques. Au pire, la photo présente un aspect de petites dalles carrées.
- **Ajouter des pixels mais accepter une qualité de photo inférieure.** Des logiciels de retouche permettent de rééchantillonner une photo, c'est-à-dire d'ajouter des pixels par interpolation : sur la base des pixels existants, mais écartés les uns des autres par l'agrandissement, le logiciel tente de déterminer ce que pourraient être les valeurs des pixels intermédiaires et les crée sur cette base.

  N'OUBLIEZ PAS

  L'ajout de pixels par rééchantillonnage paraît séduisant, mais le résultat final est souvent décevant. La pixellisation est remplacée par un magma flou, pas très beau à voir.

La Figure 7.15 illustre le problème de la résolution. « Il n'y a pas photo », si l'on ose dire : plus le nombre de points par pouce est élevé, plus l'impression est détaillée. Rappelons que ce paramètre n'est pas extensible à l'infini, loin de là. Au delà de 360 ppp, plus aucun progrès n'est perceptible.

300 ppi 50 ppi

Figure 7.15 : La qualité d'un tirage dépend de la résolution d'impression. À gauche, une impression à 300 points par pouce. À droite, une impression à seulement 50 ppp.

Pensez aux proportions

Le rapport largeur/hauteur des photos prises avec le Canon 600D est de 3:2, c'est-à-dire trois unités de large pour deux de haut. C'est le même que celui du format 24 x 36 (en revanche, la plupart des compacts produisent des photos au rapport 4:3, qui est celui des écrans informatiques, notamment ceux aux standards VGA et SVGA).

N'OUBLIEZ PAS

Pour imprimer une photo sur un papier dont les proportions ne sont pas les mêmes, vous devez recadrer la photo. Ou alors, vous devez réduire ses dimensions afin qu'elle s'inscrive entièrement sur le papier, quitte à laisser des marges autour. Dans la Figure 7.16, le cadre délimite la surface du papier. La partie de la photo qui se trouve hors du cadre sera perdue.

Papier 13 x 18 cm

Papier 20 x 25 cm

Figure 7.16 : Laisser un peu d'espace au-dessus de la tête facile le recadrage lorsque les dimensions du papier (le cadre) obligent à couper dans la photo.

Pour éviter tout problème de recadrage au tirage, et éviter ainsi d'être obligé de couper dans ce qui est intéressant, veillez à cadrer large et à laisser de l'espace autour du sujet. Vous aurez ainsi une meilleure marge de manœuvre pour cadrer selon le format du papier.

Étalonnez le moniteur

Préserver la fidélité des couleurs tout au long de la chaîne graphique (appareil photo, écran d'ordinateur, impression) est une tâche délicate qui exige quelques connaissances en gestion des couleurs.

La première tâche consiste à étalonner le moniteur. Cette opération peut être effectuée à vue avec des logiciels installés dans l'ordinateur. Sous Windows 7, vous accédez à la fonction d'étalonnage en ouvrant le panneau de configuration et en cliquant (en mode Icônes) sur l'icône Gestion des couleurs. Cliquez sur l'onglet Avancé puis sur le bouton Étalonnage de l'écran. Sur un Mac, accédez aux Préférences Système, cliquez sur l'icône Moniteurs, puis sur l'onglet Couleur ; cliquez ensuite sur le bouton Étalonner pour démarrer l'assistant d'étalonnage. Que ce soit sous Windows 7 ou sous Mac OS, suivez les instructions pas à pas.

L'étalonnage à vue n'est pas la meilleure solution car ce procédé est approximatif. L'éclairage ambiant et une bonne part de subjectivité – ou une perception déficiente des couleurs – peuvent fausser le processus.

Il est préférable d'utiliser une sonde colorimétrique comme la Spyder3Express de Datacolor, ou la Huey Pro de Pantone. Après avoir effectué les mesures chromatiques, ces appareils fournissent un profil colorimétrique qui servira à corriger les couleurs. Enfin, retenez qu'un écran doit être régulièrement réétalonné car les couleurs changent peu à peu au fil du temps.

Des fabricants de papier, notamment ceux qui fabriquent des papiers de grande qualité pour les tirages d'art, proposent le téléchargement de profils d'impression. Ce sont des petits logiciels qui indiquent à l'imprimante comment elle doit gérer la couleur.

N'espérez jamais obtenir une parfaite concordance entre les couleurs affichées sur un écran d'ordinateur et celles qui sont imprimées. C'est illusoire parce qu'une imprimante est tout simplement incapable de reproduire la totalité du spectre chromatique affiché sur un écran. De plus, les couleurs paraissent toujours plus lumineuses sur un écran parce que la lumière est émise, tandis que sur du papier, la couleur est réfléchie.

DPOF, PictBridge et impression directe

Le Canon 600D est doté de deux fonctionnalités permettant d'imprimer directement depuis l'appareil photo ou une carte mémoire, à condition que l'imprimante soit compatible avec les options en question.

Le système DPOF (*Digital Print Order Format*, « Instructions numériques pour la commande de tirages ») permet de sélectionner des photos dans la carte mémoire et de spécifier le nombre d'exemplaires à imprimer. Si l'imprimante est équipée d'un lecteur de cartes mémoires et si elle est compatible DPOF, il suffit d'insérer la carte mémoire dans son lecteur et l'impression est aussitôt lancée. Vous choisissez le format du papier, l'orientation des photos et autres paramètres directement sur l'imprimante.

L'autre fonction d'impression, PictBridge, fonctionne un peu différemment. Si l'imprimante est compatible PictBridge, vous la connectez à l'appareil photo avec le câble USB fourni avec votre Canon. Une interface PictBridge apparaît sur l'écran de l'appareil photo. Vous sélectionnez les photos à imprimer et spécifiez les options d'impression, comme la taille du papier.

Si ces options d'impression vous intéressent, vous trouverez les détails dans le mode d'emploi de votre appareil photo.

Index